ein Ullstein Buch

ÜBER DAS BUCH:

Rollo Gebhard, der erste Deutsche, der zweimal allein die Welt umsegelte, schildert hier seine Anfänge, seine ersten großen Reisen und Abenteuer. Allein, in einer Jolle, segelte er durch die Riffe des Roten Meeres, kenterte zweimal und verlor dabei einen Großteil seiner Ausrüstung. An den Küsten Arabiens wurde er von Piraten gekapert, in Athen ausgeplündert, vor Korfu beschossen und in Albanien gefangengenommen. Kaum hatte er sich von den Strapazen erholt, setzte er die Segel zu seiner ersten Atlantiküberquerung, zu der er mit der 5,60 m kleinen *Solveig II* nur 30 Tage benötigte. Kurz vor New York wurde er von einem Wal gerammt, der beinahe sein Boot versenkte.

Trotz allem zog es ihn wieder hinaus – zu einer 32 000 Seemeilen langen Fahrt um die Welt, abermals allein, doch diesmal in der 7,30 m großen *Solveig III*. Er lief die entlegensten Inseln an, segelte an Australien vorbei über den Indischen Ozean und geriet vor Südafrika in schwere Stürme. Als er endlich Kapstadt erreichte, galt er bereits als verschollen. Am Ende aber betrat er trotz aller Schwierigkeiten nach dreijähriger Reise wieder heimatlichen Boden.

DER AUTOR:

»Ganz sicher weiß ich, daß ich erst dann richtig lebe, wenn ich Schiffsplanken unter meinen Füßen fühle, wenn ich auf eigenem Kiel in die Welt fahre«, schrieb Rollo Gebhard, auf den das Wasser seit seiner Kindheit eine ungeheure Anziehungskraft ausübt. Schon mit sieben Jahren baute er seine eigenen Schiffsmodelle. Dann setzte der Zweite Weltkrieg, in dem er bei der Luftwaffe kämpfte, seinen Träumen von der Seefahrt zunächst ein Ende. Bei einer Stabsbildabteilung erlernte er das Fotografenhandwerk, was ihm nach dem Krieg bei der Arbeit für ein Fotohaus in Garmisch gut zupaß kam. Doch dann zog es ihn zur Bühne, er wurde Schauspieler. 1956 kaufte er sich sein erstes Boot für Wochenenden auf dem Starnberger See, und sofort begann der alte Zauber des Wassers wieder zu wirken. Bald wurde ihm die bayerische Heimat zu eng, es lockten immer entferntere Ziele zu immer längeren Reisen, die er später in vielen Filmen und Vorträgen und in bisher drei Büchern beschrieb: *Ein Mann und sein Boot* (1980), *Seefieber* (1983) und dem Ullstein Taschenbuch Nr. 20526 *Mit Rollo um die Welt* (1985), dem Reisebericht seiner Lebensgefährtin Angelika Zilcher, mit der er 1983 zu seiner dritten, noch nicht beendeten Weltumsegelung aufbrach.

Rollo Gebhard, der seine Kindheit in Oberbayern, Holland und in der Schweiz verbrachte, lebt heute – wenn er nicht auf Reisen ist – in München.

Rollo Gebhard

Seefieber

Allein über die Ozeane

ein Ullstein Buch

ein Ullstein Buch/maritim
Nr. 20597
Herausgegeben von
J. Wannenmacher
im Verlag Ullstein GmbH,
Frankfurt/M – Berlin

In der Reihe der
Ullstein Bücher außerdem:

Rollo Gebhard/Angelika Zilcher:
Mit Rollo um die Welt (20526)

Ungekürzte Ausgabe der
ergänzten und durchgesehenen Auflage
von 1985

Umschlagentwurf:
Hansbernd Lindemann
unter Verwendung eines Fotos
von Wolf Huber
Alle Rechte vorbehalten
Taschenbuchausgabe mit Genehmigung
des Verlags Molden – S. Seewald, München
© Nymphenburger Verlagshandlung
GmbH, München 1985
Weltkarte: Werner P. C. Kümmelberg,
München
Zeichnungen und Karten: Albert Barth,
München
Fotos: Rollo Gebhard mit
LEICA III und M 4
Printed in Germany 1986
Gesamtherstellung:
Ebner Ulm
ISBN 3 548 20597 6

März 1986

CIP-Kurztitelaufnahme
der Deutschen Bibliothek

Gebhard, Rollo:
Seefieber: allein über d. Ozeane / Rollo
Gebhard. – Ungekürzte Ausg. d. erg. u.
durchges. Aufl. von 1985. –
Frankfurt/M; Berlin: Ullstein, 1986.
 (Ullstein-Buch; Nr. 20597: Maritim)
 ISBN 3-548-20597-6
NE: GT

Inhalt

Vorwort	7
Die Anfänge	9
Zum ersten Mal allein	24
In der Falle	39
Zwischen den Riffen des Roten Meeres	54
Die tote Stadt	85
Kenterung	96
Von Piraten gefangen	107
Heimkehr	117
Drei Abenteuer in Griechenland	127
Allein über den Atlantik	169
Zauber der Karibik	212
Mit der Filmkamera um die Welt	233
Die verhexten Inseln	244
Um das Kap der Stürme	254
Anhang	
Postweh	263
Meine Boote	268
Selbststeuerung	272
Die Ausrüstung	274
Die Ausrüstung der Hansa-Jolle „Solveig"	276
Die Ausrüstung der „Solveig II"	279
Verzeichnis der Fachausdrücke	282
Literatur	288

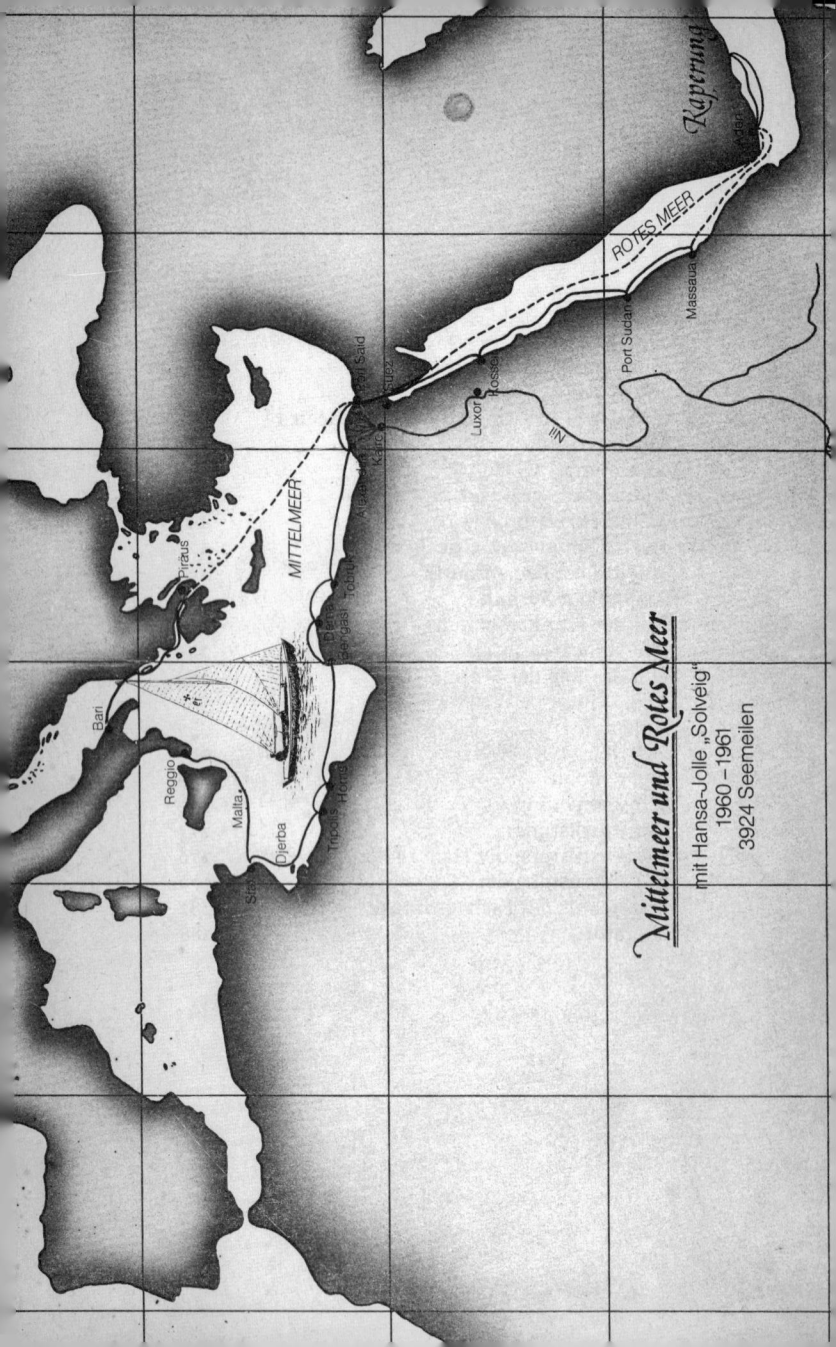

Vorwort

Wasser und Schiffe übten seit frühester Kindheit eine außerordentliche Anziehungskraft auf mich aus. Wo immer ich einen Teich sah, einen Bach oder einen Brunnen, suchte ich einen Weg, um die glitzernden Wellen zu berühren.

Meine Mutter lebte in der ständigen Angst, daß ich ihrer Aufsicht unbemerkt entkommen und in einem reißenden Gebirgsbach ertrinken könnte. Meine Eltern wohnten zunächst im Isartal bei München, dann für kurze Zeit in Holland. Dort fuhr ich zum ersten Mal – ich mochte etwa fünf Jahre alt gewesen sein, erinnere mich jedoch deutlich an jede Einzelheit – mit einem Fischerboot unter braunen Segeln auf die Nordsee hinaus.

Der große Augenblick für mich kam ein Jahr später, als meine Mutter in der Schweiz eine Wohnung suchte und ich im Garten einer Villa in Gümlingen bei Bern den Springbrunnen entdeckte: „Mutti, den Springbrunnen mieten wir, ein Haus ist auch dabei!" rief ich begeistert.

Mein Wunsch ging in Erfüllung, der Mietvertrag für Haus und Brunnen wurde unterschrieben, und von da an konnte ich meine selbstgebastelten Schiffchen aus Papier, Kiefernrinde oder Holz im Rund des „eigenen Meeres" schwimmen lassen. Die andere Seite des Wasserbeckens war für mich natürlich Amerika, denn mein Vater erzählte häufig von seinen Fahrten über den Ozean, die er als junger Mann auf großen Rahschiffen von England nach den Staaten und zurück in den achtziger und neunziger Jahren des vorigen Jahrhunderts mitgemacht hatte.

Jeden Tag durfte ich damals meinen siebzigjährigen Vater in seinem Studierzimmer besuchen, und ich sehe ihn noch vor mir, wie er auf mein Betteln hin das in dunkles Leder gebundene Lexikon aus dem Regal nahm und die Seite aufschlug, auf der ein Dreimaster mit seinen vielen Segeln und der verwirrenden Fülle von Wanten und Stagen genau erklärt wurde.

Mein Vater ließ es sich auch nicht nehmen, in einem Ruderboot mit mir auf den Thuner See hinauszufahren, um eine große Modelljacht segeln zu lassen, die ich zu meinem zehnten Geburtstag bekommen hatte.

Für Dampfschiffe konnte er sich weniger begeistern. „Diese eisernen Kästen haben keine Seele", pflegte er zu sagen und nährte damit in meiner kindlichen Vorstellung die Überzeugung, daß „richtige" Seefahrt eben nur mit Segelschiffen möglich sei.

Natürlich wollte ich später einmal selbst zur See fahren, und während meiner Schulzeit in Dresden schmiedete ich allerlei Pläne über das Wie und Wo, doch dann brach der Krieg aus und ich mußte sogar auf das Faltboot verzichten, das mir meine Mutter als Belohnung für das bestandene Abitur versprochen hatte.

In der Nachkriegszeit, ich hatte mich inzwischen in Garmisch niedergelassen, schienen meine Kindheitsträume zunächst unerfüllbar, und es verging ein Jahrzehnt, bis sich mir die Gelegenheit bot, am Starnberger See eine gebrauchte Jolle zu erwerben...

Jetzt hatte ich mein eigenes Boot.

Jeden freien Tag verbrachte ich auf dem Wasser, und auch meine Träume erwachten wieder: Träume von der Seefahrt und von fernen Inseln, die ich unter Segeln ansteuern, in deren Buchten ich ankern und deren Strände ich erkunden wollte.

Wie es mir gelungen ist, meine Träume nach und nach zu verwirklichen, davon handelt dieses Buch.

Wenn ich an die Gefahren denke, denen ich mich damals in meiner ersten Begeisterung ausgesetzt habe! Es fehlte mir an Erfahrung, aber auch an den Mitteln für ein seetüchtiges Boot.

Dennoch bin ich heute froh darüber, diese Fahrten unternommen zu haben – zu einer Zeit, als dem fremden Segler noch großzügige Gastfreundschaft gewährt wurde. Es waren gerade die menschlichen Begegnungen, die mein Leben bereichert haben und den Aufenthalt an Land zum unvergeßlichen Erlebnis werden ließen.

Mein Dank gilt all jenen, die, wie Professor Mazhar in Kairo, als Helfer und Freunde meine Reise unterstützt oder wie Jutta, Manfred und Dieter als Mitsegler Gefahren und Mühen mit mir geteilt haben.

München, im April 1983 *Rollo Gebhard*

Die Anfänge

An einem Augustmorgen erwache ich unter dem blauen Himmel des Mittelmeeres in meinem Cockpit. Leise schlagen die Wellen gegen das Holz des Bootskörpers. Ich öffne die Augen und blinzle verschlafen in das grelle Sonnenlicht.

Ich bin allein, und ich bin glücklich. Um mich herum die See, kein Land in Sicht.

Meine Gedanken wandern zurück, zurück zu der ersten Segelfahrt meines Lebens vor vier Jahren.

Mit einem Simca hatte ich *Karin*, so hieß meine Jolle, auf einem alten Anhänger vom Starnberger See an die Adria geschleppt. Freundin Jutta erkundigte sich in der Werft von Chioggia, ob wir Wagen und Anhänger für vierzehn Tage einstellen dürften.

Schlank und groß, mit schulterlangem, blondem Haar, war sie sofort von einer Schar Werftarbeiter umringt. Keine Schwierigkeit also, sechs Mann zu finden, die mit uns die kaum 300 Kilo schwere Jolle zum Wasser trugen. Bevor wir das Ufer erreicht hatten, waren es schon über ein Dutzend Junge und Alte, die schreiend und gestikulierend, *Karin* einmal zur Seite und dann wieder in verschiedene Richtungen zogen und schleppten, bis sie schließlich mit einem Platsch im Wasser lag!

Anker, Wasserkanister und Kompaß schafften wir rasch an Bord, die Italiener halfen uns beim Aufrichten des Mastes, und noch am Vormittag setzten wir Segel und hielten auf die Hafenausfahrt zu.

Nur selten ließ sich die Sonne zwischen den Wolken sehen, doch eine leichte Brise verhieß gutes Segelwetter. Wir wollten zunächst Venedig ansteuern, und dafür boten sich zwei Wege: der eine durch die Lagune, auf flachem Wasser und kürzer, der andere „außenherum", über das Meer und etwas länger.

Ich entschied mich für die See, denn ich fürchtete die Sandbänke in der Lagune. Navigation war für mich noch ein Fremdwort. Meine „Ausrüstung" bestand aus einem Kompaß und einer Landkarte von Norditalien.

Bis Venedig waren es etwa 25 Kilometer, und ich rechnete mir aus, daß wir die Stadt bis zum Spätnachmittag erreichen müßten. Wir hatten Glück mit der Tide und konnten bei Stillwasser leicht zwischen den mehrere hundert Meter langen Wellenbrechern herauskreuzen. Die Brise blieb uns treu, und schon nach drei oder vier Stunden standen wir vor den langen Molen, die die Einfahrt nach Venedig vor der Versandung schützen. Der Strom war nun gegen uns, und nur sehr langsam und im Zickzack-Kurs kamen wir voran.

Es wurde spät, bis wir uns der Lagunenstadt näherten, aber nie werde ich den Anblick der Türme und Kuppeln im Glanz der Abendsonne vergessen. Ich war begeistert, hingerissen und hielt mit *Karin* direkt auf den Markusplatz zu. Dort machten wir fest. Kaum aber hatten wir die Segel geborgen, war schon ein Gondoliere zur Stelle, der uns unmißverständlich bedeutete, daß wir beim Club Nautico, auf der anderen Seite des Canale Grande, einen Liegeplatz suchen sollten.

Um die Segel nicht noch einmal setzen zu müssen, verholten wir das leichte Boot mit Paddelschlägen über den Canale zum Club.

Wir fühlten uns wie die Könige in dieser einzigartigen Stadt, mit ihren verwinkelten Kanälen, ihren prachtvollen Bauwerken, die eine große und von Geheimnissen umrankte Vergangenheit widerspiegeln, voller ausgelassener Feste und düsterer menschlicher Dramen...

Die Nacht auf den harten Bodenbrettern war allerdings weniger fürstlich, zumal die Motorbarkassen im Canale für ständigen Wellenschlag sorgten, der uns nicht zur Ruhe kommen ließ.

Wir lagen im offenen Boot unter freiem Himmel, und so kroch die Feuchtigkeit durch Decken und Kleidung, bis wir am Morgen völlig steif und durchgefroren an Land kletterten. Hätte ich doch wenigstens Schlafsäcke mitgenommen!

Aber das bunte Treiben auf der Rialto-Brücke und eine Gondelfahrt brachten uns schnell wieder in Laune.

Als ich vorschlug, bis Triest weiterzusegeln, stimmte Jutta sofort zu. Die folgenden Nächte verbrachten wir auf See.

Abends schlief der Wind meist ein, dann ließen wir das Boot einfach treiben. Am nächsten Morgen, mit der ersten Brise, setzten wir Segel, wechselten uns ab an der Pinne, bis wir am vierten Tag am Molenkopf vorbei in den Hafen von Triest steuerten.

Wir waren beide mächtig stolz, hatten wir doch über 200 Kilometer in dem offenen Boot zurückgelegt. Allerdings wirkte *Karin* mit ihrer bescheidenen Länge von vier Metern zwischen den Luxusjachten der wohlhabenden Geschäftsleute von Triest recht unscheinbar.

Auf der Rückfahrt überraschte uns in der Nähe von Grado ein kräftiger Nordost, wohl ein Ausläufer der berüchtigten Bora. Wir mußten schnell reffen und fleißig Wasser ausschöpfen, das durch die kurzen Wellen immer wieder ins Boot geworfen wurde. Jutta genoß den Aufruhr; wir hielten mit unserem Körpergewicht die Jolle aufrecht, und ohne Havarie glitten wir kurz vor Einbruch der Dunkelheit in den Hafen von Grado.

Der Wind, der noch die ganze Nacht über durch die Wanten pfiff, flaute während des nächsten Tages ab, und mit der für die sommerliche Adria so typischen leichten Brise segelten wir auf seidig glänzendem Wasser der Küste entlang nach Chioggia zurück.

Ich war in Hochstimmung, als *Karin* wieder auf den Anhänger verladen wurde.

Der Gedanke, daß ich mit meiner Jolle immer fernere Ziele, immer neue Häfen ansteuern könnte, ließ mich nicht mehr los. Wunschträume aus meiner Kindheit waren wach geworden...

In Hamburg bestellte ich Seekarten und ein Leuchtfeuerverzeichnis, abends vor dem Einschlafen vergrub ich mich in Bücher, die mir die Grundkenntnisse des Segelns auf See, des Kartenlesens und der Navigation vermitteln sollten. Ich war wie besessen von der Idee, fremde Küsten anzusteuern, Meere und Ozeane zu überqueren.

Der Orient hatte in meinen romantischen Vorstellungen immer eine besondere Rolle gespielt. In einem Buch von Hans Hass hatte ich über seine Tauchfahrten im Roten Meer und bei Villiers über die arabischen Seefahrer, „Die Söhne Sindbads", gelesen. Wie diese wollte ich in das Rote Meer und von Aden aus nach dem fernen Indien.

Sicher wäre es nun vernünftig gewesen, zuerst einmal eine gründliche Ausbildung im Hochseesegeln zu absolvieren, aber ich war nicht vernünftig. Meine Jugend war von Krieg und Nachkriegszeit überschattet gewesen, ich hatte viele schöne Jahre meines Lebens verloren und wollte jetzt nicht länger warten.

Bei der bekannten Yachtwerft Abeking & Rasmussen bestellte ich eine Hansa-Jolle und machte meine letzten Geldreserven flüssig.

Von hochseetüchtigen Yachten hatte ich damals kaum eine Ahnung – die kosteten ein Vermögen, das ich nicht besaß. Die Hansa-Jolle mit ihrem kurzen Eisenkiel, etwas Ballast also, und dem Schwert, das ich auf flachem Wasser hochziehen konnte, schien mir gerade recht. Vor allem aber hatte dieses kleine Boot über dem Vorschiff ein Kajütdach, das mir vor Regen und Nässe Schutz bot, und ließ sich mit seinen 700 Kilo Gewicht auf dem Anhänger transportieren.

Als ich die Jolle in Starnberg zum ersten Mal sah und segelte, war ich sofort verliebt: ihr schlanker Rumpf, die rötliche Maserung des edlen Mahagoniholzes sowie die sorgfältige Verarbeitung waren nur einige der auf den ersten Blick erkennbaren Vorzüge.

Ich taufte sie auf den Namen *Solveig*. Dieser norwegische Mädchenname bedeutet so viel wie „Sonnenweg". In Ibsens Drama *Peer Gynt* singt Solveig nicht nur ihr schönes Lied, sondern sie ist es auch, die ein Leben lang auf den ruhelosen Sucher und Träumer Peer Gynt wartet. Ich wollte meine *Solveig* nicht warten lassen, sondern mit ihr in die weite Welt hinausfahren.

Bevor ich mich an die Fahrt ins Rote Meer wagte, die sich als unberechenbares Abenteuer erweisen sollte, überquerte ich zusammen mit Jutta das Mittelmeer bis nach Afrika, um *Solveig*, die bisher nur den beschaulichen Starnberger See kennengelernt hatte, mit dem Salzwasser vertraut zu machen:

Sie bot durch ihre kleine Kajüte einen gewissen Schutz gegen überkommendes Wasser und durch ihren Eisenkiel auch gegen Kenterung, aber als „seetüchtig" erwies sie sich deshalb noch lange nicht. Wie bei jeder Jolle mußte ich bei starkem Wind das Boot „ausreiten", mit meinem Körpergewicht vor dem Kentern bewahren. Ich mußte Wasser ausschöpfen oder auspumpen, wie bei einem offenen Ruderboot. Das galt leider auch für Regenwasser nach tropischen Wolkenbrüchen, wie ich erst viel später erfahren sollte.

Trotz allem ließ mich die Idee, mit meiner *Solveig* bis nach Indien zu segeln, nicht mehr los.

Ich dachte an griechische und römische Städte in der Sandwüste Libyens, von denen man mir erzählt hatte, an die Pyramiden und Tempel Ägyptens, an den Sueskanal und an das Rote Meer, an dessen Küsten noch heute arabische Kaufleute – wie zur Zeit Sindbads – in Segelschiffen von einem geheimnisvollen Hafen zum anderen kreuzen. Ich dachte an die Farbenpracht der Korallenriffe, von denen Hans Hass berichtet hatte und an Gerüchte über eine „Geisterstadt", Suakin, wo in verfallenen Palästen schwarze Sklaven aus Afrika auf ihre Verschiffung nach Arabien warten sollen.

Tag und Nacht beschäftigten sich meine Gedanken mit der Planung für die Route, mit Landschaft und Menschen der Länder, die ich besuchen wollte.

Auch über mögliche Gefahren dachte ich nach – allerdings ohne die geringste Ahnung, was mir tatsächlich bevorstand. Ich war wie im Fieber.

Die Dauer dieser Fahrt war für mich nur schwer abzusehen, doch mit Hilfe der Seehandbücher und Wetterkarten rechnete ich mir aus, daß ich es in einem Jahr wohl schaffen könnte.

So lange aber konnte sich keiner meiner Freunde freimachen, am allerwenigsten Jutta, die noch zur Schule ging. Ich erwog die Möglichkeit und Risiken einer Alleinfahrt, konnte mir aber nicht vorstellen, wie ich den ganzen Tag steuern, Essen bereiten, schlafen, Seekarten studieren, Segel setzen und bei schwerem Wetter auch noch Wasser schöpfen sollte!

Aber dann lernte ich im Ensemble unseres Theaters einen Studenten kennen, Manfred, einen sportlichen jungen Mann und guten Skiläufer. Er war begeistert von meinem Angebot, mit mir nach Ägypten zu segeln; die Semesterferien dauerten lang genug, und später würde ich schon irgendwie allein weiterkommen. Dieser Unsicherheitsfaktor sollte mein Vorhaben nicht in Frage stellen!

Um so sorgfältiger betrieb ich die Vorbereitungen.

Ich baute einen Akku ins Cockpit, um nachts Licht zu haben in der Kajüte und auch am Kompaß. Sogar ein Echolot leistete ich mir, um die Wassertiefe messen zu können, und in England besorgte ich mir einen alten Taschensextanten zur Bestimmung der Position.

Mit welchem Eifer und welcher Begeisterung ich mich in dieses Segelabenteuer stürzte, läßt sich am besten durch eine wörtliche Schilderung meiner damaligen Aufzeichnungen wiedergeben.

„Juni 1960:
Ein halbes Jahr lang Vorbereitungen! In jeder freien Minute nur ein Gedanke: die Reise! Dann war es soweit: der gesetzte Termin, der 15. Juni, rückte näher. In der letzten Woche noch jeden Tag zwei Theatervorstellungen vor Schülern. Daneben so viel im Geschäft zu tun, daß ich nicht

weiß, wie fertig werden. Abschiedsbesuche, Telefonanrufe, letzte Bestellungen und Briefe. Habe vier Nächte nicht geschlafen. Um 22 Uhr wollte ich fahren, aber ich habe bis 4 Uhr früh mit letzter Kraft geräumt, bis alles in Ordnung war. Meine Seehandbücher vergaß ich im Bücherschrank, aber das merkte ich erst am nächsten Tag.

Um 4 Uhr 15 Anhänger mit Boot angekuppelt, Gas und ab! Wenn jetzt nur nichts passiert, wo ich so überreizt bin! An dem steilen Berg vor Seefeld stirbt der Motor. Wahrscheinlich sind die Reifen für das große Gewicht zu wenig aufgepumpt. Ich versuche rückwärts zu fahren, um einen neuen Anlauf zu nehmen, bin aber so aufgeregt. Der Anhänger stellt sich quer in die Straße. Ich mache das Dümmste: gebe Vollgas und kupple ein! Die Kupplung raucht, riecht, rutscht durch. Aus und vorbei!

Ich bin verzweifelt, könnte mich prügeln, das war doch so überflüssig!

Ein VW hält an, nimmt mein Schleppseil und zieht mich bis Seefeld. Nach einer Weile versuche ich es wieder, fahre an, es geht, die Kupplung hat sich „erholt". Der Wagen schafft sogar den Brenner. Die Erleichterung läßt mich fühlen, wie erschöpft ich bin, auch Vernunft kehrt zurück: um 17 Uhr nehme ich in Verona ein Hotelzimmer. Am nächsten Morgen – wie neu geboren. Mit Manfred Verona durchstreift, beim Friseur Haare kurz geschnitten (Streichholzlänge), um 13 Uhr wieder auf der Straße nach Süden. Bei Viareggio an der „Aurelia" halte ich nachts an, wir legen uns ins Boot auf die Luftmatratzen zum Schlafen.

Am nächsten Tag, dem 18. 6., weiter im 60-km-Tempo Richtung Rom.

Mittags, ich mußte wegen eines einbiegenden Lastwagens halten, ein Krachen, splitterndes Holz: ein Auto ist aufgefahren!

Ich denke nur: der Mast! Springe heraus, sehe: der Mast ich nicht gebrochen! Er hat den schweren Stoß ausgehalten, nur die Auflage ist gesplittert, und das Eisenrohr des Anhängers ist verbogen.

Der Alfa Romeo sieht böse aus.

Der Mast ist über Motorhaube und Scheibe ins Dach gerutscht und hat es tief eingebeult. Der Fahrer hatte sich mit seiner Frau unterhalten und nicht aufgepaßt, aber dieser Herr hat es nicht einmal nötig, sich zu entschuldigen! Versucht vielmehr der Polizei einzureden, mein Mast sei nicht zu sehen gewesen. Bei meinem Fahrzeug ist alles in Ordnung: rotes Tuch, Reflektorlicht, Bremslicht.

Lange Verhandlung – ich bin aufgeregt, mit den Nerven fertig.

Manfred erträgt alle Aufregung, auch die mörderische Hitze, mit Gleichmut, allerdings auch ohne irgendwelche Zeichen von Freude oder Begeisterung für die „Sache".

Drei Stunden Polizei: abmessen, verhören. Ich bekomme Namen und Nummer des schuldigen Fahrers, nachdem ich ein endloses Protokoll unterschrieben habe, von dem ich kein Wort verstehe.

Rom für die nächste Nacht. Sonntag Peterskirche.

Manfred möchte viel sehen, aber ich habe keinen Nerv für Besichtigungen. Unsere Zeit verrinnt, und der Weg durch Italien ist noch so weit!

Am nächsten Morgen, es ist inzwischen Montag, sitze ich wieder am Steuer. Abends erreichen wir Neapel, parken beim Yachtclub. Ein öder Platz, aber ich brauche neue Fallen, und man will sie mir machen.

Der „Capitano", der Takelmeister des Clubs verspricht und hält: am nächsten Morgen habe ich die neuen Fallen und ein Kilo Unterwasserfarbe dazu!

Mittags Autobahn Pompeji. Manfred möchte die berühmte Ruinenstadt besichtigen. Ich muß zu meiner Schande gestehen, daß ich nur den einen Gedanken habe: „Solveig" und mich heil über die sonnenglühenden Straßen Italiens endlich ins Wasser zu bringen.

Aber ich gehe mit Manfred von 14 bis 17 Uhr durch die zweifellos interessanten Ruinen. Abends möchte Manfred schlafen, aber ich will die „verlorene" Zeit einholen und fahre unerbittlich bis 23 Uhr weiter.

Übernachtung am Straßenrand.

Den nächsten Tag fahre ich ganz durch, abgesehen von einer kurzen Mittagspause in Sopra. Wieder bis 23 Uhr.

Und am nächsten Morgen, endlich, erreiche ich die Südspitze Italiens: Reggio di Calabria.

Ich will übersetzen nach Sizilien, aber die Überfahrt kostet mit Auto, Anhänger und Boot 42 Mark! Das ist mir zuviel, und ich entschließe mich, Sizilien mit dem eigenen Schiff anzusteuern.

Am Hafen stehen reichlich Gestalten herum, die alle das Boot zu Wasser bringen wollen. Ich suche mir einen Fischer aus, der am ehrlichsten aussieht. Er ist bereit die Nachtwache zu übernehmen, so können wir noch einmal ins Hotel, um Wäsche zu waschen und Batterien aufzuladen.

Um 9 Uhr sollte der Kran da sein – es wird halb elf, Manfred fährt inzwischen mit dem Wagen in die Stadt, um letzte Besorgungen und Einkäufe zu machen. Um 11 Uhr kommt der Kran – ein riesiger Bagger, der mühsam von einem Traktor ans Bollwerk bugsiert wird. Ich sitze auf dem Boot, befestige selbst den Heißstropp an einer Kette, die am Haken des Baggers hängt – und hinauf geht's in die Luft! Die Italiener lassen die Gelegenheit, mich kräftig übers Ohr zu hauen, nicht ungenutzt: Zwischen Wasser und Straße wird der Kran gestoppt, die „Solveig" pendelt in der Luft, und mit wortreicher Begründung der Preis verdoppelt.

3000 Lire – was will ich machen – ich stimme zu, und „Solveig" ist endlich im Wasser.

Manfred kommt zurück, als alles vorbei ist.

Ich gehe mit ihm zum Essen, fange dann an, das Boot einzurichten und *arbeite schweißüberströmt bis 18 Uhr. Mein Fischer will nun auch seinen Lohn, ich zahle noch einmal 6000 Lire für die Bewachung und Hilfe.*

Manfred hat inzwischen Wagen und Anhänger in eine Garage gefahren, wo beides bis Oktober für 140 Mark bleiben kann. Die Nacht bricht an, ich setze trotzdem Segel, und als beiderseits der Straße von Messina die Lichter angehen, befinden wir uns mit raumen Wind und einer rauschenden Bugwelle auf dem Meer, das von nun an meine Heimat sein soll! Über uns der sternklare Nachthimmel...

Bei Manfred stellt sich keine Begeisterung ein, eher eine leichte Übelkeit. Ich bin mit meinem Glücksgefühl allein. Schade, denn es waren herrliche Stunden, als wir bei einbrechender Nacht aus der Straße von Messina ausliefen, auf Taormina zu.

Manfred war bald müde und legte sich schlafen, nicht ohne vorher Neptun sein Opfer zu bringen.

Am anderen Morgen schaukeln wir vor Taormina, und hier zeigt sich Manfreds Hang zum Land. Es ist Flaute, und er will uns von Fischern in den Hafen schleppen lassen. Ich lehne ab, und bald kommt auch die Seebrise durch, Stärke 1 aus NW, die sich im Laufe des Nachmittags verstärkt und uns noch bei Tageslicht nach Catania bringt.

Kleiner Stadtbummel abends, aber wir sind beide müde, Manfred vom Segeln und ich von Hafen und Stadt.

26. 6. *Boot klar und raus!*
Der Wind kommt uns mit Stärke 4 entgegen, wir werden beim Kreuzen von den überkommenden Seen durchnäßt. Manfred wird nervös und ängstlich, möchte zur Küste zurück. Der Gedanke, daß wir auf diese Weise Zeit verlieren, macht mir derart zu schaffen, daß ich aus reinem Trotz die Segel nicht reffe. Sofort werde ich bestraft, als die Steuerbordseite so tief eintaucht, daß der Wasserschwall eine Sitzducht mitnimmt. Bei dem Versuch, diese nach einer Halse aufzufischen, bekomme ich einen Brecher voll ins Boot und muß die Ducht vergessen.
27. 6. *Der Gegenwind hält an, wir kreuzen den ganzen Tag und werden ständig naß. Der Wind scheint sich gegen uns verschworen zu haben; ich kämpfe mich mühsam vorwärts, kaum 20 Meilen am Tag. Bei zunehmendem Wind fliegt mir die Mütze vom Kopf. Als ich versuche, sie aufzufischen, macht das Boot so viel Wasser, daß ich aufgeben muß.*
28. 6. *Meine Nerven sind zum Zerreißen gespannt. Jeder Kreuzschlag von der Küste weg stößt auf Manfreds Widerstand. Und wir haben doch schon so viel Zeit verloren!*
29. 6. *Ich habe mit Mühe die Kompaßbeleuchtung wieder in Ordnung gebracht, die Kabel waren von der dauernden Nässe korrodiert.*

Mit mehr oder weniger Gegenwind schlagen wir uns durch bis zur Südspitze von Sizilien und nehmen Kurs auf Malta.

30. 6. Seit vier Tagen Gegenwind. Manfred hat einen richtigen Haß auf das Meer bekommen und äußert sich entsprechend. Er empfindet dieses Wetter als persönlichen Angriff. Der Gedanke, daß wir jetzt in die offene See halten, ist für ihn sehr schlimm. Von Stunde an beargwöhnt er meine Navigation und glaubt nicht, daß wir Malta finden.

1. 7. Manfred fragt einen Fischtrawler nach der Richtung. Sie stimmt, er war eben zu nervös.

17.00 : Malta in Sicht!

21.00 : Nach einer endlosen Kreuzerei durch den „Great Harbour" entdecke ich endlich eine Pier, an der ich festmachen kann. Nach einer Stunde kommt das Polizeiboot mit dem englischen Zolloffizier. Er ist beeindruckt von meinem kleinen Schiffchen und den fernen Zielen, zu denen ich aufgebrochen bin. Er schreibt mir ins Bordbuch ein Zitat aus „Alice im Wunderland":

„Was macht es schon, wie weit wir gehn, erwidert der Freund, wir finden einen neuen Strand an andrer Küste bald…"

3. 7. Ich will weiter, Richtung Afrika! Wir gehen abwechselnd ins Hotel frühstücken. Manfred braucht zwei Stunden!

Habe währenddessen die „Solveig" klargemacht. Manfreds Begründung, als er endlich um 11.00 zurückkommt: „Was willst Du denn, es ist ja doch kein Wind!" Der Himmel ist trübe, gewittrig, das Barometer gefallen. Es liegt „etwas in der Luft".

Ich sage nichts, sondern setze Segel. Wir haben noch nicht das Kap der Insel erreicht, als es anfängt aus allen Knopflöchern zu blasen, natürlich genau entgegen. Ich halte stur drauflos, und wir werden bald so mit Wasser eingedeckt, daß wir unsere Not haben, „Solveig" und unsere Sachen trockenzuhalten. (Wie dumm von mir!)

23.00: Ich muß die Segel bergen und den Treibanker auswerfen. Der Sturm nimmt zu. Wir legen uns abwechselnd in die Kajüte und schöpfen ständig Wasser. Immer neue Brecher landen im Cockpit.

4. 7. Der Versuch mit dem Trysegel weiterzukommen schlägt fehl. Das Boot legt sich so weit über, daß Wasser auf der Leeseite über das Süll rauscht. Schnellstens muß ich das Sturmsegel wieder bergen, die „Solveig" treibt weiter. Die See baut sich auf. Seit 24 Stunden haben wir Windstärke 7–8. Von Zeit zu Zeit steigt ein Brecher voll ein, dann müssen wir pumpen und schöpfen.

Abends sucht Manfred seine Schwimmweste, will nur mal probieren, wie sie angelegt wird, schläft aber mit aufgeblasener Weste fest und tief. Ich pumpe die ganze Nacht allein. Bin enttäuscht über Manfred, mir wird schlecht, ich muß mehrmals erbrechen. Die Bewegungen des Bootes auf der immer steileren See sind auch kaum auszuhalten, und dazu mein Ärger.

5. 7. Der Wind läßt nach, bin zunächst noch zu schwach, um das Groß *zu setzen, aber ab Mittag halten wir mit flotter Fahrt auf Lampedusa zu. Die Sicht ist schlecht, wir sind im Sturm weit abgetrieben, ich rechne im Stillen damit, die Insel zu verfehlen.*

In der Nacht müssen wir an Lampedusa vorbei sein. Ich ändere Kurs auf Tunesien, auf Sfax zu.

Der 7. Juli bricht an, und um 7 Uhr weckt mich Manfred, er hat Segel gesehen! Es sind unverkennbar die Segel der Fischer von den Kerkennah-Inseln. Wir sind in Afrika! Mit einem Ruck hebt sich die Stimmung.

Ich feiere Geburtstag mit einer Büchse Himbeerkompott. Eine Bake, die wir am Beginn der Kerkennah-Bänke sichten, ist aus der Karte nicht zu bestimmen, ich halte weiter auf die Inseln zu. Wir laufen auf Grund, steigen aus und schieben die „Solveig" auf tieferes Wasser. Dreimal wiederholt sich dieser Frühsport, dann sehe ich ein, daß ich zurück muß, von den Inseln frei bleiben.

Ich nehme nun Kurs auf Sfax, und abends sind wir im Hafen.

Ich bin in Hochstimmung: Afrika ist erreicht! Im Club werden wir gastlich aufgenommen."

Soweit mein Tagebuch.

Die Woche in Sfax war erholsam und abwechslungsreich. Manfred lebte auf und begann sich intensiv für die Bevölkerung zu interessieren.

Vom Sohn des Handelskammerpräsidenten wurden wir zu einem vorzüglichen Fischgericht eingeladen, bei dem unser Gastgeber zum Schluß nur bedauerte, aus Höflichkeit nicht mit den Fingern gegessen zu haben. Sein stiller Kampf mit Messer und Gabel endete damit, daß der Fisch schließlich kalt geworden war.

Nach dem Essen fuhr er uns in halsbrecherischem Tempo im Wagen seines Vaters in die Wüste, zu einer nicht öffentlich zugänglichen Ausgrabung einer römischen Ortschaft.

Was muß das zur Zeit der Römer für ein reiches und fruchtbares Land gewesen sein – und jetzt nur Sand!

Am letzten Abend vor unserer Überfahrt nach Tripolis gingen Manfred und ich ins Kino: *Die Fischer vor Island.* Ein Film über das harte Leben der bretonischen Fischer und das Bangen der Frauen, ihre Männer nach wochenlanger Seefahrt in den stürmischen Gewässern um Island lebend wiederzusehen.

Dieser Film war nicht dazu angetan, Manfred für weitere Fahrten in meiner 5 Meter langen *Solveig* zu begeistern...

Ich hoffte auf günstigen Wind, aber Rasmus meinte es nicht gut. Der Wind legte beständig zu, und ich mußte die Segel bergen. Gegen 6 Windstärken ankreuzen war zwecklos. Am Abend habe ich die Segel wieder gesetzt und nachts beigedreht. Während der Nachtwache versuchte

Manfred den Kurs in Richtung Land zu ändern. Das Manöver mißlang jedoch, und das Großsegel wurde dabei in seiner ganzen Breite durchgerissen.

Jetzt war es schwer, mit dem kleinen Sturmsegel, welches ich an Stelle des unbrauchbaren Großsegels gesetzt hatte, den Hafen von Tripolis zu erreichen. Zudem blieb uns der Gegenwind noch tagelang treu.

Wo hatte ich nur gesündigt? Oder hatte Manfred mit seinen Flüchen Poseidon persönlich beleidigt?

Zwei volle Tage lagen wir vor Treibanker, konnten überhaupt kein Segel setzen. Gewiß, das war noch kein Sturm, es war nur starker Wind, aber bei einem so kleinen Boot mit niedrigem Freibord und offenem Cockpit genügten eben 5 Windstärken, um ein Gegenansegeln auf die Dauer unmöglich zu machen. Die *Solveig* nahm zu viel Wasser über, wir wurden mit dem Schöpfen nicht mehr fertig. Und es war doch auch jede Ecke mit Ausrüstung vollgestopft, die nicht naß werden sollte!

Endlich ließ der Wind nach, und am 19. 7. ankerten wir vor der Küste Libyens an einer Stelle, die in der Seekarte als „Marsa Zuaga" bezeichnet ist. Marsa oder Mersa ist die arabische Bezeichnung für Bucht.

Hinter der verfallenen Landungsbrücke, von der nur noch die Eisenstreben aus dem Wasser ragten, stand eine große Fischfabrik. Ein steinerner Klotz, den die Italiener in der Kolonialzeit gebaut hatten, zwei Stockwerke hoch. Eine Ortschaft sah ich hier nicht.

Die Arbeiter der Fabrik holten uns mit ihrem Ruderboot an Land. Ringsum Sand und Steine. Unter dem einzigen Baum drängte sich eine Herde Schafe, dicht bei dicht, vor den sengenden Strahlen der Mittagssonne Schutz suchend. Die libysche Wüste!

Ich hatte diesen Ankerplatz nicht zufällig gewählt. Hier sollten sich römische Ruinen befinden, und zu ihnen brachen wir auf.

Vier Kilometer Fußmarsch durch den Sand bei 35 Grad Hitze, in unserem übermüdeten Zustand eine richtige Schinderei! Doch es hatte sich gelohnt: wir fanden Sabratha, die antike Hafenstadt, vom Sand fast ganz verschüttet, aber teilweise ausgegraben.

Der alte Wächter führte uns durch leere Straßen zu dem riesigen Amphitheater, dessen Bühnenhaus und Zuschauertribünen noch gut erhalten sind. Größenmäßig mit der Arena von Verona vergleichbar, fanden auch hier vor dem Krieg Theatervorstellungen statt. So konnten es Manfred und ich nicht lassen – wir hatten ja so manches Stück zusammen gespielt –, uns auf die wohl hundert Meter breite Bühne zu stellen und klassische Texte zu sprechen. Es war gespentisch, als unsere Stimmen durch das Rund der steinernen Stufen hallten. Ringsum die Stille der Wüste, die sich wie ein Grabtuch über Häuser und Straßen der einst so lebendigen Stadt gelegt hatte. –

Ein günstiger Wind trieb uns noch am gleichen Abend vor die Hafeneinfahrt von Tripolis, und nach Mitternacht machten wir an einer Holzbrücke vor dem Segelclub fest.

Hier wollten wir erst einmal ausschlafen, dann das Segel reparieren lassen und vor allem Verbindung aufnehmen mit einem einflußreichen Libyer. Im Jahr vorher, als ich mit Jutta in Tunesien war, hatte mir dessen Freund Adresse und Telefonnummer in Tripolis gegeben und mir überhaupt den Floh ins Ohr gesetzt, nach Libyen zu segeln, „in dieses wunderbare Land". Damals wußte ich noch nicht, daß jeder Araber sein Land für das Paradies auf Erden hält. Ich sah mich schon als Gast des wohlhabenden Mannes durch Tripolis fahren und vielleicht ganz Libyen kennenlernen. Doch es sollte anders kommen.

Zunächst schlenderte ich am Morgen des 21. Juli völlig arglos zur Bank, wechselte mir Geld ein, denn es hatte sich immer als hilfreich erwiesen, schon bei der Einklarierung über Münzen in der Landeswährung zu verfügen.

Erwartungsvoll und von der Pracht der Gebäude beeindruckt, hatte ich mir die Straßen von Tripolis angesehen.

Gegen 10 Uhr holte ich Manfred vom Boot ab und ging mit ihm zur Hafenpolizei. Ich wollte die Formalitäten rasch erledigen und freute mich auf eine mindestens ebenso höfliche und gastfreundliche Aufnahme wie in den Häfen Tunesiens.

Doch hinter dem Schreibtisch in der kleinen Amtsstube sitzt ein unfreundlicher Polizeioffizier.

Kein Gruß, nur ein „Woher kommen Sie?"

Wir reichen die Pässe.

„Wo ist Ihr Visum?"

Ich bin verdutzt, ein Visum hatte man noch nie von mir verlangt.

„Ich wußte nicht, daß wir ein Visum brauchen, dann müssen wir eines beantragen."

„Beantragen! Beantragen!" schreit er, „beantragen können Sie das in Rom oder Bonn, bei der Libyschen Botschaft, aber nicht hier! Was soll ich jetzt mit Ihnen machen, Sie müssen zurück!"

In seinem Gesicht lese ich Ärger und Haß.

„Wo kommen Sie überhaupt her, wo liegt Ihr Boot, wie sind Sie in den Hafen gelangt ohne Genehmigung?"

So prasseln die Fragen auf uns ein, und mit jeder Antwort wird seine Miene verschlossener. Er greift zum Telefon, will die Deutsche Botschaft anrufen, bekommt angeblich keine Verbindung.

„Da hört niemand!"

Er schiebt den Telefonapparat zur Seite, fängt an, alle Schubladen aufzuziehen, um sie gleich darauf mit einem Knall wieder zuzufeuern. Dann brüllt er nach dem Posten, läßt sich das Telefon wieder auf den

Schreibtisch stellen, telefoniert nochmals. Er wählt verschiedene Nummern, schreit in den Apparat, befiehlt den Posten wieder zu sich, um das Telefon einen halben Meter zur Seite zu stellen. Dann holt er sich das Telefon selbst zurück, wählt, bekommt keine Verbindung, schreit, wirft den Hörer auf die Gabel.

Ich versuche, ein Gespräch zu beginnen – vergeblich. Er spielt weiter mit dem Telefon.

Drei Stunden sind vergangen, seit wir in das Büro kamen. Es ist Mittagspause, er schickt uns ins Vorzimmer. Wenig später erscheinen zwei Polizisten mit Jeep.

Der Offizier läßt uns mit einer Handbewegung hinten aufspringen.

Wir rasen am Kai entlang; mir ist nicht wohl. Vor dem Landesteg, wo die *Solveig* liegt, läßt er halten. Die beiden Polizisten begleiten uns. Als wir auf der Brücke stehen, wird wieder gesprochen:

„Sie haben 10 Minuten Zeit Tripolis zu verlassen und nicht zurückzukehren, andernfalls führt der Weg ins Gefängnis."

Ich erkläre, daß wir kein Wasser und keine Verpflegung mehr haben, daß das Segel gerissen ist.

„Das geht uns nichts an. Wir haben Befehl, Sie auf Ihr Boot zu bringen, oder ins Gefängnis."

Ich verlange den Offizier zu sprechen, um ihm klar zu machen, daß er unser Leben gefährdet, aber das wird abgelehnt.

Also lassen wir uns zur *Solveig* übersetzen und bitten den Bootsmann, uns Wasser zu bringen und Lebensmittel einzukaufen. Dazu ist er bereit, wir machen unterdessen die *Solveig* segelklar.

Ich bin völlig verstört, versuche meine Gedanken zu ordnen. Zunächst müssen wir hier raus!

Wilde Pläne gehen mir durch den Kopf:

In der Nacht an die Küste zurückzusegeln, Manfred an Land zu bringen, damit er mit jenem einflußreichen Libyer Verbindung aufnimmt, dessen Telefonnummer ich bei mir habe.

Nachdem der Bootsmann tatsächlich mit meinem Wasserkanister, einigen Dosen Kondensmilch und Corned Beef zurückgekommen ist, holen wir den Anker auf und kreuzen durch den Hafen. Bei dem deutschen Frachter *Byblos* gehe ich längsseit und bitte Manfred an Bord zu gehen, mit dem Kapitän zu sprechen. Nach einer halben Stunde kommt Manfred zurück, mit hängendem Kopf. Der Kapitän wußte keinen Rat, rief bei der deutschen Vertretung an und dort hieß es, die Libyer seien nun einmal schwierig, und man könne da leider nichts tun.

Es bleibt keine andere Wahl, kurz vor Sonnenuntergang segeln wir aus dem Hafen.

Ich sehe nun ernsthafte Gefahr.

Wo sollen wir hin? Mit dem kleinen Sturmsegel bin ich viel zu langsam, um Tunesien oder Italien zu erreichen, zu zweit, mit so wenig Lebensmitteln.

Doch dann fällt mir eine Segeljolle auf, die vor der Hafeneinfahrt kreuzt. Ich ändere meinen Kurs, um in die Nähe des Bootes zu kommen, rufe und gebe Zeichen.

Es ist ein britischer Offizier der in Tripolis stationierten Truppe.

Ich schildere ihm unsere verzweifelte Lage, und er segelt sofort zurück zum Club. Von dort aus telefoniert er mit der Britischen Botschaft.

Wir warten draußen auf See, es wird dunkel, doch plötzlich sehen wir das Lotsenboot, das mit hoher Fahrt auf uns zuhält. Wir werden in den Hafen geschleppt zur Lotsenbrücke, und dort wartet der Hafenmeister.

„Was macht Ihr denn für Dummheiten", knurrt er mich an. „Wißt Ihr denn nicht, daß Ihr Euch zuerst beim Hafenmeister zu melden habt und dann erst bei der Polizei? Von der Botschaft muß ich erfahren, daß Ihr hier seid!"

Der Hafenmeister ist Engländer und erklärt uns, daß wir in jedem Fall das Recht haben, so lange im Hafen zu bleiben, bis das Segel repariert ist und wir Verpflegung an Bord haben.

Und dann geschieht etwas Unglaubliches:

Der Hafenmeister befiehlt einen Doppelposten der Libyschen Marine auf die Lotsenbrücke, damit uns die Polizei nicht festnehmen kann.

Niemand darf zu unserem Boot, aber wir dürfen auch nicht an Land! Es wird eine unruhige Nacht. Doch nachdem wir uns an die Schritte der Posten und an ihr Geflüster gewöhnt haben, schlafen wir ermattet ein.

Am Vormittag, die Posten vor der *Solveig* lösen sich weiter ab, erhalten wir vom Hafenmeister eine schriftliche Landgangsgenehmigung.

Von der nächsten Telefonzelle aus rufe ich den Mann an, dessen Namen und Nummer ich bei mir habe. Er ist sehr beschäftigt, läßt sich aber kurz sprechen. Ich erkläre ihm meine Lage. Nach einer Stunde ist die Polizei da und trägt uns zähneknirschend die Visa in die Pässe ein. Es ist derselbe Offizier, der uns einsperren wollte.

Jenen „einflußreichen Freund" bekomme ich nie zu sehen, aber er war wirklich sehr einflußreich!

Für uns war also alles in Ordnung, oder nicht?

Leider nein, denn jetzt war unser lieber Hafenmeister beleidigt und verärgert. Er hatte sich eingesetzt, hatte sich Mühe gegeben, der libyschen Polizei klar zu machen, daß Seeleute unter seine Zuständigkeit fallen und daß sie kein Visum brauchen – und ich hatte ihm mit meinen eigenen Kontakten seine wohlgemeinte Aktion unterlaufen.

Wie auch immer, wir waren nun frei, konnten die *Solveig* zum Yachtclub verlegen und verbrachten eine geruhsame Woche in Tripolis.

Den fanatischen Haß der Libyer auf alle Europäer bekamen wir allerdings auch zu spüren: Gelegentlich flogen Steine aus irgendeinem Winkel der Straße, und wir erlebten es, daß die sonst so geschäftstüchtigen Araber sich weigerten, uns ihre Ware zu verkaufen.

„Verlassen Sie den Laden!", hieß es dann nur kurz.

Das Abenteuer mit der Polizei hatte Manfred das letzte bißchen Lust an der Fahrt im kleinen Boot genommen. Als wir eines Nachmittags gemütlich an der Hafenpromenade entlangschlenderten, sagte er plötzlich zu mir:

„Du, ich kann das Wasser nicht mehr sehen, mir wird schlecht bei dem bloßen Gedanken, noch einmal hinauszusegeln!"

Wir fanden schnell heraus, daß in den nächsten Tagen ein Fährschiff nach Sizilien abging und Manfred damit die Möglichkeit hatte, nach Italien zurückzukehren. Auch die Weiterreise bis Garmisch war kein Problem, er brauchte ja nur Wagen und Anhänger in Reggio abzuholen. Für mich bedeutete der Gedanke, daß die Fahrzeuge nicht länger in Italien stehen würden eine große Erleichterung.

Aber Manfred machte sich Sorgen um mich.

Er versuchte auf jede mögliche Weise mir mein Vorhaben, allein weiterzusegeln, auszureden. Seine Bedenken waren ehrlich und nach den erlebten Erfahrungen wohl auch begründet. Mir war selbst noch nicht klar, wie ich ganze Tage allein an der Pinne und dazu die Nächte durchstehen würde, doch irgendwie mußte es möglich sein.

Zum ersten Mal allein

Keinen Augenblick dachte ich daran, meine Entdeckungsfahrt in den Orient abzubrechen, zu viele Wünsche hatte ich ein Jahr lang in mir genährt und aufgebaut.

Ich wollte die Häfen Ägyptens ansteuern, möglichst viel von diesem geheimnisvollen Land kennenlernen – vor allem die Königsgräber und die Tempel am oberen Nil. Schon in meiner Kindheit hatte ich von großen Ausgrabungen gehört; die sensationelle Entdeckung der Grabkammer von Tut-Ench-Amun im Jahr 1923 war häufig Gesprächsthema meiner Eltern gewesen. Auch gaben damals Berichte über plötzliche und unerklärliche Todesfälle unter den an der Ausgrabung beteiligten Wissenschaftlern Anlaß zur Vermutung, daß ein Fluch des so jung verstorbenen Königs alle diejenigen verfolge, die seine Ruhestätte entweihen.

Dazu Kairo mit seinen Palästen und Moscheen, der Nil und die Pyramiden, das alles waren Stätten, die ich mit eigenen Augen sehen und erleben wollte.

Manfred und ich verbrachten noch einige sehr harmonische Tage in Tripolis, besuchten Cafés und Restaurants und gaben der dortigen Zeitung ein Interview.

Auch dabei bekamen wir wieder den libyschen Fanatismus zu spüren, denn wir durften nicht wahrheitsgemäß sagen, daß unser Segel in einem Sturm vor der libyschen Küste zerrissen war. Das wurde bereits als Angriff auf das Nationalgefühl angesehen. So wurde der Sturm in der Zeitung kurzerhand nach Tunesien, zum ungeliebten Nachbarn verlegt.

Wir hörten auch von einem amerikanischen Frachter, der seine gesamte Getreideladung, eine Spende der USA, in den Hafen geschüttet hatte. Die Behörde war nicht bereit gewesen, die Hilfslieferung zollfrei abzufertigen.

Damals förderte Libyen noch kein Öl, und das Getreide wurde dringend benötigt für die notleidende Bevölkerung.

Tagelang zogen sich die Verhandlungen hin, doch schließlich blieb dem Kapitän des Frachters nichts anderes übrig, als seine Ladung auf diese ungewöhnliche Art zu löschen, wollte er nicht weitere hohe Liegegebühren bezahlen.

Ich ließ meine Segel nähen, besorgte mir Lebensmittel und vor allem ein Visum für Ägypten, um nicht erneut in Schwierigkeiten zu geraten.

Manfred hatte sich auf die Rückfahrt vorbereitet, aber wir waren beide etwas bedrückt, als er dann seine Taschen packte und wir zusammen zum Hafen gingen. Während die Fähre vom Kai ablegte, winkte ich meinem Gefährten lange nach, bis seine schlanke Gestalt hinter der Reling nicht mehr zu sehen war.

Mit einem eigenartigen Gefühl der Beklommenheit kehrte ich zur *Solveig* zurück. Das war es also. Von jetzt an war ich allein. Allein mit meinen Gedanken, mit meinen Sorgen, Ängsten und Freuden.

Nur jetzt keine Schwäche aufkommen lassen! Zupacken! Das Boot seeklar machen, meine Habseligkeiten in der Kajüte neu ordnen.

Der niedrige Raum, etwa 60 Zentimeter hoch, würde jetzt nicht mehr so eng sein. Von nun an gehörten mir beide Hälften, die durch den Schwertkasten in der Mitte geteilt waren.

In dieser fremden Stadt, von Menschen umgeben, die mir nicht allzu freundlich gesonnen waren, überfiel mich die Einsamkeit schon nach wenigen Stunden. Ich mußte hinaus, fort von hier, auf das Meer. Dort, über der blauen Tiefe, wenn das Land mit all seinen Problemen und Ängsten zu einem dünnen Streifen am Horizont geschwunden war, würde sich die Beklemmung lösen, würde ich mich frei und unbeschwert fühlen.

Am 29. Juli, um 6 Uhr morgens, war es soweit:
Nach einem kleinen Frühstück mit Brot, Ölsardinen und einer Tasse Tee, verließ ich den Hafen, ohne zurückzublicken. Ein frischer Nordost, der mich zunächst zwang hoch am Wind zu segeln, drehte auf Nord, ich setzte die Genua, mein großes Vorsegel, legte die Ruderpinne fest und nahm ein Sonnenbad. Die *Solveig* hielt ihren Kurs, nur ab und zu mußte ich zugreifen, wenn sie in eine andere Richtung zog, wie ein Hund an der Leine, der eben mal „schnüffeln" will.

Mittags servierte ich mir Kompott und Kuchen, und als abends die Sonne glutrot hinter den gelben Hügeln Tripolitaniens unterging, warf ich in einer Bucht, von mehreren Klippen geschützt, den Anker aus.

50 Seemeilen hatte ich an diesem einen Tag zurückgelegt, das waren rund 80 Kilometer. Na also!

Ich saß noch lange in der Plicht und blickte in das Wasser unter mir. Es war so klar, daß ich im Mondlicht die bizarren Formen der Felsen am Grund deutlich erkennen konnte. Vom nahen Ufer hörte ich das monotone Geräusch der Wellen und schlief dann tief und fest bis in den späten Morgen.

Es war schon 10 Uhr und die Sonne stand hoch am Himmel, als ich nach einem kurzen Frühstück den einsamen Ankerplatz verließ.

Nur etwa zehn Meilen östlich wußte ich Homs, ein kleines Dorf, in dessen Nähe sich die Ruinen der alten Römermetropole Leptis Magna befinden sollten.

Gegen Mittag sah ich die elenden Hütten einer Araber-Siedlung und davor die halb verfallene Anlegebrücke. Hier mußte ich festmachen, um an Land zu kommen.

Der Weg zu den Ausgrabungen war nicht allzu weit, und mit jedem Schritt wuchs meine Spannung. Die Straße menschenleer, auch keine Fahrzeuge, und als ich vor der Hütte stand, die für den Wächter bestimmt schien, fand ich auch diese unbesetzt. Ich war völlig allein und erblickte vor mir in der Ebene, die sich etwa einen Kilometer bis zum Meer hin absenkte, die Ruinen einer großen Stadt!

Die Luft flirrte in der Glut der Mittagssonne, und vorsichtig, als ob ich fürchtete, die hinter den Mauern Schlafenden zu wecken, schlich ich durch die verlassenen Straßenzüge. In den Pflastersteinen waren ganz deutlich die Spuren der Ochsenkarren eingegraben, die hier vor nicht allzu langer Zeit, so schien es, durch die engen Gassen gepoltert waren.

Ich betrat das eine und andere Haus und gelangte schließlich zum Forum, dem einstigen Versammlungsplatz, mit seinen hohen Säulenhallen und Tempeln.

Kein Lufthauch war zu spüren, kein Laut drang an mein Ohr, und mich beschlich die seltsame Vorstellung, der Zeit entglitten zu sein. Ich setzte mich auf einen umgestürzten Stein und betrachtete die Zeichnungen, die kunstvoll in einen Torbogen eingemeißelt waren.

Hier hatten Menschen gelebt wie wir. – Wasserleitungen, heiße Bäder und aufwendige Spiele in der weiten Arena trugen auch damals zum verfeinerten Lebensgenuß bei. – Und was ist geblieben?

Fast ein Jahrtausend diente der Hafen den Karthagern als wichtiger Handelsplatz, bis die Stadt dann um 200 n. Chr. ihre Glanzzeit als römische Metropole in Afrika erlebte. Hier war Kaiser Septimius Severus geboren, und die Einwohner von Leptis Magna erhielten römisches Bürgerrecht.

Lange blieb ich so sitzen, in Gedanken versunken und dachte nach über mein Schicksal, das mich hierher geführt hatte, und über den Kindheitstraum vom eigenen Segelschiff. Ab und zu kroch eine Eidechse zwischen den Steinplatten hervor und erinnerte mich daran, daß ich mitten in meinem Leben stand, mein Traum Wirklichkeit geworden war.

Die Stille wurde bedrückend, und so wanderte ich weiter zur Küste, wo die Brandung weiß-schäumend auf die zerklüfteten Steine rollte.

Ich fand den antiken Hafen und bestieg die Ruinen des Leuchtturms, von denen aus sich das gesamte Bild der Stadt vor mir ausbreitete.

Tatsächlich hatte ich das Gefühl für die Zeit verloren, denn als ich mich wieder auf dem Forum einfand, begannen die Steine rötlich zu leuchten, die Sonne versank hinter dem Horizont, und ich lief eilig zurück über die staubige Straße zur Anlegebrücke. An deren verbogenen und verrosteten Eisenträgern hatte sich die *Solveig* inzwischen wund gescheuert. Ein Teil der Scheuerleiste war abgerissen, und schnell segelte ich hinaus auf die See, bis ich die Küste einige Meilen entfernt wußte.

In dieser Nacht band ich zum ersten Mal das Ruder fest und ließ das Boot weitersegeln während ich schlief. In den Morgenstunden jedoch hatte der Wind sich gedreht, und als ich erwachte, sah ich die Hütten von Homs wieder vor mir! Das rief mich endgültig zurück in die Realität.

Ich setzte die Fock und kreuzte gegen einen kräftigen Ostwind bis zum Abend. Ganze 20 Seemeilen waren das magere Ergebnis der Plagerei, aber ich war in bester Stimmung und hoffte, daß ich mit der *Solveig* die Überquerung der Großen Syrte schaffen würde.

Die Syrte ist breiter als das Mittelmeer zwischen Sizilien und Tripolis, im Seehandbuch las ich die folgenden Angaben:

„Die Große Syrte, im Altertum Syrtis major genannt, ist die größte Einbuchtung der Küste Nord-Afrikas. Der Golf ist zwischen Ras Zarrūgh und Bengasi etwa 250 sm breit und schneidet 110 sm weit in das Land ein. Die Küsten sind niedrig, sandig und stellenweise mit Riffen besetzt, die sich auf beträchtliche Entfernung vom Land erstrecken.

Die Bewohner des Landes sind Beduinen, die ihre Lagerplätze oft an der Küste in der Nähe guter Quellen aufschlagen. Das Land ist fast unbebaut. Man sieht nur Sumpfland, Sand und kahlen Fels, oft ohne jede Spur von Pflanzenwuchs.

Die Strömung setzt in S-licher Richtung mit einer Geschwindigkeit von 0,3 bis 0,7 sm/h und ist vom Wind abhängig."

Meine *Solveig* hatte gute Segeleigenschaften. Sie ließ sich ohne Ermüdung steuern und bei leichtem Wind, etwa bis Stärke 3, konnte ich die Pinne festlegen, und das Boot hielt dann seinen Kurs für mehrere Stunden. Bei frischer Brise allerdings durfte ich das Ruder nicht verlassen, und gegenan nahm das Schiff so viel Wasser über, daß ich mit dem Auspumpen auf die Dauer nicht fertig wurde. Ein Umstand, der mir noch manche schwere Stunde bereiten sollte.

Am Morgen des 1. August, bei wolkenlosem Himmel, hole ich das Eisen aus dem Grund.

Ich hatte die Nacht vor Marsa Zliten verbracht, einem armseligen Ankerplatz, über den im Handbuch nachzulesen ist:

„Der Ankerplatz vor Marsa Zliten bietet keinen Schutz und kann nur bei gutem Wetter benutzt werden... kleinere Schiffe unter ortskundiger Führung liegen gegen Ö-liche Winde geschützt hinter einem Riff!"

Ich entschloß mich, trotz des SO-Windes, der mir entgegenstand, hier nicht länger zu bleiben.

An diesem Tag gelang mir wieder nur geringer Fortschritt nach Osten, doch jetzt stand ich vor dem Anfang der Großen Syrte. Ich wollte nicht noch einmal ankern, sondern blieb auf See. Und dieser Entschluß war richtig!

Da ich ein weit entferntes Ziel vor Augen hatte, durfte ich nicht an der Küste kleben bleiben, sondern mußte im Gegenteil versuchen, freien Seeraum zu gewinnen. Ich verbrachte eine schlimme Nacht in dem unruhig schlingernden Boot, da der Wind ständig die Richtung wechselte. Immer wieder versuchte ich, einen brauchbaren Kurs zu steuern, und erst nach Mitternacht fand ich für einige Stunden Schlaf. Bei Tagesanbruch kam eine Brise auf, der lang ersehnte Westwind! Ich setzte die Genua, und hielt einen Kurs von 90 Grad direkt nach Osten auf Bengasi zu!

Mit festgelaschter Pinne glitt die *Solveig* über die tiefblaue See. Die Sonne brannte vom wolkenlosen Himmel, und bald verschwand die Küste hinter dem Horizont.

Zum ersten Mal in meinem Leben war ich allein auf dem offenen Meer – über 200 Meilen lagen vor mir bis zum nächsten Hafen. Ich hatte Angst. Was, wenn ein Sturm kam und mich auf die Küste trieb mit ihren zahlreichen vorgelagerten Klippen? Oft hatte ich diese schroffen zackigen Felsspitzen im Vorbeifahren beobachtet, die wie Zähne eines gierigen Rachens aus dem Wasser ragten. Oder, wenn ich wochenlang in einer Flaute liegenblieb, nicht mehr vor oder zurück konnte und dann Wasser und Lebensmittel zu Ende gingen?

Ich segelte bis in den späten Abend; das Log zeigte, daß ich 50 Seemeilen geschafft hatte. Auch während der ganzen Nacht ließ ich die *Solveig* weiterlaufen, der günstige Wind sollte nicht „verschwendet" werden.

Es gelang mir nur für kurze Zeitspannen wirklich zu schlafen, mehrere Stunden ist eine Jolle nur selten auf Kurs zu halten. In den Morgenstunden spürte ich die Müdigkeit in allen Knochen – wollte mich um nichts mehr kümmern, nur schlafen.

Gegen diese Gleichgültigkeit mußte ich ankämpfen!

Auf dem Primuskocher bereitete ich Tee, Hunger hatte ich keinen.

Im Laufe des Tages legte der Wind weiter zu, und auf der Uhr des Logs beobachtete ich fasziniert, wie die Zeiger von Meile zu Meile vorrückten. Es war ein einfaches Schlepplog mit einer Leine, die im Wasser nachgezogen wird und an deren Ende sich ein Propeller dreht. Die Umdrehung der Leine wird auf eine Uhr übertragen, die dann die zurückgelegte Strecke anzeigt. Auf dem Kompaß konnte ich die Richtung ablesen, in der ich gesegelt war und so meinen Standort ungefähr bestimmen. Dieses Verfahren ist zwar einfach, aber nicht genau, da die Abdrift durch Wind oder Strömung nur geschätzt werden kann.

Auch der dritte Tag endete mit einem prächtigen Sonnenuntergang; ich genoß die Kühle des Abends und war zufrieden: Über 100 Seemeilen hatte ich diesmal zurückgelegt.

Bis Mitternacht hielt ich noch durch, dann barg ich das Tuch, und fiel für Stunden in tiefen Schlaf.

Beim ersten Tageslicht rappelte ich mich hoch, setzte Segel und brachte meine *Solveig* wieder auf Kurs. Wieviele Meilen, wieviele Stunden mußte ich wohl noch aushalten unter der glühenden Sonne, die schon auf der Haut schmerzte?

Ich kroch in die niedere Kajüte und legte mich auf die Luftmatratze, döste vor mich hin.

Ob Manfred wohl den Simca mit Anhänger in gutem Zustand gefunden und ohne Panne hatte zurückkehren können? Wie werden sich die libyschen Behörden in Bengasi verhalten? Ob sie mir wieder Schwierigkeiten machen?

Werden die Baumwollsegel der Tropensonne standhalten?

Das waren meine Gedanken – Überlegungen – Bedenken – aber ich war glücklich! Ich segelte über das blaue Meer, fühlte mich frei wie ein Vogel! Was wollte ich mehr?

Und der Himmel schien mir recht zu geben: Der günstige Wind hielt an, nach zwei Tagen und zwei Nächten sah ich Land voraus!

Das mußte die Cyrenaika sein! Von Bengasi noch nichts zu erkennen – während der Nächte war ich wohl einige Meilen nach Süden abgetrieben. Doch mit Hilfe des Seehandbuches fand ich gerade noch vor Sonnenuntergang einen romantischen Ankerplatz bei Ras Tawinis, 15 Meilen südwestlich von Bengasi.

Das Wasser hier war flach und sehr ruhig, wie ein Teich; ich konnte mit dem Bug so nahe an das Ufer herangehen, daß ich mit meinem Anker an Land watete und ihn dort eingrub. Kurz darauf steuerten zwei weitere Boote in die kleine Bucht, um hier die Nacht über zu bleiben. Ein größeres Motorschiff aus Griechenland und eine offene Schaluppe der Araber: Schwammfischer!

Die *Solveig* und ihre Ein-Mann-Besatzung wurden beobachtet und bestaunt, vielleicht auch beargwöhnt. Nach etwa einer Stunde kam einer der Araber und lud mich zum Tee ein. Es wurde die seltsamste Teestunde meines Lebens!

Ich zog mir ein sauberes Hemd an, watete an Land und stolperte im Dunkel auf den Schein eines kleinen Feuers zu, welches zwischen den Dünen aufloderte. Hier lagen die drei Männer im Wüstensand. Auf der spärlichen Glut ein Messingkessel mit Teewasser.

Mit einer Handbewegung lud mich der Älteste ein, ebenfalls Platz zu nehmen. Ich legte mich in den Sand zu ihnen und nach langem Schweigen begannen die drei Männer das Gespräch.

Sie erzählten mir von ihrem harten Leben als Schwammtaucher und daß die Griechen – besser ausgerüstet mit Atemgeräten und Motorschiffen – ihnen die großen und guten Schwämme vor der Nase wegfischten. Ohne Geräte konnten sie nicht so tief tauchen und so lange unter Wasser arbeiten wie die Griechen.

Einer der Männer holte Minztee aus einem Beutel und streute die Blätter in das heiße Wasser, aus einem anderen Beutelchen folgte der Zucker. Der Alte lachte:

„Er ist so aufgeregt, daß er den ganzen Zucker, den wir für diese Woche noch hatten, in den Tee geschüttet hat!"

Der andere hatte sich eine Zigarette gedreht – aus Tabak und Zeitungspapier. Um sie anzuzünden, fachte er das Feuer an, nahm dann ein Stück rote Glut zwischen die Finger und hielt es an die Zigarette. Auch Streichhölzer sind knapp bei diesen fischenden Beduinen, die nichts besitzen außer dem, was sie auf dem Leibe tragen.

Der Becher mit dem konzentrierten Sud ging von Hand zu Hand, und jetzt wurde ich gefragt:

„Bist Du aus Berlin?"

Von dieser Stadt, die ständig für Schlagzeilen sorgte, hatten sie also gehört.

„Wieso sind Russen und Amerikaner in Berlin?"

Ich versuchte ihnen das Problem der geteilten Stadt begreiflich zu machen. Mit wenig Erfolg, wie ihre nächste Frage bestätigte:

„Wieso werft ihr denn nicht Russen und Amerikaner hinaus?"

„Das", warf ich ein, „würde einen dritten Weltkrieg bedeuten und alle Völker wünschen sich den Frieden."

So recht wollte ihnen auch dieses Argument nicht einleuchten:

„Das ist *eure* Hauptstadt, um die müßt ihr kämpfen, ohne Rücksicht auf andere Länder, wir würden das verstehen!" –

Über mir glänzten die Sterne am Himmel – aus der Wüste war kein Laut zu hören; nur wir vier lagen um das Feuer, und versuchten aus unserer beschränkten Sicht den Gang der Weltgeschichte zu ergründen.

Am folgenden Mittag steuerte ich meine *Solveig* in den Hafen von Bengasi und machte im Segelclub der britischen Garnison fest.

Die Offiziere versicherten mir, daß dieser Bereich von den Hafenbehörden nicht kontrolliert würde, und ich hielt es für ratsam, mich bei den Libyern gar nicht erst zu melden. Ich hatte zwar ein Visum, aber – so überlegte ich –, „wer viel fragt, bekommt viele Antworten!"

Ich war in Hochstimmung, denn ich hatte die erste große Überfahrt hinter mir, immerhin 380 Seemeilen, runde 700 Kilometer von Tripolis. Ich fühlte mich so unternehmungslustig, daß ich zwei Stewardessen der BOA ansprach, und sie zum Spätnachmittag sogar auf mein Boot einlud.

Linda und Rose bewunderten die *Solveig*, und Linda, selbst eine begeisterte Seglerin, erkundigte sich ausführlich nach der Herkunft des schönen Bootes.

Ich öffnete die Schott-Türe und die Mädchen blickten neugierig in meine Hundehütte.

„Und da drin lebst Du? Wie hältst Du das denn aus? Da kannst Du ja nicht einmal sitzen!"

Ich bat die beiden auf den zwei Klappsitzen im Cockpit Platz zu nehmen – diese Klappsitze waren der einzige Luxus, den die sonst so spartanisch eingerichtete *Solveig* zu bieten hatte. Unterdessen kroch ich in die Kajüte, holte Primuskocher und Wasserkessel hervor. Kniend und mit vor Aufregung zitternden Händen verschüttete ich erst einmal den Spiritus, den ich zum Anwärmen des Brenners brauchte.

„Das ist immer etwas mühsam", entschuldigte ich mich, „aber der Petroleumkocher braucht wenig Platz und ist auch nicht gefährlich wie Benzin oder Gas."

„Du solltest Dir unseretwegen nicht so viele Umstände machen!" meinten die beiden Hübschen lächelnd.

Ich fühlte mich als Kapitän und Gastgeber herausgefordert, suchte hastig den Tee in der Kajüte und knipste dabei das Licht an.

„Du hast Elektrizität an Bord?" wunderte sich Linda, „wo kommt denn der Strom her?"

„Meine elektrische Anlage ist ganz einfach", erklärte ich jetzt voller Stolz, „da hinten im Heck habe ich einen Akku eingebaut, den nehme ich in jedem Hafen heraus und lasse ihn aufladen. So habe ich immer Strom für meine Lampe und muß nachts nicht erst lange nach Streichhölzern suchen, wenn ich einen Blick auf die Seekarte werfen will. Auch mein Echolot betreibe ich mit dem Akku!"

Als endlich das Wasser kochte, brühte ich Tee auf und füllte für jeden einen Becher. Mein Vorschlag, noch eine kleine Hafenrundfahrt zu unternehmen, wurde begeistert aufgenommen. Eine weiteres Stündchen also in dieser charmanten Gesellschaft!

Allmählich begann es dunkel zu werden – und darauf hatte ich gewartet. Jetzt würde die Hafenpolizei die nicht einklarierte *Solveig* kaum bemerken. Mit einem sanften Windhauch glitten wir geräuschlos über die Wasserfläche. Das war gewiß kein aufregendes Segeln, aber wir konnten in Ruhe unseren Tee trinken und weiter erzählen.

Linda und Rose hatten nur diesen einen Abend frei, am nächsten Morgen mußten sie wieder fliegen; so überlegte ich fieberhaft, wie ich unser Zusammensein länger ausdehnen könnte.

„Darf ich Euch zu einem kleinen Abendessen an Bord einladen?" tastete ich mich weiter vor.

Aber Rose wehrte ab:

„Wir haben Dir schon genug Arbeit gemacht, und Du brauchst Deine Konserven für die Weiterfahrt."

Bevor ich einen neuen Anlauf nehmen konnte, hatte Linda eine Idee: „Komm doch mit uns ins Hotel! Wir haben Sandwiches und Getränke auf unserem Zimmer!"

Die Vorstellung versetzte mich in alle Himmel; nicht nur ein Hotelzimmer mit Bad, Toilette und bequemen Sesseln winkte mir, sondern ein ganzer Abend mit Linda und Rose!

Rasch wechselte ich das Segelzeug gegen meine beste Kleidung, und dann marschierten wir zu dritt zum Hotel.

Mein wohlgemeinter Vorschlag, vielleicht doch lieber den Hintereingang zu benutzen, wurde in den Wind geschlagen. Kühn gingen wir auf die Treppe zu, ganz selbstverständlich uns unterhaltend, erreichten auch noch die ersten Stufen, aber dann hörten wir hinter uns die Stimme des Portiers:

„Where are you going?"

Über eine Stunde versuchte Linda den dienstbeflissenen Libyer von der Harmlosigkeit unseres geplanten Beisammenseins auf Zimmer 235 zu überzeugen – es war vergeblich. Selbst ein stattliches Trinkgeld vermochte ihn nicht umzustimmen.

Genau das hatte ich befürchtet. Doch die beiden Mädchen waren in bester Stimmung, und hatten keineswegs die Absicht, sich jetzt schon zu verabschieden. Sie ließen sich vielmehr, dem Portier zum Trotz, auf der Treppe nieder, veranstalteten eine Art „Sitzstreik". Rose organisierte Wein und Sandwiches, und so plauderten wir noch ein Stündchen, sprachen von allen möglichen Dingen und dachten dabei doch nur an das gemütliche, bequeme Zimmer, welches im 2. Stock vergeblich auf uns wartete...

Es war Mitternacht geworden, als ich beschwingt aber auch ein wenig traurig auf meine *Solveig* zurückkehrte.

Ich hatte Geschmack am „Landleben" gefunden und wollte am nächsten Morgen mit meiner Filmkamera in der Stadt einige Aufnahmen machen.

Nach einem fürstlichen Frühstück, bestehend aus Rühreiern, Marmelade und Tee, wohlbehütet im Hafenbecken des „Bengasi Sailing Club", marschierte ich erwartungsvoll los.

In der Kolonialzeit hatten die Italiener die Stadt großzügig ausgebaut, breite Straßen angelegt, ansehnliche Geschäftshäuser und eine Universität errichtet. Ich ließ mich von dem Strom der vielen Menschen mitreißen, filmte hier und da eine Szene, als ich plötzlich von einer Hand gepackt wurde. Ein Mann mit haßerfüllten Augen hielt mich an der Schulter fest, schrie mich in Arabisch an, veranlaßte zwei weitere Männer, mich ebenfalls festzuhalten und nahm mir die Kamera ab. Dann schleppten mich die drei auf die Polizeistation.

Sofort dachte ich an alle meine „Sünden", und mir fiel jetzt ein, daß ich mich ja bei den Hafenbehörden nicht angemeldete hatte. Ich sah mich schon im Gefängnis!

In höchster Aufregung und immer wieder auf meine Kamera deutend, beschuldigte mich der Fanatiker bei der Polizei, und ich befand mich in der unangenehmen Lage, kein Wort von seinem Redeschwall zu verstehen. Anscheinend ging es um eine Gruppe Frauen, die ich gefilmt haben sollte.

Der Polizist musterte mich lange und bat dann:

„Your passport, please."

Ich reichte den Paß.

„Jetzt haben sie mich", dachte ich voller Angst.

Aber die Polizei fragte nicht nach Hafen, Boot oder Anmeldung – sie war mit dem Visum zufrieden.

Ich erhielt meine Kamera zurück.

„You may go now! – Sie können gehen!"

Dafür mußten meine Widersacher auf der Wache bleiben.

Einen Augenblick blieb ich völlig verdutzt stehen und machte mich dann schleunigst auf zum Hafen, in den Club. Hier, bei den Engländern, fühlte ich mich sicher.

Zwei Tage später feierten die Einwohner ein großes Fest mit einer Militärparade vor König Idris.

Aus der Umgebung von Bengasi kamen Berber, Araber und Beduinen in ihren farbenfrohen Gewändern, so daß die bunte Menschenmenge den großen Platz am Hafen bereits Stunden vor dem Ereignis füllte. Die Äste der Alleebäume konnten die Last der Zuschauer kaum tragen; wie riesige Früchte hingen die Menschen in den Zweigen, während ich mir einen Platz mit guter Aussicht auf einer Mauer am Straßenrand gesichert hatte. Von allen Seiten hörte ich Gelächter und Gesang, langanhaltende Freudenschreie wurden ausgestoßen – schließlich erschien der König: das militärische Schauspiel konnte beginnen!

Die Kameltruppe der Wüstendivision bot für mich ein besonders schönes Bild, aber auch den Herzen der Araber stand diese Reitertruppe am nächsten. Wilde Schreie und verzückte Rufe hallten über den Platz, als die Kamele, geschmückt mit den Landesfarben, in Viererreihen nebeneinander über das Pflaster trabten. Es folgten zwei klapprige Panzerwagen – die hatten die Engländer wohl irgendwo in der Wüste vergessen – und zum Schluß die Feuerwehr. –

Heute verfügt Libyen über eine moderne Armee, 42 000 Mann stark, ausgerüstet mit Raketen, Panzern und Überschalljägern. Die Öl-Milliarden machten es möglich! Ansonsten wußte Oberst Gadaffi, Regierungschef seit 1969, mit dem plötzlichen Reichtum nicht viel anzufangen. Für den wirtschaftlichen Fortschritt wurde nichts getan, und die Bevölkerung lebt noch immer in Armut...

Fünf Tage Aufenthalt in Bengasi – in meinem Logbuch steht: „fünf herrliche Tage" – dann steuerte ich wieder hinaus auf die See! 380 Meilen hatte ich bisher von Tripolis aus allein zurückgelegt, ein gutes Drittel der Distanz bis Alexandria.

Kaum hatte ich den Hafen verlassen, blies mir der Ostwind direkt ins Gesicht! So ein Pech! Aber ich wollte nicht umkehren. Laut Seehandbuch durfte ich in diesem Gebiet mit überwiegend westlichem Wind rechnen, den sogenannten „Etesien", es konnte also mit dem Gegenwind nicht lange dauern.

Auf Kreuzkurs im Zickzack erkämpfte ich mir Meile um Meile und verzichtete sogar darauf, nachts an der Küste zu ankern. In den ersten drei Tagen legte ich trotzdem nur 60 Meilen zurück, 20 Meilen in 24 Stunden – ein erbärmliches Ergebnis! Endlich, nach fünf Tagen und endlosen Nächten setzte sich der Westwind durch und ließ die *Solveig* mit einer weißen Bugwelle durch das tiefblaue Wasser ziehen.

Jetzt kam ich voran!

Obwohl völlig übermüdet, ließ ich die Pinne nicht mehr los, bis ich am folgenden Mittag in Derna festmachen konnte.

Der Hafen war noch vom Krieg zerstört: Wrackteile, geborstene Betonklötze und ein umgestürzter Kran lagen neben der Mole im Wasser. Es gelang mir bei dem böigen Wind nicht, die *Solveig* ohne Schrammen an den Kai zu bringen. Nervös und aufgeregt versuchte ich, Pinne, Schot und Festmacher gleichzeitig zu handhaben.

„Malesch – macht nichts, das ist nicht wichtig!" beruhigte mich der Hafenmeister, der mein Manöver schon längere Zeit beobachtet hatte.

Eigenhändig belegte er die Leinen am Poller.

„Wo kommen Sie denn her?" fragte er jetzt nicht ohne Erstaunen.

Inzwischen hatte sich ein halbes Dutzend libyscher Seeleute um das kleine Boot versammelt. Die *Solveig* aus Starnberg war wohl das erste Schiff unter deutscher Flagge, das nach dem Abzug von Rommels Armee diesen gottverlassenen Hafen anlief. Von allen Seiten wurde sie begutachtet und bestaunt, aber ihr übermüdeter Kapitän hatte nur einen Gedanken: Ausschlafen! Doch so einfach ging das nicht – die Fahrtroute der *Solveig* interessierte mehr als der Zustand ihrer Crew.

Der Hafenkapitän nahm mich in sein Büro zum Einklarieren. Er füllte für mich die „Crew-List" aus, das Papier, auf welchem ich die Namen der Besatzungsmitglieder anzugeben hatte sowie Heimathafen und Ziel der Reise.

„Was, Sie kommen von Italien und bis nach Indien wollen Sie segeln? Warum nahmen Sie kein größeres Boot dafür?"

Meine Erklärung, daß ich auf einem Gebirgssee für ein großes und schweres Boot mit Tiefgang keinen Liegeplatz fände, registrierte er mit einem Kopfschütteln.

„Die Sache mit Indien sollten Sie sich noch gut überlegen, dafür brauchen Sie ein seetüchtiges Boot!"

Der besorgte Hafenmeister begleitete mich sogar noch zu Polizei und Zoll, um auch diese Formalitäten zu erleichtern...

Im Vergleich zu Bengasi wirkte Derna auf mich wie ausgestorben. Die Araber verließen nur selten ihre Häuser, am wenigsten die Frauen, nur ab und zu sah ich Senussi-Krieger auf ihren schönen Pferden durch die Straßen reiten.

Für einen Tag fand ich Abwechslung in der teilweise ausgegrabenen antiken Stadt Cyrene, einer Gründung der Griechen.

Als ich mit dem klapprigen Omnibus nach Derna zurückkehrte, fand ich die *Solveig* abgetrieben in einer Hafenecke, die Ankerleine durchschnitten, der Anker gestohlen! Aber der hilfsbereite Hafenkapitän und seine Leute waren sofort zur Stelle und besorgten mir einen Ersatzanker.

Wir legten das Boot an seinen Platz zurück, und als ich am folgenden Tag zur Weiterfahrt aus dem Hafen kreuzte, verabschiedete mich das dort stationierte Regierungsschiff mit einem langen Sirenengruß.

Diesmal meinte es der Wind gut, und schon zwei Tage später ankerte ich in der weiten, von Hügeln malerisch umgebenen Bucht von Tobruk. Kein Wunder, daß um diesen riesigen Naturhafen, es ist der einzige in Libyen, im Zweiten Weltkrieg so erbittert gekämpft wurde. Auf einem der Hügel erblickte ich das weithin sichtbare Ehrenmal für die deutschen Gefallenen.

Als ich in den inneren Teil der Bucht steuerte, entdeckte ich die Anlagen eines kleinen Segelclubs der britischen Luftwaffe, in dem ich herzlich aufgenommen wurde.

In mein Tagebuch schrieb ich:

„Alle sind hier so nett zu mir! Darf mich in der Wellblechbaracke des Clubs häuslich einrichten und kann so endlich die längst fälligen Briefe nach Hause schreiben.

Ein Sergeant der Air Force fährt mich mit seinem Jeep zum deutschen Ehrenmal – ein eindrucksvolles Bauwerk, quadratisch angelegt mit einem großen Innenhof. Auf den Gedenktafeln reiht sich Name an Name. Alle diese Männer wurden in einen sinnlosen Krieg gehetzt, den sie niemals gewinnen konnten, der die besten Kräfte der europäischen Völker vergeudet hat! Hier, in der Wüste Afrikas, hatten seinerzeit Deutsche und Engländer gegen Hitze und Sand und leider auch gegeneinander gekämpft. Unterhalte mich mit dem Sergeant über die furchtbaren Folgen

des Zweiten Weltkriegs und wir freuen uns, daß dieses Mahnmal von einer deutschen Vereinigung errichtet wurde.
26. 8. *Mache die „Solveig" gegen 9 Uhr morgens seeklar. Viele Mitglieder des Royal Air Force Segelclubs versammeln sich samt ihren Familien am Strand der Bucht und geben mir selbstgebackenen Kuchen und Armeekonserven mit auf die Fahrt. Es ist ein richtiger Abschied mit Winken und Fotografieren – ich bin so bewegt, daß ich Mühe habe, mich auf das Boot und die See zu konzentrieren! Will bis Sollum segeln – dem ersten ägyptischen Hafen!*

Passiere den Tanker „Vivi", der dicht bei der Einfahrt in die Bucht, die von einem Landvorsprung, der Punta Tobruk gebildet wird, auf Grund gelaufen ist. Er wartet auf ein Bergungsschiff.

Das kann mir mit meiner kleinen Jolle nicht so leicht passieren!

20.00 : Bin in sehr guter Stimmung. Habe bereits 53 sm zurückgelegt und suche mir in der Dunkelheit einen Ankerplatz zum Übernachten. Etwas Schlaf muß sein! Habe die Pinne den ganzen Tag über nicht eine Minute loslassen können – „Solveig" hält ihren Kurs bei starkem achterlichen Wind nicht allein, sondern schießt sofort in den Wind, wenn ich versuche einen Blick auf die Karte zu werfen oder wenn ich mal „muß"... Habe großen Hunger, konnte mir bis jetzt auch kein Essen bereiten.

27. 8. *Habe fantastisch geschlafen. Ich bin von Felsen umgeben, ein paar spitze Steine ragen vor dem Strand in die Höhe, dahinter Wüste – kein Haus, kein Baum, kein Strauch!*

Genehmige mir ein ausgiebiges Frühstück, denn bis Sollum sind es immerhin noch 30 Meilen, das Mittagessen wird also wieder ausfallen.

Der Westwind weht mit Stärke 5, neben meinem Sitz im Cockpit stelle ich mir zwei Dosen mit Kondensmilch bereit und lege das Taschenmesser zurecht, um so die süße Milch trinken zu können, wenn der Hunger stark wird.

8.45: Anker auf und weiter nach Osten!"

Die Sonne schien mir in die Augen und blendete mich, ich hätte also besonders vorsichtig navigieren müssen, aber zur Einschätzung der Gefahr fehlte mir die Erfahrung.

Ich war erst wenige Minuten gesegelt, als ich plötzlich dicht vor mir den weißen Schaum der Brandung sah. Ein Felsen unter Wasser! Ich riß das Ruder herum, glaubte schon vorbei zu sein, da ließ eine Dünungswelle die *Solveig* tief absinken und – mit einem Krachen schlug das Ruder auf den Stein!

Entsetzt sprang ich zum Heck, schaute ins Wasser: das Ruderblatt schwamm neben dem Boot – ich bekam es zu fassen, zog es an Deck.

In meinem Kopf hämmerte es: Aus! Keine Meile kannst Du ohne Ruder vorankommen! Ich hätte heulen und schreien mögen vor Wut über meine Dummheit. Aber die Angst war stärker als der Zorn; ausgerechnet hier, an diesem öden Küstenstreifen, mußte mir das passieren! Auf der einen Seite die Libysche Wüste, auf der anderen Seite das Meer und nichts außer Steinen und Sand am Ufer!

Ich griff zum Paddel, um die *Solveig* in Richtung Küste zu treiben; immer abwechselnd ein Schlag auf jeder Seite, doch dabei drehte sich das Boot mehr, als daß es sich vorwärts bewegte. Schweißüberströmt erreichte ich nach einer Stunde den Strand und warf einen Anker aus.

Im flachen Wasser sah ich mir den Schaden genau an: Der Ruderbeschlag – eine Bronzestange, an der die beiden „Scharniere" des Ruderblattes eingehängt werden – war oben und unten aus den Füßen herausgebrochen. Die Füße waren noch am Spiegel festgeschraubt, die Stange selbst hing am Ruderblatt in den Scharnieren!

Die Bruchstellen müßten geschweißt werden. Wie sollte ich mit Bordmitteln die oben und unten gebrochene Stange zusammenfügen? Und zwar so fest, daß sie das Ruder im Seegang tragen konnte?

Zum Bau eines Notruders fehlte mir Material und Werkzeug. Und wenn ich es mit dem Stechpaddel versuchte? Aber nein, es war zu kurz, außerdem fehlte ein entsprechender Beschlag am Heck.

In Tobruk fände ich Hilfe, in den Werkstätten der Air Force könnte das Stück geschweißt werden. Aber wie komme ich dorthin? Unmöglich, mit dem steuerlosen Boot 56 Meilen zurück zu segeln. Und zu Fuß über die Küstenstraße? Das würde Tage dauern! So lange konnte ich die *Solveig* keinesfalls allein lassen.

Verbohrt in den Gedanken, unbedingt Hilfe holen zu müssen, schrieb ich im Boot einen Brief an meine Freunde in Tobruk, watete an Land und machte mich auf den Weg in die Wüste, um irgendwo die Straße zu finden. Dort wollte ich den Brief einem Fahrzeug mitgeben.

Nach kurzer Zeit schon, ich war vielleicht einen halben Kilometer durch den Wüstensand gestapft, kamen mir zwei Beduinen entgegen.

Ich grüßte förmlich und erklärte ihnen mit Zeichen und Worten: „This letter, dieser Brief – Tobruk! Tobruk!"

Nach einigem Hin und Her schienen sie verstanden, aber auch meine Notlage erkannt zu haben, denn nach kurzer Beratung verkündete der jüngere der beiden:

„Yes, yes 50 Dollar, you give 50 Dollar!"

Das war ein heilsamer Schock. Ich wußte jetzt, daß jede Hilfe sehr teuer sein würde, vielleicht sogar zwecklos. Ich hatte diese Fahrt allein unternommen, so oder so mußte ich mir jetzt auch allein helfen!

„Leider bin ich kein reicher Mann und kann diesen Preis nicht zahlen – ich danke Ihnen", verabschiedete ich mich und kehrte rasch wieder zum Strand zurück.

Es *mußte* einfach eine Möglichkeit geben, die Reparatur zumindest behelfsmäßig selbst auszuführen.

Eine Stunde starrte ich auf Werkzeuge und Kleinteile, die im Cockpit vor mir ausgebreitet lagen. Schließlich zersägte ich eine Belegklampe in zwei Stücke und schraubte diese auf den Spiegel am Heck. Auf die Klötze legte ich die gebrochene Bronzestange, so daß sie oben und unten durch die alten Beschläge gehalten wurde und befestigte sie auf den Klötzen mit je einem Persenningbügel.

Als ich Segel gesetzt hatte, wagte ich angesichts dieser gebrechlichen Konstruktion kaum, die Pinne anzufassen.

Auf den ersten Meilen hielt ich bei jeder Welle den Atem an – und schon nach zwei Stunden suchte ich einen Ankerplatz, diesmal noch bei Tageslicht und sehr vorsichtig. Anspannung und Angst wichen einer tiefen Erschöpfung...

In der Falle

Am folgenden Nachmittag steuerte ich, hinkend gewissermaßen – denn ich führte mit Rücksicht auf das schwache Ruder nur ein kleines Sturmsegel –, in den ägyptischen Hafen Sollum.

Endlich, nach einer 1500 Meilen langen Seefahrt, hatte ich das erste große Ziel erreicht:

Ägypten!

Dieses Land sollte noch eine Menge Überraschungen für mich bereithalten und die volle Tragweite meines Entschlusses, Ägypten zu besuchen, sollte mir erst später klar werden. Das Ägypten jener Tage, zur Zeit des Diktators Nasser, war ein Militärstaat, in dem das Wort Freiheit nur auf dem Papier stand; und ich hatte mich ahnungslos in die Falle begeben:

Das Land befand sich im Kriegszustand.

Präsident Nasser feierte die Übernahme des Sueskanals als großen Sieg und bereitete nun einen Feldzug gegen Israel vor. Das hatte zur Folge, daß alle Grenzen geschlossen und die Straßen nach Sues und zum Roten Meer, aber auch nach Westen, zur libyschen Grenze, für den öffentlichen Verkehr gesperrt waren.

Ein „Eiserner Vorhang" war niedergegangen.

Alle öffentlichen Gebäude sowie sämtliche Postämter und Brücken wurden von Posten bewacht, in rascher Folge alle ausländischen Betriebe wie Banken, Versicherungen und Hotels enteignet. Die gesamte Infrastruktur des Landes drohte zusammenzubrechen, denn europäische Spezialisten waren zum Teil ausgewiesen worden.

Jean Lacouture schreibt im *Blauen Führer Ägypten* über die Zeit des „Nasserismus":

„Nassers politische Polizei und die Spezialeinheiten der Armee, die ,Muchabarât', hielten das ganze Land im Griff, die Gefängnisse waren von Tausenden politischen Häftlingen bevölkert, in der Wüste wurden mehrere Konzentrationslager eingerichtet, zahlreiche militante Persönlichkeiten wurden verhaftet, eingekerkert, zuweilen auch gefoltert, mehrere sogar unter grausamen Begleitumständen getötet. Besonders arg betroffen waren die Intellektuellen, Journalisten, Schriftsteller, Hochschullehrer, Studenten…"

Infolge dieser Bedrohung versuchte eine große Zahl verzweifelter Bürger, den zum Gefängnis gewordenen Staat mit ihrer Habe zu verlassen. Kein Wunder also, daß die Häfen ganz besonders scharf bewacht wurden!

Wie Hans der Träumer segelte ich, von alledem nichts ahnend, in das vom Krieg zerstörte und immer noch trostlose Hafenbecken von Sollum.

Kaum hatte ich festgemacht, sprang ein Mann in Zivil ins Cockpit, verlangte meinen Paß. Aufmerksam studierte er sämtliche Eintragungen von vorne nach hinten und von hinten nach vorne.

„Wie lange sind Sie gesegelt? Waren Sie in Israel?"

Neugierde und Mißtrauen standen in seinem Gesicht. Doch ohne mich weiter zu behelligen, ließ er mich dann an Land gehen. Ein Wichtigtuer also, der mir Angst einjagen wollte, dachte ich ahnungslos.

Soldaten in zerschlissenen, ausgewaschenen Uniformen standen zwischen den meist zerstörten Häusern, sie starrten mich an, wie eine Erscheinung aus einer anderen Welt.

Auf der Polizeistation wurde der Paß noch einmal kontrolliert, und dabei stellte sich heraus, daß ich das Datum für die Einreise um einen Tag überschritten hatte – das Visum war ungültig. Es fehlte genau der Tag, den ich mit dem Ruderbruch verloren hatte!

Diesmal hatte ich Glück und erhielt für fünfzehn Mark ein neues Visum, durfte mich auch während der langen Prozedur auf den einzigen gut erhaltenen Stuhl des Amtszimmers setzen. Bei der Gesundheitsbehörde zahlte ich noch einmal sechzehn Mark für die Feststellung, daß auf der *Solveig* während der letzten Wochen keine ansteckenden Krankheiten ausgebrochen waren und daß sich keine Ratten an Bord befänden; dann beschloß der Zoll meine erste Behördenrunde in Ägypten. Der Soldat, der mich auf allen Wegen begleitet hatte und beim Verlassen jeder Amtsstube wieder aufgetaucht war, behielt mich auch jetzt im Auge und marschierte mit mir zum Hafen zurück. Sollte er mich schützen oder bewachen?

Er nahm seine Mission jedenfalls ernst und wäre sicher auch noch in das Cockpit gesprungen, hätte nicht doch die Angst vor dem schaukelnden Schiffchen, das da im dunklen Hafenwasser lag, in ihm gesiegt. So blieb er auf dem Kai stehen und verfolgte angestrengt jede meiner Bewegungen, bis ich mich in meine Kajüte zurückzog, wie eine Krabbe in ihr Gehäuse.

Während der ganzen Nacht hielt ich es für geraten, die Petroleumlampe brennen zu lassen.

In mein Tagebuch schrieb ich dann:

„Mir ist der Ort mit seinen verfallenen Häusern, seinem halb zerstörten Fort auf der Anhöhe und den vielen Soldaten direkt unheimlich. Ich glaube, seit dem Ruderbruch hat mein Selbstvertrauen gelitten. Angst und Mutlosigkeit lähmen meine Unternehmungslust.

Ein sentimentaler Schlagertext, den ich über die Deutsche Welle im Radio höre, reicht aus, mir Tränen in die Augen zu treiben. Eine Ansichtskarte meiner Freunde aus Garmisch halte ich minutenlang zwischen den Fingern, betrachte jede Einzelheit auf dem Bild. Obwohl ich unter chronischem Schlafmangel leide, habe ich in Tobruk nachts Briefe geschrieben, statt mich auszuruhen... Die Anstrengung ist so groß und die Freude in den Häfen oft so gering, daß ich glaube, ich ertrage es nicht mehr lange. Dieses dauernde Spiel mit dem Leben! Wie leicht könnte ich einmal über Bord gehen oder das Boot kentern. Hoffentlich finde ich in Alexandria nette Leute, sonst mache ich nicht mehr weiter..."

Meine Stimmung in jener Nacht war auf ihren bisher tiefsten Punkt gesunken. Einsamkeit und Heimweh hatten meinen Gemütszustand angegriffen.

Aus Sollum mußte ich schnellstens heraus – ich hatte keine Ruhe mehr – in Alexandria lag sicher Post für mich. Außerdem brauchte ich dringend Geld, die Einklarierungsgebühren hatten meine Barschaft auf weniger als 40 Dollar schrumpfen lassen.

Beim ersten Tageslicht hißte ich die Segel und steuerte, von kräftigem Westwind angetrieben, der Küste entlang, froh um jede Meile, die ich mit der zerbrechlichen Ruderanlage hinter mich brachte. Neben mir die unvermeidliche Dose mit dicker, gezuckerter Kondensmilch, aus der ich ab und zu einen Schluck saugte. In dem groben Seegang kam ich nur selten dazu, mich ein paar Minuten auf der Luftmatratze auszuruhen. Die See lief von achtern unter dem Boot durch und schob den Bug in jedes Wellental; so war es auf diesem Kurs besonders anstrengend, die *Solveig* unter Kontrolle zu halten.

Kurz vor Alexandria suchte ich mir einen Ankerplatz, um etwas Schlaf nachzuholen.

Hinter einem Landvorsprung, einer Huk, hatte ich eine malerische kleine Bucht entdeckt, an deren Scheitel, zwischen Palmen, ein auffälliges Gebäude sichtbar wurde. Es mochte ein großer Landsitz oder ein Hotel sein. Dort warf ich den Anker.

Kaum hatte ich begonnen, die Segel zu bergen und zu falten, als zwei Wachtposten zwischen den Büschen auftauchten und ihre Gewehre auf mich richteten. Unmißverständlich schlugen sie mit ihrer Hand auf das Magazin. Dann eben nicht! Fluchend holte ich den Anker wieder auf und suchte die offene See. Wie ich später erfuhr, war dies einer der Landsitze von Präsident Nasser bei Ras El Kanaies.

Am 6. September, um 4 Uhr morgens, erkannte ich über der Kimm das Leuchtfeuer von Alexandria. Im Logbuch steht: „Leuchtfeuer Alexandria 120° voraus. Berge Segel. Schlafen!"

Ich war offenbar viel zu müde, um mich noch freuen zu können. Aber um 10 Uhr, als ich die Fahrt fortsetzte, stellte ich befriedigt fest, daß ich während des Schlafes drei Meilen in Richtung Hafeneinfahrt getrieben war. Um mich auf das Ereignis meiner Ankunft in Alexandria vorzubereiten, räumte ich die Kajüte auf, wusch mich einigermaßen und rasierte mich. Danach heißt es im Logbuch:

„Ziehe mich ‚halbfein' an und brause mit vollen Segeln in den Hafen!"

Ich steuerte in die Mitte des riesigen Hafenbeckens, hielt auf das große, weiße Gebäude des Yachtclubs zu und barg die Fock. Sorgfältig verstaute ich das Segel in den Beutel und legte die Leinen klar zum Festmachen. Das Manöver war wohl beobachtet worden, ebenso die deutsche Flagge am Heck, denn von einem Hausboot winkte mir eine Familie aufgeregt zu. Sofort änderte ich meinen Kurs in Richtung auf das schwimmende Heim.

„Willkommen in Alexandria – Sie müssen hier sehr vorsichtig sein", riefen sie herüber.

„Legen Sie keinesfalls beim Club an, Sie müssen zum Polizeiboot – Helena wird sie begleiten!"

Helena war die sechzehnjährige Tochter der griechischen Familie. Sie sprang in ein Ruderdingi und pullte zu mir herüber.

„Ich werde Ihnen helfen, segeln Sie mir nach!"

Beim Polizeiboot, es war die „Coast Guard", die Küstenwache, große Aufregung:

„Wo kommen Sie her?"

Und auf meine Antwort:

„Das ist unmöglich mit dem kleinen Boot! Sagen Sie die Wahrheit!"

Die *Solveig* wurde an die „Kette" gelegt, am Polizeiboot längsseit festgemacht. Eine Wache wurde aufgestellt und Helena blieb als Aufsicht auf meinem Boot, während ich mit einem Soldaten auf die Kommandatur gehen mußte.

Erst nach fünf Stunden pausenloser Verhöre konnte ich das arme Mädchen erlösen.

Die *Solveig* blieb als Gefangene am Polizeiboot, und Helena nahm mich im Dingi mit zu ihrer Familie.

Ihr Vater, ein griechischer Geschäftsmann, war so seebegeistert, daß er mit den Seinen auf dem schwimmenden Untersatz lebte.

„Wie sind Sie mit der Behörde zurechtgekommen?" wollte er wissen, „mit wem haben Sie gesprochen?"

„Ich weiß nicht wo ich war, und wer mit mir gesprochen hat – ich wurde nur immerzu gefragt und bekam keine Antworten. Vorläufig muß mein Boot am Polizeikreuzer bleiben – ich habe auch keine Landgangsgenehmigung erhalten – ich weiß überhaupt nichts!" machte ich meiner Enttäuschung Luft.

„Wozu die Verhöre? Was habe ich getan?"

„Wir haben hier eine Diktatur, Sie brauchen viel Geduld. Lassen Sie sich Zeit, und vergessen Sie erst einmal alle Ihre Pläne", versuchte er mich zu beruhigen.

„Aber ich muß ein Telegramm aufgeben – ich brauche Geld aus Deutschland! Mein Boot ist beschädigt, das Ruder hängt nur an vier kleinen Schräubchen."

Helena erbot sich, das Telegramm für mich aufzugeben.

Ihr Vater, er hieß Markos, mahnte mich nochmals zur Geduld:

„Seien Sie froh, daß man Sie nicht eingesperrt hat – das ist ein gutes Zeichen. Ihre Jolle ist schließlich nicht beschlagnahmt worden. Sicher werden sich einflußreiche Mitglieder des Yachtclubs für Sie einsetzen!"

Ich hörte auch vom Fotografierverbot und von den genauen Kontrollen über ausländische Zahlungsmittel. Die Segler waren ganz besonderen Beschränkungen unterworfen.

„Kein Boot darf den Hafen verlassen!", erklärte mir Markos, „Regatten dürfen nur innerhalb des Wellenbrechers gesegelt werden, und selbst für eine Hafenrunde muß sich der Skipper schriftlich abmelden und nach der Rückkehr wieder anmelden."

Ich war nun wirklich erschrocken und wollte wissen, wie sich denn die ägyptischen Segler dazu stellten.

„Fragen Sie ja nicht im Club, über das Thema spricht niemand gern, sie haben alle Angst", warnte er mich.

Während des Abendessens, zu dem mich die gastfreundliche Familie eingeladen hatte, sagte Markos plötzlich:

„Vor kurzer Zeit hat die Geheimpolizei mehrere Griechen festgenommen. Sie hatten an Bord eines Passagierschiffes versucht, Gold und Devisen aus Ägypten zu schmuggeln. Beim Verhör wurden sie grausam gefoltert – man hat ihnen die Fingernägel mit einer Zange herausgezogen, dabei ist eine Frau gestorben!"

Ich schwieg betroffen, dann fragte ich:

„Warum bleiben Sie unter diesen Umständen als Grieche noch in Ägypten?"

„Vielleicht müssen wir eines Tages fliehen, aber dann können wir nichts mitnehmen. Vorläufig bleiben wir hier – wir haben unseren Besitz in Ägypten", erwiderte Markos bedrückt.

Als ich spät in der Nacht zur *Solveig* zurückkehrte, saß noch immer ein Posten mit Maschinenpistole am Deck der Polizei-Barkasse. Ich schlief unruhig, zu viele unbeantwortete Fragen kreisten in meinem Kopf.

Würde ich ungehindert nach Kairo und weiter nach Luxor reisen können? Welche Möglichkeit gibt es, das Geld aus Deutschland zu bekommen? Konnte ich die *Solveig* überholen lassen und einen neuen Ruderbeschlag anbringen? Vor allem mußte ich mein Schiff unbedingt an eine Brücke verlegen, denn hier schlug es bei jedem Schwell gegen die eiserne Bordwand der Barkasse.

Die ganze Nacht über hörte ich die Stimmen der Soldaten, die sich auf Wache ablösten und am Morgen, als ich aus meiner Kajüte kroch, hingen sie mit ihren Köpfen über der Reling und beobachteten, wie ich mich wusch und „landfein" machte. Dabei stellten sie eine Menge neugieriger Fragen. Meine Frage aber, wann ich endlich mit meinem Boot an einen vernünftigen Liegeplatz gehen dürfte, blieb unbeantwortet. War ich denn gefangen?

Gegen 9 Uhr winkte mir ein Wachtposten von der Brücke des Yachtclubs.

„Was ist?", wollte ich wissen.

„Kommen Sie mit! Zur Kommandantur!"

Der Posten marschierte mit mir durch das Tor des Clubs, hinein in die engen Straßen der Hafenstadt.

Von Hauswänden und Transparenten, die über die Gassen gespannt waren, grinste mich in grellen Farben das Gesicht Präsident Nassers an.

„Nasser ist ein großer Mann – was halten Sie von Präsident Nasser?"

Mein Bewacher stellte mir eine Frage, die ich von jetzt an jeden Tag mehrmals beantworten sollte.

„Er ist ein bedeutender Mann."

Ich hütete mich, zu widersprechen oder auch nur Gleichgültigkeit zu zeigen.

In dem mächtigen Gebäude der Kommandantur wurde ich durch lange Korridore in ein geräumiges, elegant eingerichtetes Dienstzimmer geführt.

Hinter dem breiten Schreibtisch saß ein goldbetreßter Offizier, der hier wohl der Chef sein mußte. Auf seiner Brust glänzten zwei Ordensspangen. Nachdem ich ihm alle Fragen zu meiner Person und in bezug auf meine Fahrt wahrheitsgetreu beantwortet hatte, brachte ich endlich mein Anliegen vor: für die *Solveig* einen Liegeplatz im Club, für mich Landgangserlaubnis, später dann Weiterfahrt zum Sueskanal. Die Antwort:

„Das Boot muß leider unter Bewachung bleiben. Sie dürfen in die Stadt gehen, müssen sich aber beim Posten abmelden und dürfen Alexandria nicht verlassen. Jeden Vormittag melden Sie sich einmal hier auf der Kommandantur!"

Ich war wie vor den Kopf geschlagen! Hausarrest oder so etwas ähnliches!

Vor dem Gebäude stand noch immer mein Begleitposten, um mich zum Hafen zurückzubringen. Es war inzwischen Mittag geworden; vor einem Kiosk für Zeitschriften und Imbiß blieb er stehen.

„Du mußt doch Hunger haben, ich kaufe uns etwas zu essen!", erbot er sich fast schüchtern, „ich habe nicht viel Geld, aber es wird Dir schon schmecken!"

Ich war durcheinander, verwirrt, beglückt.

Mein Ärger über die Behandlung seitens der Obrigkeit war in einer Sekunde verflogen! Dieser arme Bursche, der höchstens 50 Pfennig Löhnung am Tag erhielt, wollte das wenige, das er sich leisten konnte, mit mir teilen! In diesem Augenblick fühlte ich, mein Traum, das geheimnisvolle Land und Volk Ägyptens zu erleben, begann Wirklichkeit zu werden! – Und in den folgenden Wochen sollte ich das Gesicht Ägyptens kennenlernen, wie ich es bis heute nicht vergessen habe!

Was hatte doch Markos gesagt? „Sie müssen in diesem Land viel Geduld haben!" Und er hatte recht! Ich begann meine außergewöhnliche Lage zu verstehen. Schließlich war ich ja auf einem ungewöhnlichen, für die arabische Mentalität völlig unverständlichen Weg in den Hafen von Alexandria gelangt.

In aller Form meldete ich mich im „Yacht Club of Egypt" beim Sekretär und erhielt eine auf die Dauer meines Aufenthaltes begrenzte Ehrenmitgliedschaft. Mit dieser war auch die Erlaubnis verbunden, die *Solveig* später an Land zu ziehen und in den Werfthallen des Clubs überholen und lackieren zu lassen.

Unter den Mitgliedern des Clubs fand ich mehrere liebe Freunde. Als die wichtigste Bekanntschaft sollte sich das Zusammentreffen mit einem Professor der Kairoer Universität herausstellen. Er besaß in Alexandria eine große Yacht und war zugleich Präsident des Kairoer Segelclubs.

Ein täglicher Gast im Club war auch der ägyptische Geschäftsmann Machmud, etwa um die Fünfzig und ein Einzelgänger. Er lud mich ein auf sein Boot und erzählte von früheren Zeiten. Mitten in der Unterhaltung unterbrach er:

„Die Stunde für das Gebet ist gekommen, bitte entschuldigen Sie mich für zehn Minuten."

Dann kniete er auf dem Dach seiner Kajüte, richtete den Blick gen Mekka und verrichtete seine Gebete.

„Unsere Religion ist sehr mächtig und im Glauben steckt viel Kraft", erklärte er mir, „sehr viel Kraft, dagegen wird jede weltliche Bedrohung klein."

Nach etwa einer Woche kam ein Brief des Professors aus Kairo mit einer Einladung. Ich könnte dort im Segelclub wohnen, wenn ich mich mit einer einfachen Unterkunft begnügen wollte.

Und ob ich wollte!

Aber unter welchem Vorwand würde es mir gelingen, Alexandria zu verlassen? Ich legte mir einen Plan zurecht: Die *Solveig* mußte ja zur

Überholung in die Werfthalle, und in der Zeit konnte ich nicht darin wohnen. Mit dieser Begründung und dem Brief des Professors in der Tasche, meldete ich mich bei meinem goldbetressten Offizier – und hatte Erfolg! Er nahm mir das Versprechen ab, Kairo nicht zu verlassen und nach drei Wochen, oder jederzeit auf eine kurze Nachricht hin, nach Alexandria zurückzukehren. Ich erhielt also „Urlaub auf Ehrenwort"...

Kairo, der Nil, die Pyramiden, das alte und das neue Ägypten – ich sollte es erleben!

Solveig wurde von ihren „Fesseln" an der Barkasse der Coast Guard befreit, in flaches Wasser gezogen und auf einen Schlitten gebunden. Zum Aufslippen verwendeten die ägyptischen Bootsleute ein uraltes Spill, ein Gangspill, in dessen Speichen die fünf Männer sich mit aller Kraft hineinlegten, bis der Schlitten mit dem Boot anruckte und dann langsam, Meter um Meter, über die schräge Zementbahn hinaufglitt. Auf der Ebene zogen die Männer den Schlitten mit Hilfe von Eisenrohren, die sie unter die Kufen schoben, bis in die Halle.

Nachdem ich die Außenhaut des Bootes gewaschen hatte, prüfte ich sorgfältig den Kiel und jede Planke. Es schien mir höchste Zeit, die Lackierung zu erneuern, denn durch das Salzwasser und vor allem durch Sonneneinstrahlung war die Feuchtigkeit stellenweise in das Holz eingedrungen. Ich bat einen der Bootsleute, während meiner Abwesenheit mit dem Abziehen zu beginnen und gab ihm das dafür nötige Sandpapier. Aber ich mußte feststellen, daß er mich nicht im geringsten verstand, meine Bitte auch gar nicht verstehen konnte, denn für ägyptische Verhältnisse sah die *Solveig* auch in ihrem jetzigen Zustand immer noch sehr gepflegt aus.

Die Überholungsarbeiten mußten also aufgeschoben werden bis zu meiner Rückkehr.

Zwei Tage wohnte ich noch behelfsmäßig in der Kajüte. Tagsüber lief ich mir die Schuhsohlen ab auf dem heißen Pflaster der Millionenstadt, um alle die vielen kleinen Besorgungen zu erledigen, die ich nicht aufschieben wollte oder konnte. Zum Schluß packte ich meine gesamte bewegliche Ausrüstung in Säcke und gab sie zur Aufbewahrung in den Club.

Der große Augenblick war gekommen:

Ich bestieg den Expresszug und erreichte nach dreistündiger Fahrt durch das Nildelta, vorbei an Palmenhainen, Feldern und unzähligen Dörfern der Fellachen das ersehnte Ziel, Kairo.

Auf dem Bahnhof empfing mich ein atemberaubendes Getümmel von Menschen aller Hautfarben. Willig überließ ich mein Gepäck einem der Kofferträger, der mir in seiner Geschäftigkeit am liebsten Hotelzimmer, Stadtbesichtigung, Schuhputzer und Nachtclub gleichzeitig verkauft hätte. Das Taxi, zu dem er mich führte, nahm ich, und nach langem Suchen fanden wir auch den Segelclub. Das Gebäude hatte nämlich keine Hausnummer – es war ein Holzhaus auf einem großen Floß im Nil!

Als ich mein Gepäck „an Bord" gebracht hatte, sah ich mich um: hinter dem Floß waren etwa zwei Dutzend Segeljollen an Bojen festgemacht, die auf dem braunen Wasser des Stromes tänzelten. Vor dem geräumigen Holzhaus standen Tische und Bänke, und hier setzte ich mich, um die eindrucksvolle Szenerie auf mich wirken zu lassen.

In majestätischer Gelassenheit wälzten sich die braunen Fluten des Stromes unter einer Brücke hindurch und zwischen den von Straßen und Hochhäusern gesäumten Ufern mitten durch die riesige Stadt. Ein kleines Boot, eine Felukke, ausgerüstet mit einem erbärmlichen Segel aus alten Lappen, kämpfte sich mühsam stromaufwärts. Wenn der Wind schwächer wurde, glitt sie wieder ein Stück zurück, doch der Steuermann, ein Fellache in seinem weißen Kaftan, hielt das Ruder ruhig in seiner kräftigen Faust; als die nächste Bö dem Boot wieder mehr Geschwindigkeit verlieh, zog er weiter stromauf.

Zeit spielte keine Rolle, nicht für diesen Mann. Sollte der Wind aussetzen, würde er sein Schiffchen am Ufer festbinden, sich aus Früchten eine kleine Mahlzeit bereiten und so lange schlafen, bis der Wind die Fortsetzung der Fahrt ermöglichte.

Wenig später kam Professor Mazhar; von kleiner, zierlicher Gestalt, in einem unauffälligen grauen Straßenanzug. Aus seinem lebhaften Gesicht leuchteten gütige, braune Augen. Dieser kluge und bescheidene Mann sollte sich als mein größter Gönner in Kairo und Helfer für den Rest meines Aufenthaltes in Ägypten überhaupt erweisen.

Er führte mich in die Messe und zeigte mir voll Begeisterung einen Ausspruch, den er in großen Lettern an die Holzwand des Seglerheimes hatte schreiben lassen:

„Du mußt die See kennen, und Du mußt wissen, daß Du sie kennst." – Joshua Slocum 1897.

Mazhar sah mich an:

„Sie wissen doch, wer Joshua Slocum war?"

Ich mußte damals zu meiner Schande gestehen, den Namen nie gehört zu haben.

„Er war der der erste Mann, der allein die Welt umsegelt hat, und Sie werden es ihm sicher einmal nachmachen!"

Ich dachte an die Mühe, die es mich gekostet hatte, Ägypten zu erreichen und antwortete lachend:

„Niemals werde ich versuchen, allein um die Welt zu segeln, ich wußte gar nicht, daß so etwas überhaupt möglich ist!" – Leider traf ich Professor Mazhar später nicht wieder, um ihm sagen zu können, wie bald und wie gründlich ich meine Meinung geändert hatte...

Mazhar zeigte mir die Küche und die Räumlichkeiten des Clubs, nicht ohne Stolz, denn die Idee dieser schwimmenden Anlage ging auf seine Anregung und wahrscheinlich auch finanzielle Unterstützung zurück.

„Sie können hier für die nächsten Wochen wohnen – wir stellen Ihnen den Vorraum der Damentoilette zum Schlafen zur Verfügung, allerdings erst ab 19 Uhr und nur bis 7 Uhr früh – in der Zeit sind keine Frauen im Club", sagte er schmunzelnd, „Sie sind da völlig ungestört!"

Er öffnete die Tür und zeigte mir den kleinen Raum.

„Da haben Sie ein Waschbecken mit fließend Wasser und ein Sofa."

Ich war mehr als zufrieden, hatte ich doch jetzt ein Heim in Kairo!

Die nächsten Tage durchstreifte ich vom Segelclub aus die Stadt erst einmal zu Fuß. Natürlich nicht ganz Kairo, sondern nur die nächstgelegenen Viertel des Zentrums. So war ich nicht auf öffentliche Verkehrsmittel angewiesen, auf die heillos überfüllten Straßenbahnen und Omnibusse. Kein Wagen, an dem nicht an Türgriffen, Leisten, Trittbrettern und Stoßstangen ganze Trauben von Menschen hingen!

Aber auch zu Fuß hatte ich meine Not. Ganze Trupps von Schuhputzern kreisten mich ein, bewarfen mich mit Lappen und Bürsten, und schrien für jedermann hörbare Obszönitäten und Beleidigungen. Sie wissen nur zu gut, daß solche Behandlung einem Europäer peinlich und er am Ende dann doch bereit ist, ein „Bakschisch" als Lösegeld zu zahlen.

Eine schon an Bösartigkeit grenzende Methode bestand darin, daß der Schuhputzboy, dessen Dienste ich abgelehnt hatte, hinter mir herlief, um dann „aus Versehen" ein Fläschchen mit roter oder schwarzer Farbe über Hose und Schuhe fallen zu lassen.

Wirklich zu leiden hatte ich jedoch nur in den ersten Tagen. Später, als ich meine Wege kannte, blieb ich meistens unbehelligt.

Für die erwähnten Unannehmlichkeiten wurde ich reich entschädigt durch die Pracht der Straßen und die Buntheit des ganzen orientalischen Lebens, welches sich vielleicht in keiner anderen Stadt in solcher Dichte vor den Augen des Besuchers entfaltet.

Hatte mich das Treiben in den Straßen ermüdet, suchte ich Zuflucht in einem der großen Hotels, wo ich ja nur eine Tasse Tee bestellen mußte, um mich eine Stunde oder länger – vor allen Zugriffen geschützt – in einem klimatisierten Raum aufhalten zu können. Den „Trick" mit dem Hotel kann ich nur jedem Touristen empfehlen, der darauf angewiesen ist, sich in Ägypten außerhalb einer Reisegruppe und mit bescheidenen Geldmitteln durchzuschlagen.

Am ersten Sonntag in Kairo, es war heiß und die Sonne brannte von einem wolkenlosen Himmel, besuchte ich die Pyramiden. Wie lange hatte ich mich darauf gefreut, dieses Weltwunder einmal sehen zu können!

Zuerst hatte ich von meinen Eltern über die Pyramiden und den damit

zusammenhängenden Totenkult der Ägypter gehört. Später, in der Schule, lasen wir Ausschnitte aus den Büchern Herodots, der ein halbes Jahrtausend vor Beginn unserer Zeitrechnung Ägypten bereist hatte. Im Geschichtsunterricht faszinierte mich die Kühnheit Napoleons 1798 seine ganze Armee einzuschiffen mit dem Ziel, von Ägypten aus nach Asien zu marschieren. Vor der Schlacht bei den Pyramiden, 10 000 Reiter der Mamelucken standen ihm gegenüber, rief er seiner Armee zu:
„Soldaten – vierzig Jahrhunderte blicken auf Euch herab!"

Napoleon blieb zwar nur ein Jahr in Ägypten, aber er hatte außer seiner Armee auch ein Heer von Wissenschaftlern mitgenommen. Und damals begann die Erforschung des größten Schatzes frühgeschichtlicher Überlieferungen.

Im Nildelta bei Rosette fanden Bonapartes Soldaten einen Stein mit einer dreisprachigen Inschrift – in altgriechisch, demotisch und in den damals noch nicht enträtselten, als Geheimzeichen angesehenen Hieroglyphen. Mit Hilfe dieses Steines, der nach England verbracht wurde, von dem die Franzosen aber vorher eine Kopie nahmen, gelang es 1830 dem genialen französischen Wissenschaftler Jean-François Champollion – bereits mit sechzehn Jahren beherrschte er außer Latein und Griechisch ein halbes Dutzend orientalischer Sprachen – in lebenslanger Arbeit, die Hieroglyphen zu entziffern. Ihm glückte, was unzählige Wissenschaftler seit über 2000 Jahren – seit Herodots erstem Bericht über Ägypten – vergeblich versucht hatten.

Von nun an war es möglich, Papyrustexte sowie Inschriften in Tempeln und Gräbern zu enträtseln.

Mit Begeisterung verschlang ich das Buch *Götter, Gräber und Gelehrte*, den Roman über das Abenteuer der großen Ausgrabungen und Funde aus der Frühgeschichte der Menschheit von C. W. Ceram. Hier erfuhr ich: Die Pyramiden wurden mit Muskelkraft gebaut, nicht mit Maschinen! Hunderttausend Menschen, Sklaven, arbeiteten zwanzig Jahre lang, bewegten schweißtriefend, stöhnend, sterbend, Steinblock um Steinblock.

Und Ceram schreibt weiter: „Die Pyramide wuchs. 2 300 000 Steinblöcke wurden herangeschafft und aufeinandergetürmt durch Menschenkraft. Länger als 230 Meter war jede der vier Seiten. Höher als 146 Meter ragte schließlich die Spitze empor. Das Grab des einen Pharao ist fast so hoch wie der Kölner Dom, höher als der Stephansdom zu Wien, weit höher als St. Peter zu Rom, die größte Kirche der Christenheit, die samt der Londoner St.-Pauls-Kathedrale sich bequem im Grab des Ägypters unterbringen ließe. Das gesamte Mauerwerk, gebrochen aus dem Felsen und Kalkstein diesseits und jenseits des Nils, umfaßt 2 521 000 Kubikmeter, aufgetürmt auf einer Grundfläche von fast 54 300 Quadratmetern."

Vom Hotel Mena-Haus näherte ich mich die letzten 500 Meter zu Fuß und ohne einen der Dragomane (Führer). Ich wanderte durch den Wüstensand, um die Stelle zu finden, von der aus alle drei Pyramiden in ihrer ganzen Breite sichtbar waren: Kalt, abweisend, von erbarmungsloser Strenge – ein Sinnbild der Ewigkeit!

Aber was hatte die Pharaonen veranlaßt, in solchen Dimensionen zu bauen? Gibt es ein noch nicht entschlüsseltes Geheimnis über die tiefere Bedeutung dieser Monumente des Glaubens? Wir wissen über diesen Glauben nur, daß er auf der Vorstellung eines weit über den Tod hinausreichenden Lebens beruht. Für eine Fortsetzung des Lebens im Jenseits mußte die Seele in ihren Körper – daher die Mumifizierung – zurückkehren können. Für ihre weitere Existenz brauchte sie alles, was sie im Leben begleitet hatte: Dienerschaft, Sklaven, Gebrauchsgegenstände und Lebensmittel.

Dies ist eine ausreichende Erklärung für die unermeßlichen Schätze, die in den Grabkammern Ägyptens gefunden wurden – nicht aber für den Bau der Pyramiden in diesem gigantischen Ausmaß!

Ich blieb den ganzen Tag, besichtigte Tempel und Grabkammern, bis die untergehende Sonne die stummen Riesen und die Wüste ringsum in ihr rötliches Licht tauchte.

In den kommenden Tagen setzte ich nun alles daran, das legendäre Grab von Tut-Ench-Amun im Tal der Könige aufzusuchen.

Die Kommandantur in Alexandria hatte mir zwar zur Auflage gemacht, Kairo nicht zu verlassen, aber bisher hatte ich von dem Offizier keine Nachricht erhalten, und so würde er es wohl kaum bemerken, wenn ich für ein paar Tage der Stadt den Rücken kehrte.

Um meine Abwesenheit von Kairo möglichst kurz zu halten, nahm ich für die zwölf Stunden Bahnfahrt nach Luxor den Schlafwagen. Wo früher Theben stand, die zeitweilige Hauptstadt Ägyptens, am Ufer des Nils, liegt heute Luxor. Auf der anderen Seite des Stromes, in einem felsigen Hügelland, befindet sich die Gräberstadt – der Strom trennte damals die Welt der Lebenden von der Welt der Toten.

Noch vor Sonnenaufgang überquerte ich das ruhig dahinfließende Gewässer mit einem Nachen. Die kühle Morgenluft erleichterte der Aufstieg in die Berge. Als Führer hatte ich einen zwölfjährigen Jungen mitgenommen, der mich samt seinem Esel den ganzen Tag über begleitete.

Ich fieberte vor Aufregung: Die Entdeckung des Grabes von Tut-Ench-Amun durch den englischen Wissenschaftler Howard Carter und seinen Mäzen Lord Carnarvon am 4. November 1922 war die größte archäologische Sensation, die es je gegeben hatte. Es war eine Sternstunde der Menschheit, als Carter dann drei Monate später im Beisein zahlreicher Wissenschaftler und Ehrengäste die dritte und letzte Tür der Grabkammer öffnete, und die von Staunen überwältigten Männer buchstäblich vor einer goldenen Mauer standen – der Vorderwand des aus massivem Gold gefertigten Totenschreins, der in seinem Inneren den Sarg und den Sarkophag für die Mumie des Königs barg!

1700 Gegenstände aus Gold, Edelstein und Elfenbein wurden damals mit aller Sorgfalt aus den Grabkammern geborgen und stehen seitdem im ägyptischen Museum in Kairo, wo ich sie zwei Tage vor meinem Ausflug nach Luxor bestaunen konnte.

Mein kleiner Führer zeigte mir die Gräber von Königen und Höflingen, bis wir nach vier Stunden vor dem Eingang eines eher unscheinbaren Grabes standen: Tut-Ench-Amun.

Ich stieg die sechzehn Stufen hinab, durchquerte einen schmalen dunklen Gang, der in steilem Gefälle in den Vorraum mündet. Von dort aus betrat ich die etwa vier mal sechs Meter große Grabkammer. In meinem Tagebuch vermerkte ich über diese Minuten:

„Ich habe das Glück, ganz allein in der Grabkammer zu sein und die herrlichen Wandmalereien, die in ihren Farben so frisch sind, als ob sie gestern erst fertig geworden wären, in aller Ruhe auf mich wirken zu lassen. Das ist der Höhepunkt meiner Reise!"

Vor mir stand der Sarkophag mit der Mumie des Königs. Über zwei Jahrtausende sind vergangen, seit der nur achtzehnjährige Herrscher hier bestattet wurde. Ich dachte an die unendlichen Schätze, die in den drei Grabkammern angehäuft waren und an die Legenden, die sich um die Auffindung seines Grabes gebildet hatten.

Ein „Fluch des Pharao" sollte angeblich jene treffen, die die Ruhe seines Grabes störten.

Es gibt keine Beweise für einen solchen Fluch, aber innerhalb von sieben Jahren starben, angefangen mit Lord Carnarvon, zwanzig Personen, die an den Ausgrabungen mittelbar oder unmittelbar beteiligt waren. 1930 war nur noch Carter selbst am Leben.

Die Luft in der engen Grabkammer – viele Meter unter dem Erdboden – hatte etwas Beklemmendes, und nicht ohne Erleichterung stieg ich hinauf zum Tageslicht, zu meinem Begleiter, der mit seinem Eselchen auf mich wartete.

Zurück in Kairo erwartete mich eine wichtige Nachricht: Der Professor hatte sich mit einem befreundeten General verabredet, um mir Gelegenheit zu geben, diesem meine Schwierigkeiten mit der Kommandantur in Alexandria selbst zu schildern. Wir trafen uns in dem berühmten Gezira Sporting Club, einem Zentrum des gesellschaftlichen Lebens. Der General ließ sich berichten, wie ich nach Alexandria gekommen war, und daß die Kommandantur mir keine Genehmigung zur Weiterfahrt nach Port Said geben wollte.

„Ich werde mal sehen, was ich tun kann", versprach er mir. Und tatsächlich, eine Woche später, erhielt Professor Mazhar einen Anruf: ich sollte nach Port Said fahren und mich dort bei Oberst X, dem Chef der Spionage-Abwehr, melden.

So setzte ich mich nochmals in die Bahn und fuhr nach Port Said.

Eine graue, langweilige Hafenstadt, noch halb zerstört von den Bomben der Engländer im Sueskrieg vor wenigen Jahren. Nach geduldigem Warten wurde ich zu besagtem Oberst vorgelassen. Der Mann war jung, intelligent, stellte einige kurze Fragen und entließ mich mit der Aussicht auf baldige Hilfe. Mir fiel ein Stein von der Seele!

Inzwischen mehrte sich die Zahl meiner Freunde und Bekannten in Kairo – durch sie lernte ich die Stadt in ihrer unendlichen Vielfalt kennen, die ganze arabische Märchenwelt tat sich vor mir auf:

Die vor Leben berstenden Viertel der Altstadt mit dem Chan-el-Chalili, dem großen Bazar aus dem 14. und 15. Jahrhundert; die Al-Azhar-

Moschee, die blaue Moschee, die Paläste mit ihren Harems und Bädern. Dazwischen Verkaufsbuden, Teppichhändler, Schmiede, Wasserpfeifenraucher, Tragesel, und alles eingehüllt in ein Gemisch von Wohlgerüchen und merkwürdigen Düften.

Am 10. Oktober erhielt ich Post aus Port Said, das „Sesam öffne dich" für meine Weiterfahrt – ein Empfehlungsschreiben des Oberst, mit der Bitte, mich ungehindert nach Sues segeln zu lassen. Dort sollte ich mir von der Coast Guard die Genehmigung für die Fahrt durch das Rote Meer besorgen.

Vor meiner Abfahrt bat Professor Mazhar mich noch, einer Illustrierten eine Schilderung meines Lebens und meiner Fahrt zu geben. Ich wußte damals nicht, daß mir dieser Bericht einmal das Leben retten sollte!

In Alexandria meldete ich mich bei dem Offizier zurück und legte den Brief des Oberst vor. Siehe da – jetzt durfte ich segeln, die *Solveig* war frei!

Sie erhielt noch ein neues „Kleid" in Form von mehreren Schichten Bootslack, dazu einen neuen Ruderbeschlag, der aus Deutschland eingetroffen war, und wurde wieder zu Wasser gebracht.

Endlich, am 27. Oktober, hatte ich auch alle Formalitäten erledigt und eine Kiste mit Ausrüstung durch den Zoll gebracht, die über einen Monat von Garmisch aus unterwegs gewesen war. Sie enthielt die für das Rote Meer benötigte zusätzliche Ausrüstung: Seekarten, Handbuch vom Roten Meer, Leuchtfeuerverzeichnis, Tauwerk, einen dritten Anker und eine Menge Kleinmaterial für eventuelle Reparaturen.

Zwischen den Riffen des Roten Meeres

Das Rote Meer war für mich eine Herausforderung. Kaum ein Segler, in Alexandria oder Kairo, der mich nicht vor den Riffen, den Sandstürmen, den unbewohnten Küsten, oder vor Piraten und Haien gewarnt hätte. Doch ich wollte mich auch durch gutgemeinte Ratschläge nicht von meinem Plan abbringen lassen.

Was ich nicht wußte, das waren einige grundlegende Tatsachen bezüglich Wetter und Wind, die die Durchquerung des Roten Meeres zu einer Höllenfahrt für ein Segelboot machen können.

In der Zeit der Segelschiffe wurde das Rote Meer so gut wie nicht befahren. Windjammer und Klipper hätten dort keine Chance gehabt. Erst seit dem Bau des Sueskanals ist dieser lange, schmale Seeschlauch zu einer vielbefahrenen Schiffahrtsstraße geworden – allerdings nur für Dampfschiffe. Warum? Das Standardwerk über Segelrouten auf allen Ozeanen, das von der Britischen Admiralität herausgegebene *Ozean Passages for the World* weiß über das Rote Meer:

„Segelschiffe, gleichgültig ob sie nach Norden oder nach Süden steuern, haben mit großen Schwierigkeiten zu rechnen, wenn sie gegen die starken Winde ankämpfen müssen, die insbesondere während der Wintermonate von beiden Enden des Roten Meeres auf dessen Mitte zu wehen. Diese Winde werfen eine kurze, steile See auf und machen das Fortkommen eines solchen Schiffes, zusammen mit dem kräftigen Strom, der oftmals mit dem Wind läuft, sehr langsam..."

Für ein kleines Segelboot heißt das, daß es gegen den Wind eher rückwärts als vorwärts läuft. Für den Alleinsegler ergibt sich ein weiteres Problem: da sich der gesamte, sehr rege Schiffsverkehr im tiefen Fahrwasser in der Mitte des Meeres bewegt, muß er in die Riffgebiete an den Küsten ausweichen, um der Gefahr zu entgehen, von einem Schiff überlaufen zu werden, sobald er schläft.

Voll Erlebnishunger und Neugierde steuerte ich – nach einer letzten Kontrolle seitens der Coast Guard an der Hafenausfahrt – auf das Mündungsdelta des Nils zu.

Im Tagebuch vermerkte ich die folgenden Aufzeichnungen:

„**27. 10. 1960** – Ganz ungewohnt ist mir das Segeln geworden! Der Wind ist nicht gerade günstig, ich muß kreuzen und nehme viel Wasser über. Bin gleich am ersten Tag wieder naß, und kühler ist es jetzt auch als im Sommer. Nachts lasse ich das Boot weiterlaufen, schlafe aber schlecht: kalt, feucht, ungewohnt.

28. 10. Um 6.30 Uhr stehe ich auf und kontrolliere meine Position. Habe Kopfschmerzen und fühle mich mies. Gegen Mittag mache ich mir Tee, dann geht es besser. Windstärke 4, ich runde die Mitte des Nildeltas.

29. 10. Heute muß ich Port Said erreichen. Es ist der dritte Tag auf See; die Wellen sind unangenehm hier in der Nähe der Küste, das Wasser schmutzig-braun.

Ein Vögelchen setzt sich ein paar Minuten auf meine Bank. Kurz vor Dunkelheit, um 17.00, im Hafen.

Von einigen Booten bekomme ich Applaus, warum? Vielleicht der Artikel in der Illustrierten.

Finde Liegeplatz neben einer amerikanischen Yacht. Sehr müde, habe Schmerzen.

30. 10. Frühmorgens schon wieder irgendeine Polizei.

Die „Patapsco II" des reichen Amerikaners ist ein schönes Boot – 14 Meter, von dem berühmten Konstrukteur Herreshoff aus den dreißiger Jahren. Besatzung: ein Norweger, 22 Jahre, ein Grieche, etwa 38 – als bezahlte Crew und der Skipper Bob, etwa 65. Bob ist bereit, mich durch den Kanal zu schleppen. Er ist ein merkwürdiger Typ: immer ungewaschen, in schmutziger, zerrissener Kleidung haust er auf der Yacht, die wie eine Rumpelkammer aussieht. Butter- und Kaffeeflecke auf den zerknitterten Seekarten, die überall herumliegen.

31. 10. Wir durchblicken das Dickicht der Vorschriften und haben unsere Scheine für den Landgang. Bob bekommt einen Soldaten als Wache auf sein Boot, die Pässe werden uns abgenommen. Mein erster Weg: auf die Kanalbehörde. Habe Glück. Ein freundlicher Ägypter fährt mich von Amt zu Amt. Bob hatte für 50 Dollar einen Agenten genommen.

Um 14.00 ist alles klar, morgen kann es losgehen!

1. 11. Wir warten auf unsere Pässe, die uns für 7.00 versprochen waren, bis 10.00 vergeblich. Bin nervös, der Lotse ist bereits da.

11.00: Fahren selbst zur Polizei. Dort werden uns endlich die Pässe zurückgegeben.

11.30: Es geht los. Die „Solveig" im Schlepp benimmt sich anständig, trotz 6 Knoten Fahrt.

Der Lotse ist Grieche. Wir winken allen Schiffen zu, die entgegenkommen. Gewaltige Kolosse bis 40 000 t sind dabei.

24.00: Nach Einbruch der Dunkelheit müssen wir stoppen, ankern bei km 57. Ein dicker Tanker, der vorbeigleitet, saugt in dem schmalen Ka-

nalbett alles Wasser weg, die "Patapsco" rutscht buchstäblich ab und gerät auf Grund. Die „Solveig" beschreibt einen Halbkreis und knallt längsseit gegen die Bordwand der großen Yacht. Anker losgerissen. Wir fahren die Anker neu aus, an Schlafen ist nicht zu denken.
2. 11. *Der zweite Tag der Kanaldurchfahrt bringt schlechtes Wetter. Wir durchqueren die Bitterseen, es regnet und bläst ordentlich. „Solveig" tanzt auf den Wellen herum, schießt vor und zurück – beschädigt „Patapsco" am Heck.*

Abends erreichen wir Port Tewfik Yachtclub in Sues.
3. 11. *Abschied von der „Patapsco"-Crew und ihrem Skipper. Kurz und herzlich. Ich brauche noch einige Tage in Sues wegen Coast Guard und Post.*

7. 11. *Über 30 Briefe aus Deutschland mit lauter guten Wünschen! Passamt: ein Idiot von einem Offizier verweigert mir den Eintritt in den Hafen. Es wird immer später; im Club bietet ein ägyptischer Lotse seine Hilfe an. In Begleitung eines Soldaten kommen wir schließlich zur Immigration-Police. Was machen wir mit der Coast Guard, die laut meinem Brief verständigt werden soll? Niemand weiß, wo sich die Dienststelle befindet. Wir suchen bis 23 Uhr, geben dann auf. Erst mal schlafen!*

8. 11. *Mein Lotse sagt: „Fahr doch einfach, niemand kümmert sich jetzt um das kleine Boot!" Er hat recht.*

Gegen 10.00 segle ich bei leichter Brise. Der Lotse, seine deutsche Frau und seine Schwiegermutter begleiten mich im Auto am Ufer entlang bis zur Hafenausfahrt. Tücherwinken. Das große Abenteuer, das Rote Meer, liegt vor mir:

1 200 Seemeilen ganz allein, ohne Stützpunkte, in einem völlig fremden Gewässer.

„Solveig" gleitet auf der leicht gekräuselten Fläche zwischen den großen ankernden „Pötten" hindurch in den Golf von Sues.

Mir ist richtig feierlich zumute!

Es geht voran – leicht, trocken und warm. Da ich noch ausgeruht bin und an der Küste kein geeigneter Ankerplatz zu finden ist, will ich die Nacht durchsegeln. –

9. 11. *War das eine Nacht!*

Gleich nach Einbruch der Dunkelheit legte der Wind mehr und mehr zu. Erst nahm ich das Vorsegel weg, dann gegen 22.00 bei bereits steiler See und Brechern, in totaler Finsternis (Neumond), mußte ich das Groß bergen und das Sturmtrysegel setzen. Und der Wind legte immer noch zu! Gegen Mitternacht erreichte er Stärke 7!

Ich konnte das Ruder nicht eine Minute loslassen, ohne daß viel Wasser ins Boot kam. Jede einzelne Welle mußte ich in der Dunkelheit ausreiten. Kein Schlaf, kein Essen – rings um mich große Schiffe aus beiden

Richtungen, auf deren Lichter ich achten mußte. Gegen 2.00 früh glaubte ich kein Schiff in der Nähe zu haben und setzte mich völlig erschöpft und durchnäßt 15 Minuten in die Kajüte. Hätte mir fast das Leben gekostet!

Hörte ein Geräusch, sprang heraus und sah vor mir die Bugwelle eines großen Tankers – ich riß das Ruder herum und kam wegen des kräftigen Windes gerade noch vorbei! Die Heckwelle schlug mir 50 Liter Wasser ins Boot;

Der Schreck hatte mich wachgemacht und ich saß wieder an der Pinne. Eine Höllenfahrt!

Mein Körper wollte nicht mehr. Meine Hand weigerte sich, die Pinne länger zu halten, meine Augen weigerten sich, ständig in die Brecher zu starren. Ich schrie in die Dunkelheit und wußte, daß mir keiner helfen konnte. Die Nacht nahm kein Ende – wenn ich glaubte, eine halbe Stunde sei vergangen, waren es nur fünf Minuten. Ich kämpfte gegen meine Schwäche, gegen den Schlaf, die Augen fielen immer wieder zu – ich mußte wach bleiben, um zu überleben.

Um 5.30, beim ersten Dämmerlicht, hielt ich auf die Küste zu, die ich wegen der Riffe in der Dunkelheit gemieden hatte. Ich war in die Mitte des Golfes geraten!

Erst nach über zwei Stunden schneller Fahrt – „Solveig" machte mit dem Wind 6 bis 7 Knoten! – konnte ich die Einzelheiten an Land erkennen: Ras Gharib, eine Landzunge, hinter der ich jetzt Schutz gefunden habe vor Wind und Seegang.

113 Seemeilen habe ich in den letzten 24 Stunden zurückgelegt, davon bis zum Abend 33, die restlichen 70 Meilen in der Nacht!

Die Leute sind alle freundlich zu mir, sehen vielleicht auch meine totale Erschöpfung.

Im Boot herrscht ein fürchterliches Durcheinander von nassen Sachen. Stecke sie alle in Süßwasser und wasche sie durch.

13.00: Drei Stunden Hafenformalitäten! – Mache mir endlich warmes Essen: Bohnen mit Stew.

Abends bei Lampenschein noch Eintragungen ins Logbuch, dann die Nacht über tief und fest geschlafen.

10. 11. *Der Wind pfeift noch immer mit Stärke 7 durch die Takelage, heult um den Mast. Um 8.00 will ich von der Brücke losmachen, da kommt der Hafenarzt und will meine Papiere sehen. Also nochmal Formalitäten! Aber er ist freundlich und hilfsbereit, will den Quarantäneschein sogar selbst bezahlen! 8.30: Ich mache endgültig los, steuere hinaus auf die unruhige See. Kondensmilch und Kekse griffbereit neben mir im Cockpit. Das Kajütschott ist geschlossen, falls die „Solveig" viel Wasser übernimmt.*

Der Wind läßt etwas nach.

10.30: Vor Anker bei Ras Schucher in einer Bucht zwischen Korallen. Hier soll eine deutsche Familie wohnen, aber ich sehe kein Haus – nichts – nur Wüste ringsum, in der Ferne gelbe und rote Hügel. Wie ein Zaubergarten, auch ebenso tückisch, sehen die Riffe aus: grün, gelb, braun oder rötlich schimmern die Korallenstöcke durch das glasklare Wasser. Eine Märchenwelt.

12.00: Anker auf! Ich muß weiter, denn nachts geht es ein für allemal nicht mehr. Wind flaut weiter ab, kann das Großsegel wieder setzen. Eine aufreibende Arbeit in der noch hochgehenden Dünung.

16.30: Gerade noch vor Sonnenuntergang einen Ankerplatz gefunden bei Ras el Usch. Einer der hilfsbereiten Segler in Alexandria hatte mir den Rat gegeben: immer bei oder zwischen den Riffen segeln und abends in einer von Korallen geschützten Lagune den Anker auf Sandgrund werfen oder in einen Korallenstock einhaken wie in einer Felswand!

11. 11. *19.00:* Heute früh segelte ich in das „Innere Fahrwasser", ein Streifen tiefen, blauen Wassers zwischen den großen Riffen und Inseln der Gubal-Straße und dem Festland. Hier war ich vor dem groben Seegang geschützt.

Ich warf die Angelleine aus, und gegen Mittag hatte ich einen Fisch!

Zuerst war mir eine Leine verloren gegangen, weil ich sie nicht richtig befestigt hatte, eine weitere verlor ich gleich anschließend: ein großer Fisch hatte angebissen und samt Spinner und Haken das Weite gesucht!

Das Fahrwasser wurde plötzlich schmaler, ich mußte eine enge, schwierige Durchfahrt zwischen den Korallenriffen suchen. Hatte Angst um die „Solveig" – meine Augen waren müde geworden vom Starren auf das Wasser und auf das verdächtige Braun der Riffe unter der gleißenden Oberfläche.

Ankere jetzt zwischen Riffen in einer Lagune, da ich keine Bucht gefunden habe.

Zum Essen brate ich mir den Fisch und esse Kompott hinterher.

12. 11. *Während der Nacht oft an Deck geklettert und nach dem Anker gesehen, ob er noch richtig zwischen den Korallen liegt. Ich bin hier so fern jeder Möglichkeit zur Hilfe, daß nichts beschädigt werden darf.*

8.30: Nach Frühstück mit viel Tee ausgekreuzt zwischen Riffen in die Straße von Hurghada. Windstärke 6.

10.00: Wollte zuerst in Hurghada das Meeresbiologische Institut besuchen, bin aber den Behördenkram so leid, daß ich mich nicht überwinden kann, den Hafen anzulaufen. Hätte mich zwei Tage gekostet.

12.00: Der Wind ist jetzt leichter, habe Groß gesetzt. Ich steuere keinen festen Kurs mehr, sondern segle nach Sicht durch die Riffe. Hinter Hurghada bleibt mir der Propeller des Logs in einem Korallenstock hängen – muß ankern und das gute Stück befreien.

16.30: In einer paradiesischen Bucht geankert!

Unter der „Solveig": Korallengärten und unzählige Fische in allen Farben! Was für eine phantastische Welt, die sich da unter Wasser entfaltet!

Bin an Land gewatet und habe Muscheln gesucht.

13. 11. *8.00: Mit herrlicher Brise (3–4) weiter. Es tut mir leid, diesen wunderbaren Platz zu verlassen, aber ich darf mich nicht zu lange aufhalten, denn im Januar muß ich mit Gegenwind rechnen.*

17.00: Ein böser Tag heute – alles geht schief:

Verliere das Log in einem Riff, die Leine ist gerissen! Habe keinen Ersatzpropeller – damit ist mein wichtigstes Navigationsinstrument unbrauchbar. Mir ist ganz übel. Vor Schreck bin ich auf meine Sonnenbrille getreten, Bügel zerbrochen. Dann gegen den Wasserkanister gestoßen, dabei wurde er undicht!

Finde keinen Ankerplatz. Die in der Karte eingezeichnete Bucht ist mit Korallen zugewachsen. Später endlich einen Platz gefunden. Sehr eng in Korallen.

Täglich lege ich jetzt 30–35 sm zurück, das ist genügend, ich komme voran. Noch 450 Meilen bis Port Sudan – dann habe ich die Hälfte! Vielleicht schaffe ich es in 14 Tagen!

14. 11. *11.00: Schlecht geschlafen. Am Morgen finde ich keinen Ausgang aus dem Korallenirrgarten! Bei dem Versuch trotzdem herauszusegeln, gerate ich mit voller Wucht auf das Riff – es kracht, als ob die Planken des Bootes gebrochen wären. Bin heilfroh, daß die „Solveig" nicht in Stücke ging. Habe einen Schock, zittere am ganzen Körper.*

Wenn hier etwas passiert, in dieser Einsamkeit, wenn ich das Boot verliere, ist es aus!

11.30: Nochmal geankert, aber wie komme ich hier wieder heraus? Vielleicht ist gerade Niedrigwasser?

Prüfe den Wasserstand mit einer Perlonschnur. Das Wasser steigt! Also warten.

Reinige die Lampe und den Steckkontakt in der Plicht. Daß ja kein Wasser drankommt! Ein Kurzschluß, und ich habe kein Licht mehr und kann mich nicht mehr rasieren!

13.00: Versuch, aus dem Riff herauszukommen, ist geglückt. Das Wasser war um 50 cm gestiegen.

15.30: Bin immer noch so entnervt, daß ich in gut geschützter Bucht ankere.

Untersuche die „Solveig" auf Schäden und stelle fest, daß der neue Ruderschlag auf einer Seite wieder gebrochen ist. Mein Gott, diese Riffe!

Aber mir bleibt kein anderer Weg. Draußen auf See werde ich von den „Großen" gerammt und der Seegang schlägt mir das Boot voll. Ob hier jemals einer gesegelt ist?

Bin jetzt dicht vor Kosseir, der letzten ägyptischen Siedlung. Danach 1000 km Wüste bis Port Sudan!

15. 11. Erreiche Kosseir gegen 11.30. Der Ort besteht aus der Phosphatfabrik und einigen Hütten. Ringsum Wüste – trostlos. Versuche sofort, Hilfe zu finden.

Das Boot muß aus dem Wasser, sonst kann ich den beschädigten Beschlag nicht abschrauben.

Ein Ägypter will die „Solveig" alleine auf den Strand ziehen, trotz meines Widerspruches. Der Versuch mißlingt. An der Brücke, es ist inzwischen 14.00, wird sie mit dem Kran – im Handbetrieb – herausgehoben.

Der Chefingenieur der Phosphatfabrik ist Italiener und schickt sofort einen Schweißer. Der leistet saubere Arbeit, und um 16.30 ist „Solveig" wieder fahrbereit und im Wasser.

Der Ingenieur hat mich zum Abendessen eingeladen. Aber um 18.00 bin ich schon so müde, daß ich im Stehen schlafen könnte.

Mache mir einen starken Tee und trinke an Land zwei Coca-Cola, um für das Abendessen wieder aufzuwachen.

Der Italiener empfängt mich mit seiner Frau und einem Pater. Huhn mit Reis und zwei Stunden Gespräche.

Todmüde auf meine Luftmatratze gefallen!

16. 11. 7.30: Anker und Leine los!

Hätte gerne noch Wassertank löten lassen, aber das hätte einen weiteren Tag gekostet.

Herrliches Wetter und leichter Wind.

18.30: Ohne Schrecken ging auch dieser Tag nicht zu Ende. – Gegen 17.00 hatte ich immer noch keinen Ankerplatz gefunden. Ich suchte verzweifelt und geriet zu nahe an ein Riff, ein großer Brecher erfaßte das Boot und warf es zurück. Sprang schnell ins Wasser und drückte den Bug durch den Wind, um Strandung zu verhindern. Das ist nochmal gutgegangen. War patschnaß, aber erleichtert!

Gerade noch vor der Dämmerung ein geschütztes Plätzchen gefunden. Wetterleuchten ringsum – Gewitter.

23.00: Noch immer Wetterleuchten.

Beobachte Fische im Riff. Leuchtend ziehen sie ihre Bahn. Das sieht dann aus, als ob einer mit einer Taschenlampe da unten spazierengeht!

Ein kleiner Fisch, den ich öfter sehe, hinterläßt Leuchtspuren, wie eine Rauchfahne. Wenn er im Kreis schwimmt, sieht das aus wie eine Schlange.

17. 11. 7.00: Anker auf. Immer noch Blitze am Himmel.

13.00: 6–7 Windstärken, kann „Solveig" kaum mehr halten. Finde eine leidlich geschützte Bucht und „husche" hinein.

Esse Kompott mit Reis und fühle mich besser.

15.00: Ich will noch weiter. In zwei Stunden müßte ich einen Ankerplatz erreichen. Er ist in der Karte in einer Entfernung von 8 sm eingetragen. Also los!
18. 11. *Wäre ich doch geblieben!*
Aber ich segelte, wußte plötzlich nicht mehr wo ich war. Die Karten waren ungenau. Nichts stimmte mehr. Es wurde dunkel, und ich hatte die Bucht nicht gefunden! Wahrscheinlich war ich bei dem nachlassenden Wind zu langsam geworden. Jedenfalls mußte ich nun die Nacht durchsegeln – zwischen Riffen, die ich nicht sehen konnte.
Das war wie ein Gang durch ein Minenfeld!
Gegen 19.00 glaubte ich mich in gehörigem Abstand von der Küste und setzte mich in die Kajüte, um ein wenig auszuruhen und einen sicheren Kurs zu suchen für die Nacht.
Da – auf einmal, ein gewaltiges Rauschen, ein Wasserfall rings um die „Solveig" – ein paar ruckartige Bewegungen – Schleudern! Ich schieße aus der Kajüte und sehe: ich wurde eben durch die Brandung über ein Riff geworfen! Unter mir Korallen, Korallen, Korallen! Ganz flaches Wasser! Aber noch keine Grundberührung!
Ich treibe auf einer Riffmauer, von der ich nicht weiß, wie breit sie ist. Ich zittere vor Angst, bin fast wahnsinnig. Wenn ich jetzt aufbrumme!
Ein-, zweimal ein „Schlurfen", doch dann war ich jenseits der Mauer und hatte tiefes Wasser unter mir. Sofort warf ich den Anker, um die Nacht in Sicherheit abzuwarten und beim ersten Tageslicht einen Ausgang zu suchen. Vielleicht hatte ja das Riff eine Öffnung? Ich nahm noch ein Lotung vor und legte mich schlafen; war um 4.00 schon wieder auf. Die Furcht malte mir Schreckensbilder: Schiffbruch hier! Was dann?
Von nun an nahm ich alle halbe Stunde eine Lotung.
Um 6.00 wurde es hell, das Wasser stieg nicht weiter.
Um mich herum Riffe und keine Öffnung! Also am besten dort hinaus, wo ich mit dem Wind ohne Grundberührung, bei niedrigem Wasserstand, hereingekommen war. Das hieß: dem Wind entgegen!
Für alle Fälle machte ich „Solveig gefechtsklar", verstaute bewegliche Gegenstände und empfindliche Geräte, schloß die Schottüren und zog Ölzeug an.
Jetzt Anker auf und los!
Ich war nervös, fürchtete, daß das Wasser wieder fiel.
Etwa 200 Meter bis zur Brandung! Ich segelte auf sie zu – immer näher kam die weiße Wand – nun mitten hinein.
Schön schneidet der Bug durch die erste zischende Welle – und durch die zweite – und durch die dritte – aber zum Kuckuck, ich komme nicht weiter – ich komme nicht durch! Neben mir landet ein Brecher, ich halte schräg in die Lücke dahinter – eine riesige Woge türmt sich auf, er-

faßt die „Solveig" an der Backbordseite, hebt sie auf und wirft sie um. Gekentert!

In hohem Bogen fliege ich aus dem Cockpit, habe die Großschot in der Hand – ziehe mich zum Boot, das sich langsam aufrichtet – und bin auch schon wieder drin.

Sofort beginne ich zu schöpfen, mit der Waschschüssel, ausgerechnet der Eimer ging über Bord. –

Es müssen über 1 000 Liter Wasser im Boot gewesen sein, der Brecher war voll gelandet. Langsam senkte sich der Wasserspiegel im Cockpit, noch stand der Kompaß unter Wasser. Ich öffnete die Kajüttür – mir schoß Wasser entgegen. Weiterschöpfen!

Inzwischen war die „Solveig" über die Riffmauer in das tiefere Wasser der Lagune getrieben, doch jetzt näherte sie sich der Leeseite des Ringriffes.

Ich unterbrach, nahm die Pinne und segelte – in wenigen Minuten war ich vom Riff frei, auf offenem Wasser, ohne Grundberührung! Glück gehabt!

Weiterschöpfen! Der Wasserspiegel kam zur Bilge. Jetzt pumpen! Außen – in der Kajüte – wieder außen – in der Kajüte ein wüstes Durcheinander! Ich sah nach meinen Kameras: die Tasche war naß, aber innen, oh Wunder, alles trocken! Ich pumpte den Rest Wasser aus und setzte die Fahrt zunächst fort – aufräumen wollte ich erst an einem geschützten Platz.

Um 11.30 ankerte ich hinter einer Sandinsel. Was jetzt? Umkehren? – Unmöglich gegen den Nordwind und die steile See. Also weiter! Mit allergrößter Vorsicht.

Bis Port Sudan oder Massaua.

20.00: *Kein Abendessen. Eine Dose Fruchtsaft, Schlaftabletten, Schluß für heute.*

19. 11. 8.00: *Mir ist etwas besser. Kann meinen Standort genau bestimmen anhand einer Insel, die ich passiert habe. Bin viel weiter als ich dachte! Voraus liegen die Gulhan-Inseln!*

16.00: *Bei Ras Gulhan geankert, nachdem ich vorher noch aus einer Riff-Falle auskreuzen mußte.*

Diese Riffe sind schon eine Plage! Ich kann sie ja von meinem Sitz am Ruder aus nicht übersehen. So segele ich oft kreuz und quer an einer Riffmauer entlang, immer in Angst, von einem Brecher erfaßt zu werden, bis ich dann am Ende der Mauer oder an einer Durchfahrt angelangt bin.

Heute bringe ich Neptun mein Opfer. Ich hole ein Zwergfläschchen Whisky, ein Abschiedsgeschenk der Frau des Lotsen in Port Said und mein einziger Alkohol an Bord – und gieße ihn über Bord. Dank für meine Errettung!

Kenterung bei Ras Durra

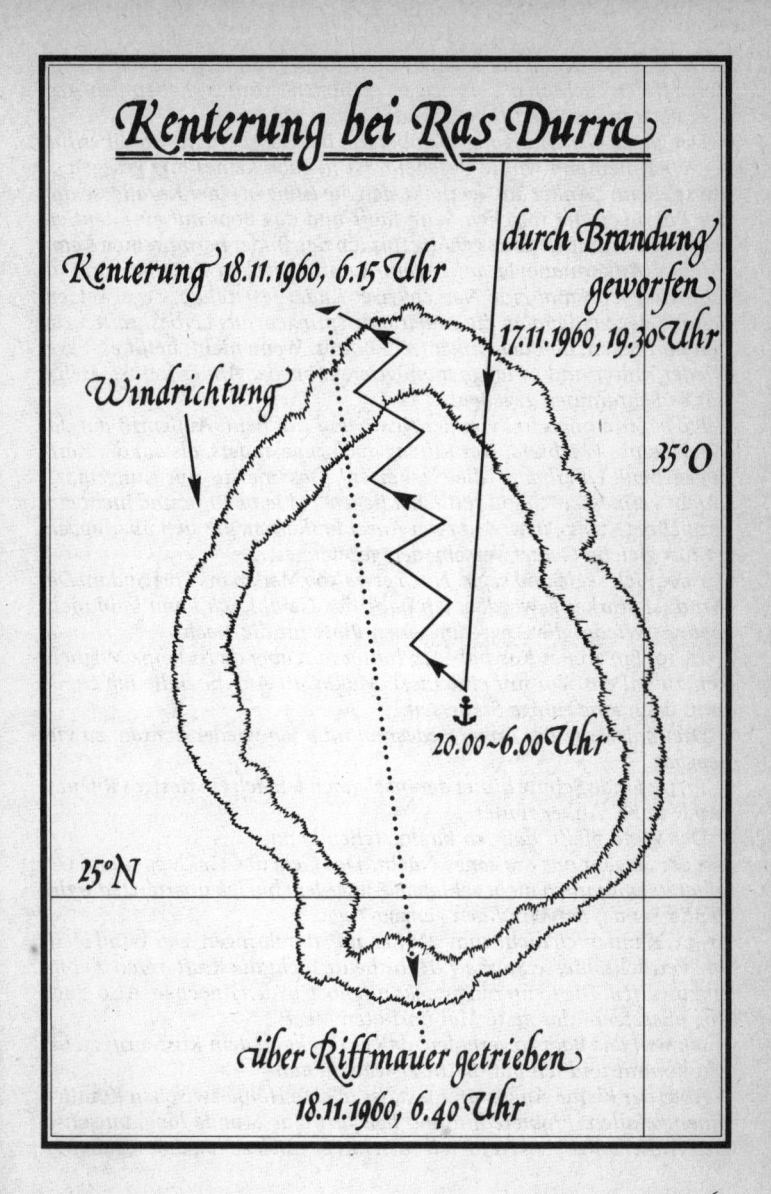

Kenterung 18.11.1960, 6.15 Uhr

durch Brandung geworfen 17.11.1960, 19.30 Uhr

Windrichtung

35°O

⚓ 20.00–6.00 Uhr

25°N

über Riffmauer getrieben 18.11.1960, 6.40 Uhr

18.00: Eine Streife der Küstenwache kommt im Jeep aus der Wüste. Zeige ihnen „schlafen", sie zeigen „schlafen" zurück, heben den Arm als „verstanden" und fahren weiter.

Der ganze Genehmigungs-Zauber mit der Coast Guard war überflüssig, aber niemand wußte Bescheid. Ist ja auch keiner hier gesegelt.

20.11. Beim „Anker auf" verhakt sich die Leine in einer Koralle, so daß der Bug nach der falschen Seite läuft und das Boot auf eine Untiefe schießt. Es rumpelt ganz gehörig, bis ich das Ruder herumreißen kann.

Diese Ankermanöver auf engem Raum zwischen Korallen, und allein, sind jedesmal eine Nervenkrise: Ruder feststellen, Segel setzen, Schot belegen, dann an die Ankerleine springen, aus Leibeskräften ziehen und beten, daß der Anker frei kommt. Wenn nicht, heißt es: Segel wieder runter und so lange manövrieren, bis der Anker frei ist. Heute hat es Schrammen gegeben!

Ich segelte mich frei von der Küste und traf beim Außenriff auf das Wrack eines Frachters. Das Riff lag auch ganz anders, als auf der Karte angegeben! Überhaupt die Seekarten! Das meiste nur „ungefähr", „nicht vermessen", „soll südlicher liegen", „kleine Riffe sind nicht eingezeichnet" usw., usw. Auf zwei Anschlußkarten, die sich überlappen, ist das gleiche Gebiet verschieden gezeichnet…

16.00: Ich segle und segle. Noch etwa 300 Meilen bis Port Sudan. Der Wind ist stärker geworden, ich habe das Gefühl, ich kann bald nicht mehr… Wieder die Angst um einen Platz für die Nacht.

16.30: Ein großes Kap habe ich hinter mir, aber da ist keine Möglichkeit zu ankern. Vor mir eine Insel: Mukawar! Auf die halte ich zu, da muß doch eine ruhige Stelle sein!

Dreimal werfe ich Anker, jedesmal muß ich wieder lichten, zu viel Seegang.

17.30: Finde Schutz hinter der Insel, nachdem ich ein riesiges Riff umsegelt habe. Anker runter.

Der Wind pfeift, daß ich kaum stehen kann.

2.00: So geht das die ganze Nacht: Das Geheule, Geklapper und Geschaukel läßt mich nicht schlafen. Außerdem bin ich überreizt, die glühende Sonne, der Wind den ganzen Tag.

21.11. Kann mich nicht zum „Anker auf" durchringen. Der Wind pfeift wie verrückt, messe Stärke 7. Habe heute nicht die Kraft, mich da hineinzuwerfen. Die Kenterung steckt mir noch in den Knochen. Also einen Tag aussetzen; das erste Mal im Roten Meer!

Ich will das Boot so verholen, daß es direkt an dem Küstenriff zu liegen kommt und ich auf die Insel waten kann.

Aber der kleine Anker sitzt fest, ist in eine Höhle zwischen Korallen hineingefallen. Probiere hin und her, fast eine Stunde lang, umsonst! Den Anker aufgeben? Nein! Ich entschließe mich zu tauchen: sechs Me-

Rollo an der Pinne der „Solveig"

Freundin Jutta an Bord der „Karin"

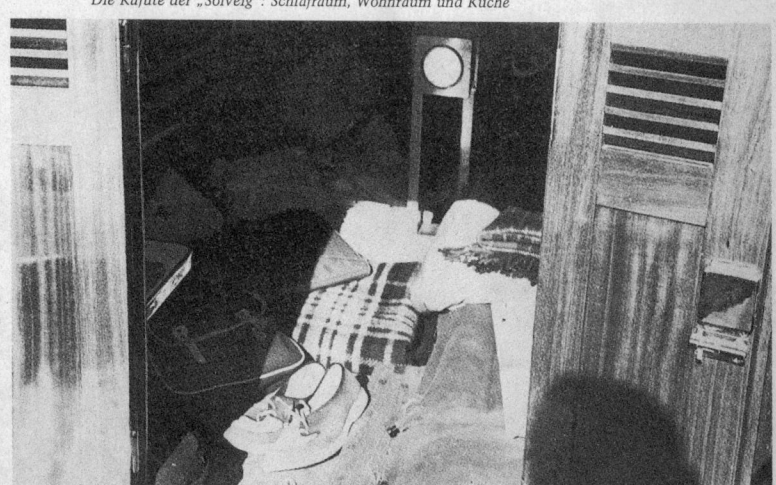

Die Kajüte der „Solveig": Schlafraum, Wohnraum und Küche

„Solveig" im Hafen von Tripolis

Senussi-Krieger in der Cyrenaika

Tobruk und seine Bucht – vom deutschen Ehrenmal aus gesehen

Vier Wochen lang wohnte ich hier, im Yachtclub von Kairo

Das Reich des Todes im Tal der Könige

Tempelwand in Oberägypten

„Patapsco" schleppt „Solveig" durch den Sueskanal

Bob und Sven, meine Freunde von der „Patapsco"

Nach dem Ruderbruch in Kosseir

Im Roten Meer

Allein in der toten Stadt Suakin

Fenster und Portal eines Palastes in der Toten Stadt

Britische Geschütze vor der alten Stadtmauer von Suakin

Die Berge der Nubischen Wüste am Roten Meer

Heiß und trostlos: der Hafen von Aden

Meine „Neujahrsinsel" im Roten Meer

Die Söhne Sindbads, die mich kaperten

Hier hielt man mich gefangen

„Solveig II" vor dem Stapellauf in England

Mastbruch auf dem Parkplatz eines Hotels

Klaus im Cockpit des abenteuerlichen Holzbootes von Mike

Im Passatwind gewachsene Bäume auf einer Karibikinsel

Die Karibik – damals noch ein Paradies
Oben: Gordon macht Feuer auf Little St. Vincent – heute eine Hotelanlage
Unten: Die Einfahrt von English Harbour auf Antigua – heute Marina und Werftanlagen
Rechte Seite: Der einsame Strand von Bequia – heute Hotels und Gaststätten

Folgende Seite: „Solveig II" nach erfolgreicher Atlantik-Überquerung

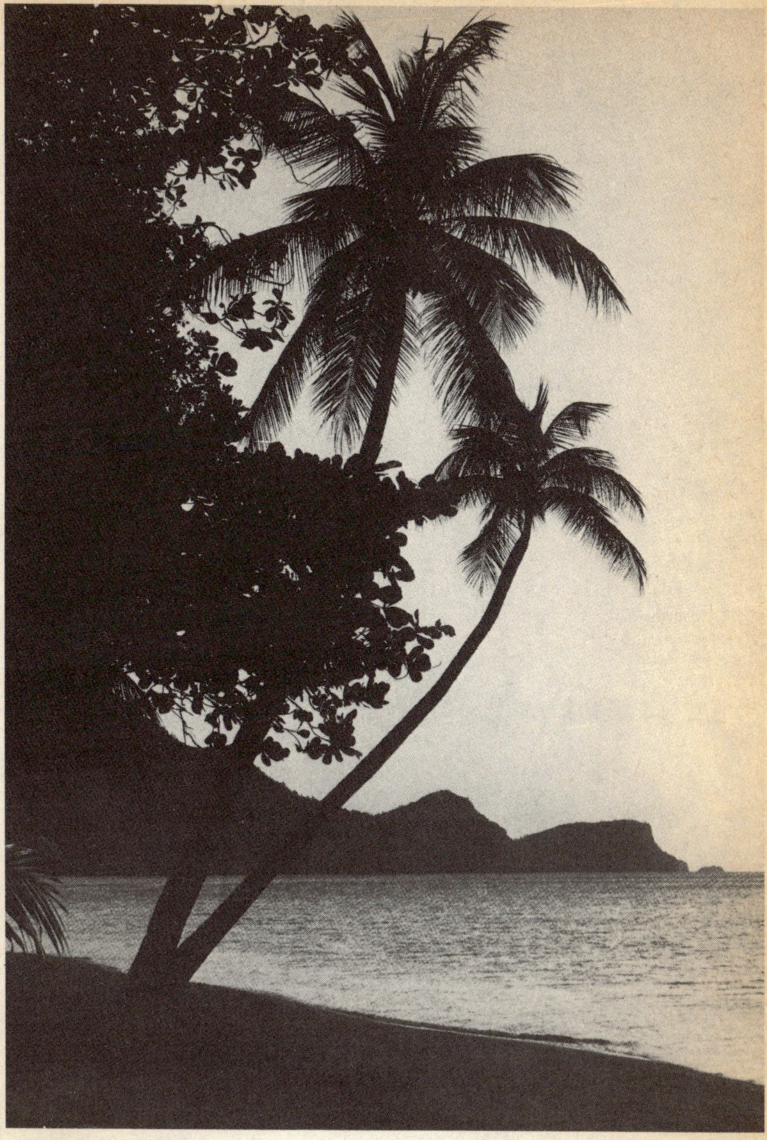

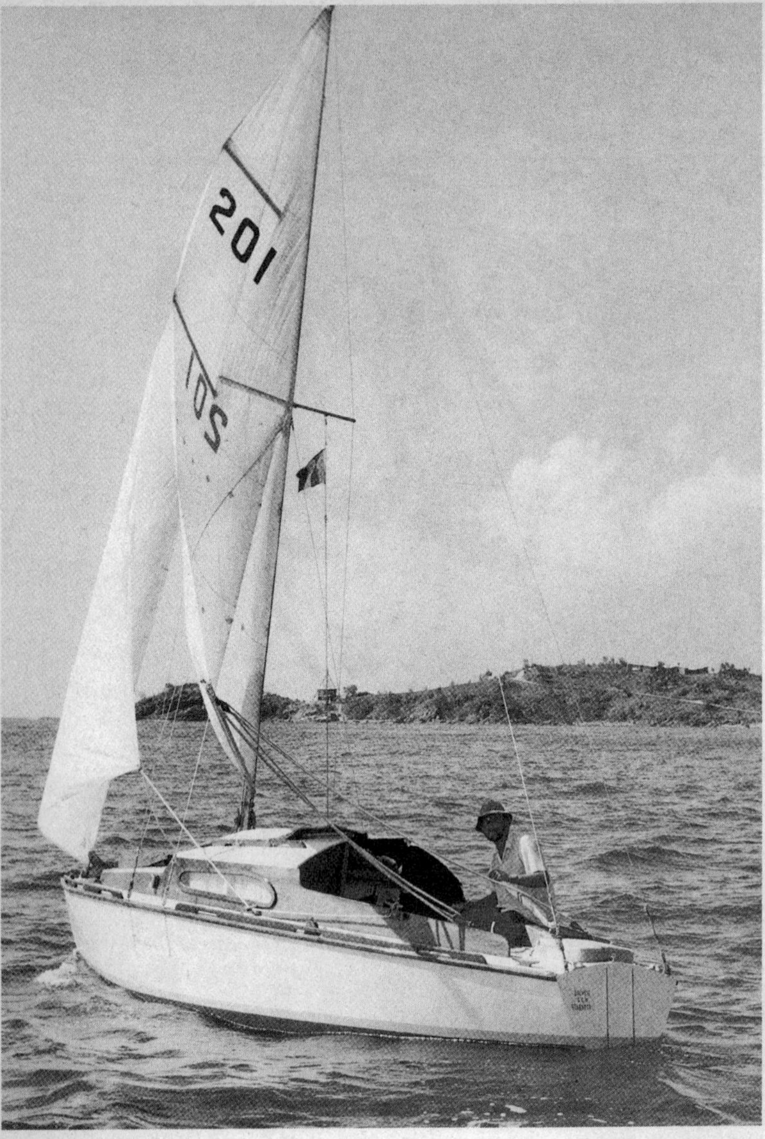
201

ter lote ich mit der Angelschnur. Ich bringe das Boot genau über die Stelle, wo der Anker liegt, so daß die Leine lose hängt. Dann setze ich die Brille auf und hoffe, daß kein Hai in der Nähe ist.

An der Leine ziehe ich mich hinunter, Luft habe ich genug, aber die Ohren schmerzen unter dem Wasserdruck. Ich komme nicht ganz runter, kann aber den Anker lösen. Geschafft!

Anschließend Landgang.

Kriechend, auf eine Hand gestützt, schaffe ich die 40 Meter über das Riff. In der anderen Hand halte ich Schuhe, Strümpfe und Uhr.

Einen halben Meter ist das Wasser tief; hier kommt bestimmt kein Hai – denke ich. An den Uferfelsen tummeln sich eine Menge Krabben; schade, daß ich kein Netz habe, wäre eine feine Mahlzeit!

Die Insel, aus Korallenstein und Sand bestehend, sieht aus wie ein erloschener Vulkan. Kein Pflänzchen, nichts. Nur eine Menge Wasservögel haben hier ihr Quartier.

Finde einen Tierschädel, in der Sonne ausgeblichen, sonst nur tote Korallen. Eine schöne nehme ich mir mit.

Auf der anderen Seite der Insel – ich traue meinen Augen nicht – schwimmen in dem flachen Wasser zwischen Riffkante und Strand zehn kleinere Haie, lassen sich auch durch mich nicht stören. Ich werfe einen Stein ins Wasser, einer der Haie schießt darauf zu, kehrt dann enttäuscht um. Ich treibe das Spiel weiter und werfe schließlich Korallenstücke ins flache Wasser, ganz nahe an den Strand – und tatsächlich, der Hai schießt auch dorthin, wo es flach ist und wühlt mit seinem Bauch den Sand auf! Etwa zwei Meter lang sind die Tiere und ich denke an meinen Rückweg über das Riff!

16.30: Mache mir auf dem Boot eine ausgiebige Mahlzeit: Makrelen, Ravioli, Rindfleisch mit Erbsen; hinterher Erdbeerkompott und Tee. So viel habe ich an Bord noch nie gegessen, aber ich versuche, mich auf diese Weise auch seelisch zu stärken.

22. 11. Vor mir liegt eine Strecke freien Wassers, etwa 30 Meilen ohne Riffe vor der Küste. Der Wind hat nachgelassen, hat noch Stärke 5–6, und so fasse ich mir ein Herz und segle los. Vielleicht halte ich sogar eine Nacht durch, um einmal ein großes Stück voran zu kommen.

11.30: Die See kommt von allen Seiten, wirft das Boot herum wie ein Stück Holz.

16.00: Erst jetzt nimmt der Wind etwas ab, ich will noch weitersegeln und die „Solveig" während der Nacht treiben lassen.

21.00: Bis zum nächsten Riff sind es noch 10 Meilen, genug für die Sicherheit, bringe den Treibanker aus und lege mich schlafen.

Heute habe ich den Wendekreis des Krebses überfahren und bin somit in den Tropen!

23. 11. 6.00: nur 5 Meilen gedriftet, „Solveig" treibt weiter. Mit dem

Wind ist nicht viel los. Fülle meinen 15-Liter Wassertank um; hatte ihn gestern mit dem Fuß beschädigt, als ich von einem Brecher in die Plicht geworfen wurde.

9.00: Segel gesetzt, Wind nur 1–2.

Spannender Kampf zwischen Fischen: ein größerer Fisch jagt einen kleineren (Karpfengröße) um das Boot herum. Der Größere grün, der Kleinere silbrig glänzend. Plötzlich kommt ein ganz anderer dazu und nimmt die Verfolgung auf. Der Grüne macht sich davon und der Kleine sucht unter der „Solveig" Schutz. Der Große verfolgt ihn und schlägt dabei gegen die Planken, daß es knallt. Ein Faltboot wäre in Fetzen gegangen! Er erwischt den Kleinen, schluckt ihn aber nicht sofort, sondern zieht stolz mit seiner Beute, quer im Maul, davon. Später kommt er wieder und umkreist noch lange das Boot.

24. 11. *Habe die „Solveig" nachts wieder treiben lassen – diesmal bei völliger Flaute.*

Doch jetzt eine leichte Brise aus Osten. Lohnt es, die Segel zu setzen? Da ich kein Log mehr habe, weiß ich nicht genau, wo ich mich befinde. Die Sicht ist schlecht, ich sehe nur das Meer und die Wolken.

13.00: Wind immer noch Stärke 1, spüre die Hitze sehr. Meine Lippe ist aufgeplatzt und eitert. Außerdem bin ich vom ewigen Sitzen im Salzwasser wund geworden.

Muß jetzt die Grenze zum Sudan überfahren haben. Fasse mir ein Herz und nehme den Sextanten heraus. Erarbeite mir die nötigen Kenntnisse, um in Zukunft meine Position mit Hilfe der Sonne bestimmen zu können. Heute klappt es nicht, weil ich weder genaue Uhrzeit noch Radio (ging bei der Kenterung verloren) noch genaue Länge habe. Aber ich glaube, ich weiß jetzt, wie ich rechnen muß.

25. 11. *5.00: Wind 2 aus Süd! Standort nicht genau erkennbar.*

9.00: Wind dreht, wechsle den Bug.

11.30: Frischt auf, kann Süd halten. Kap Elba in Sicht!

16.00: Wind und Seegang nehmen rasch zu, versuche „Solveig" unter voller Besegelung zu halten, um voran zu kommen. Mache zeitweise 6 Knoten. Kann bei diesem Wind keine weitere Nacht auf See bleiben!

17.00: Fest vor Anker in wunderbarer, geschützter Bucht: „Mersa Abu Imama" steht auf der Karte. Noch 130 sm bis Port Sudan.

26. 11. *Da ich weiß wo ich bin, nütze ich die Gelegenheit und bestimme zum ersten Mal eine Position mit Hilfe des Sextanten. Auf dem ruhigen Wasser stimmen die Messungen genau, und ich erhalte am Ende den richtigen Schiffsort.*

Eine feine Sache, so ein Sextant; ich bin sehr froh, daß ich das nun gelernt habe.

Den ganzen Tag über weht ein mäßiger Südost, also Gegenwind. Bin unruhig, mache mir Sorgen um die Weiterfahrt.

Laut Seehandbuch habe ich ab Port Sudan fast ausschließlich mit Gegenwind zu rechnen, bis Sturmstärke. „Segelschiffe auf Kurs nach Aden benötigen Schlepperhilfe" muß ich da lesen. Ich hätte das Seehandbuch vor der Reise bestellen sollen! Wie soll ich das durchhalten? Und wie weiterkommen?

29. 11. *Abends, 20 sm südlich Ras Abu Schagara:*

Seit gestern hat sich so viel ereignet, daß ich erst jetzt dazukomme, es niederzuschreiben:

Um 7 Uhr morgens segelte ich wieder weiter, bei herrlichem Wetter und idealem Nordwind (4–5). Im Fahrwasser zahlreiche Korallenbänke und Klippen. Bis 13 Uhr wollte ich Kap Ranaja runden, doch es kam und kam nicht in Sicht.

Eine schlimme Erkenntnis: ich hatte meine Position falsch geschätzt (mein Log fehlt mir schrecklich!), und das bedeutete, daß ich vor Einbruch der Dunkelheit unmöglich mein Tagesziel, Kap Abu Schagara, erreichen würde. Das hieß ankern an einem Platz, wo eigentlich kein Ankerplatz ist: mitten in der See hinter einer Riffkante, in der Karte verzeichnet als „Schaab Kumeira" – nomen est omen!

Ich wollte mich gerade schlafen legen, da krachte es furchtbar – die „Solveig" schlug gegen das Riff, denn der Wind hatte um 180° gedreht. Neu ankern konnte ich in der Dunkelheit nicht, so verkürzte ich die Leine, aber es half nicht viel – immer wieder schlug das Boot gegen die Korallen.

Als ich beim ersten Lichtstrahl versuchte, aus dieser Lage herauszukommen, sah ich die Bescherung: beide Anker hatte sich in den Korallen am Grund, etwa 8 Meter tief, verhakt! Mit Paddelschlägen wollte ich das Boot an eine andere Stelle bringen, um die Anker von dort loszubrechen – vergeblich! Gegen Windstärke 5 konnte ich mit dem Paddel nichts ausrichten.

Also half nur das Segel. Ich mußte die Ankerleinen fieren, im gleichen Augenblick Fahrt aufnehmen, und so versuchen, die Anker auszureißen.

Das Manöver gelang! Erst kam der große Anker frei, dann, in einem weiteren Anlauf – ich arbeitete in Unterhosen und mit blutenden Händen – auch der zweite.

Glücklich, das Riff verlassen zu können, segelte ich auf offenes Wasser und begann dann erst, die Wuling von Tauwerk aufzutörnen. Auf einmal ein Krach! Wieder war ich auf ein Riff aufgerannt! Der Wind kam von achtern, so konnte ich auch nicht zurück. Gottlob war diese Riffmauer nur 20 Meter breit, und die schlurfte mein armer Kiel ab, holpernd über einen Korallenstock nach dem anderen.

Meine Nerven waren am Ende, der Tag leider noch nicht. Ich entschloß mich, das Groß zu setzen, um schneller voran zu kommen. Ge-

rade hatte ich das Groß in den Baum eingezogen, als ich sah, daß ich erneut auf ein Riff zutrieb. Oh, diese Riffe!

Jetzt aber schnell das Segel rauf, dachte ich, riß nervös am Fall und – ratsch – hatte sich das Segel am Want verhakt und war eingerissen!

Um mich von dem Riff freizusegeln, mußte ich es dennoch setzen, doch dabei vergrößerte sich der Riß über die gesamte Segelfläche, von Liek zu Liek.

Ein Unglück nach dem anderen! Alles meine Fehler? Ich weiß es nicht, ist ja auch egal!"
Soweit mein Tagebuch.

Sicher habe ich damals eine Menge Fehler gemacht. Schuld daran war der größte Feind des Alleinseglers, die Müdigkeit. Es wäre erforderlich gewesen, ununterbrochen, mit größter Aufmerksamkeit auf den Kurs, die Segel, den Seegang und die Riffe zu achten – daneben Seekarte und Seehandbuch zu studieren, zu essen und zu trinken, Kleidung zu wechseln, und all das in einer sechs Meter Jolle, die keinen Schutz bot. Aber das konnte ich nicht, nicht jeden Tag, nicht mit so wenig Schlaf und unter den sengenden Strahlen der Tropensonne, die von früh bis abends, zwölf Stunden lang, auf Kopf und Haut brannte...

Die tote Stadt

Am 30. November war ich nur noch wenige Meilen von Port Sudan entfernt.

Schon am frühen Morgen beobachtete ich ein Segel weit achteraus. Ein Eingeborenenboot? Während des ganzen Tages folgte es der *Solveig* in zwei Meilen Abstand. Ich wurde unruhig, meine Freunde in Ägypten hatten mich vor Piraten gewarnt.

Als ich schließlich gegen 17 Uhr Anker geworfen hatte, dauerte es nicht lange, und eine kleine Dhau, eine Saruk, erschien vor der Einfahrt zur Bucht und legte sich wenige Meter neben die *Solveig*.

So eine Dhau ist ein tüchtiges Segelschiff. Ihre Tradition geht auf arabische Seefahrer – die Söhne Sindbads – zurück. Aber für heutige Begriffe ist das Leben an Bord einer solchen Saruk unglaublich hart und beschwerlich.

Die Mannschaft schläft und lebt an Deck, bei jedem Wetter, bestenfalls in Wolldecken gehüllt, wenn es regnet. Aus alten Holzbrettern gebaut und mit verrosteten Nägeln zusammengehalten, sind die Boote auch von unten keineswegs wasserdicht.

Am Tag wird gesegelt, nachts geankert, die einzige Möglichkeit für eine halbwegs sichere Fahrt an den Küsten des Roten Meeres. Allerdings besitzt der Skipper einer Dhau beneidenswerte Kenntnisse und Erfahrungen über die Lage jedes Riffes und jedes Ankerplatzes in den von ihm befahrenen Gewässern. Von Jugend an ist er die gleiche Strecke wohl hundertmal oder öfter gesegelt. Er braucht hier keine Navigationsgeräte oder Seekarten, er kennt sich aus und – er hat Zeit! Keiner zählt die Tage seiner Reisen.

Die fünf dunkelhäutigen Seeleute winkten mir freundlich zu. Sie ließen ihren Einbaum zu Wasser, und einer der Männer näherte sich mit dem kanuartigen Boot und ging bei der *Solveig* längsseit. Ich gab ihm Zigaretten und Tee, eine Verständigung war leider nicht möglich.

Später machten sich meine Nachbarn an Deck ihrer Saruk zu schaffen, dann sah ich sie Wasser lenzen aus der Bilge und auf einmal war es ruhig. Die Dunkelheit brach herein, kein Licht, keine Bewegung war auf dem Schiff mehr zu sehen. Nur die Umrisse der Dhau und ihres Mastes konnte ich gegen den sternklaren Nachthimmel erkennen – ein Bild aus Tausendundeiner Nacht.

Auch die letzten 30 Seemeilen bis Port Sudan, ich hoffte den Hafen noch am selben Tag zu erreichen, sollten mir nicht geschenkt werden.

Bei Sonnenaufgang machte sich die Mannschaft der Dhau an die Arbeit, weiße Gestalten huschten über das Deck, die Rah mit dem großen Segel stieg langsam am Mast hoch, die Saruk nahm Fahrt auf; ein letztes Winken und Zurufe, dann war das Schiff aus der Bucht verschwunden, wie ein Spuk. Ich war wieder allein, aber in bester Stimmung.

Rasch setzte auch ich meine Segel und steuerte nach Osten, aus der Bucht heraus. Im klaren Wasser des Roten Meeres sind die farbigen Korallenstöcke unter Wasser meist als bräunliche Flecken oder Streifen recht gut zu erkennen.

Aber heute stand mir die Sonne entgegen und verwandelte mit ihrem gleißendem Licht die See in eine einzige silbrig glitzernde Fläche. Ich saß noch nicht wieder an der Pinne, da krachte es bereits! Mit einem Ruck stand das Boot. Mit voller Geschwindigkeit war ich gegen ein Riff geprallt, wie gegen eine Betonmauer.

Gleichzeitig kam die Genua von oben, das Fall war durch den plötzlichen Aufprall gebrochen. Ich sprang ins Wasser, auf die spitzen Korallen und begann die *Solveig* vom Riff herunterzuschieben, dort hinaus, wo ich aufgelaufen war, denn zur anderen Seite hin erstreckte sich das Riff unübersehbar weit.

Gegen den Wind schob ich das Boot – mit den Füßen auf den Korallen Halt suchend – bis zur Riffkante, sprang dann wieder ins Cockpit, griff nach der Pinne und versuchte Fahrt aufzunehmen. Das Manöver mißlang: wie ein Bund Stroh trieb die *Solveig* auf das Riff zurück.

Bei einem zweiten, nun schon verzweifelten Anlauf erging es mir nicht besser. Ich mußte von diesem verdammten Riff herunter!

Hastig barg ich das Segel und begann erneut mit aller Kraft zu schieben. Jetzt konnte ich dem Boot so viel Fahrt geben, daß es, nachdem ich mich von der äußersten Riffkante in das Cockpit hineingeschwungen hatte, noch etwa 30 Meter weiter glitt. Diese 30 Meter tiefen Wassers genügten, um erneut das Segel zu setzen und die *Solveig* vom Riff freizusteuern. Erschöpft ließ ich mich auf die Bodenbretter fallen und wusch die zahlreichen Schnittwunden aus, die ich mir an den scharfkantigen Korallen zugezogen hatte.

Inzwischen hatte sich ein Gewitter zusammengebraut, dicker Regen prasselte nieder und danach blieb der Wind weg – Flaute!

Ich benutzte die Zeit, um den Mast zu legen und das inzwischen gespleißte Fall wieder einzuziehen.

An diesem Tag erreichte ich mein erhofftes Ziel, Port Sudan, nicht mehr. Über dem gelben Sand der nubischen Wüste ballte sich eine Wand schwarzer Gewitterwolken zusammen, und während der Nacht brach dann das Wetter los.

Als ich am 2. Dezember bei Tagesanbruch aus bleiernem Schlaf erwachte, war die Bilge bis zu den Bodenbrettern mit Regenwasser gefüllt. Ich pumpte das Wasser aus, dann setzte ich noch einmal Segel, um die letzten Meilen bis Port Sudan hinter mich zu bringen.

Um 12 Uhr stand ich vor der Hafeneinfahrt!

Die Hälfte der Strecke durch das Rote Meer hatte ich bewältigt, 718 Seemeilen von Sues aus lagen hinter mir.

Ich setzte die gelbe Flagge, das Signal „An Bord ist alles gesund, ich bitte um freie Verkehrserlaubnis."

Schon bald schoß ein Lotsenboot heran und nahm die *Solveig* in Schlepp. Der Lotse war Norweger, und als er den Namen des Bootes in sein Formblatt eintrug, standen ihm plötzlich Tränen in den Augen.

„Ich bin so lange nicht mehr in Norwegen gewesen, statt dessen arbeite ich in diesem gottverlassenen Hafen, in diesem mörderischen Klima in der Wüste!"

Am liebsten hätte er wohl das nächste Schiff nach Europa bestiegen. Er verkörperte die ganze Tragik eines Auswanderers, der die Heimat einer gut bezahlten Stellung wegen verlassen hatte, und dann als alter Mann nur den einen Wunsch hegt: die Heimat wiederzusehen und mit den Seinen noch einige Jahre in Frieden leben zu können. –

So müde ich war, konnte ich dennoch der Versuchung nicht widerstehen, einen Bummel durch die Straßen zu unternehmen.

Port Sudan wurde von den Engländern Anfang der zwanziger Jahre dieses Jahrhunderts aus dem Boden, besser, aus der Wüste gestampft. Eine reine Zuckersiedlung, die als Umschlagplatz für Waren dient, welche im Sudan angelandet und per Bahn in das Landesinnere befördert werden.

Die Straßen verlaufen rechtwinklig, in Blöcken angelegt, der Einfachheit halber numeriert. Nur wenige mit Gärten umgebene Villen lockern das graue Einerlei etwas auf. Die Bevölkerung besteht zum Teil aus Europäern und Arabern, in der Mehrzahl aber aus schwarzen Afrikanern, dem Stamm der „Fuzzi-Wuzzi".

Hochgewachsen und schlank sind die Männer, auf dem Kopf tragen sie eine wilde Haarmähne, die sie mit Lehm einschmieren und in steifen Strähnen abstehen lassen. Als Zeichen ihrer Würde führen sie stets einen langen Knotenstock mit sich; die Jüngeren halten diesen Stock über der Schulter im Nacken, die älteren Männer stützen sich beim Gehen darauf. Sie sind ein kriegerischer Stamm, Streitigkeiten untereinander werden nicht selten mit dem Schwert ausgefochten.

Ich war müde geworden, nur mühsam hielt ich mich auf den Beinen, und so kehrte ich bald zur *Solveig* zurück. Die kommenden Tage wollte ich für einige kleinere Reparaturen am Boot nutzen, um meine Fahrt dann fortsetzen zu können. Und ich würde die Fahrt fortsetzen!

Schon waren die Strapazen vergessen – die Stunden der Angst und der Hoffnungslosigkeit. Meine Gedanken beschäftigten sich mit den nächsten Zielen meiner Reise: nur 50 Meilen südlich von Port Sudan liegt die tote Stadt Suakin, der frühere Hafen des Landes, den die Engländer 1922 durch den Bau von Port Sudan ersetzt hatten.

Damals wurde die gesamte Bevölkerung von Suakin umgesiedelt, die alte Hafenstadt blieb seither unbewohnt. Die Maßnahme war notwendig geworden, weil die großen Frachtschiffe immer größere Schwierigkeiten hatten, durch das von riesigen Korallenriffen eingeengte Fahrwasser in den Hafen der Lagunenstadt zu steuern.

Die Geschichte Suakins geht zurück bis in das 12. Jahrhundert: Kaufleute aus dem Jemen und aus Indien sollen seinerzeit die befestigte Stadt auf einer Koralleninsel erbaut haben. Ein Damm verbindet noch immer die Insel mit dem Festland. Seit dem 14. Jahrhundert erlangte Suakin besondere Bedeutung als Einschiffungshafen für Pilger, die auf ihrem Weg nach Mekka das Rote Meer kreuzen mußten.

Aber nicht nur Pilger und Handelsware gelangten von Suakin nach Arabien, vor allem auch Gold, Elfenbein und Sklaven aus Schwarz-Afrika. Noch heute sollen in der toten Stadt Sklaven heimlich und im Schutz der Dunkelheit auf Schiffe verladen und nach Kleinasien gebracht werden.

Von diesem geheimnisvollen Ort hatte ich schon zu Hause in Garmisch gehört und war nun gespannt, ob ich mit meinem Schiffchen in den alten Hafen hineinsegeln konnte. Wenn dort keine großen Schiffe mehr lagen und niemand mehr wohnte, mußte das doch ganz einfach sein!

Ich hatte den Kopf schon wieder voller Pläne und wurde in meinem Vorhaben auch begeistert unterstützt durch den einzigen Sportsegler in Port Sudan, dessen Bekanntschaft ich noch am gleichen Abend machen sollte.

Kurz vor Sonnenuntergang näherte sich eine Segeljolle meinem Liegeplatz, hielt auf die *Solveig* zu und kam schließlich mit einem gekonnten Manöver neben meiner Bordwand zum Stehen. Der Jolle entstieg ein junger Mann, groß, schlank und mit einem üppigen roten Vollbart.

Er stellte sich vor als John, Ingenieur bei Cable & Wireless, der weltweiten englischen Telegraphengesellschaft. Sein Boot *Moses* hatte er selbst aus einem Bausatz zusammengeleimt, den er sich von einer englischen Werft hatte senden lassen. Ohne lange Vorrede nahm er mich mit zur Telegraphengesellschaft, in deren Gebäude er eine Dienstwohnung hatte, verhalf mir zu einem heißen Bad und lud mich ein, es mir in den Räumen der Gesellschaft während meines Aufenthaltes in Port Sudan bequem zu machen.

Welch ein Geschenk! Ich hatte schon daran gedacht, mir ein Hotelzimmer zu mieten, denn wegen meiner vereiterten Lippe wollte ich Sonne und Salzwasser für eine Weile meiden. Auch meinen Händen tat Schonung not, die Haut war so angegriffen, daß das Blut heraustrat, wenn ich nur in meine Hosentasche griff.

John und seine Freundin Genoveva nahmen sich täglich meiner an, mein Zustand war wohl noch kläglicher, als mir selbst bewußt wurde. John half mir auch, die dringendsten Reparaturen durchzuführen, ließ meine Wassertanks schweißen und bastelte mir einen neuen Bootshaken sowie einen Standerstock. Beides war bei der Kenterung über Bord gegangen. Genoveva nähte den Stander und verwendete dazu Teile ihrer

Nylonunterwäsche. Aus Garmisch hatte ich ein Paket mit dem lange entbehrten Transistorradio bekommen. Leider wurde mir das gute Stück erst ausgehändigt, nachdem ich die Hälfte des Warenwertes als Zoll entrichtet hatte.

Abgesehen von kurzen Besorgungen blieb ich während der zehn Tage, die ich in Port Sudan verbrachte, meistens in den Räumen der Cable & Wireless. John hatte mir wegen der Lippe, die absolut nicht verheilen wollte, „Zimmeraufenthalt" verordnet, und ich hatte auch nicht viel mehr im Sinn, als eine Zeitlang auszuruhen und zu faulenzen.

Am 12. Dezember begann ich die Weiterfahrt. John und Genoveva begleiteten mich in ihrer Jolle, bis eine große Gewitterwolke am Himmel erschien, dann trennten wir uns.

Die beiden segelten zurück und ich barg schleunigst die Fock, als die ersten Sturmböen über das Wasser fegten. Für dieses Manöver hatte ich die Pinne verlassen. Das genügte: Mit einem „Ratsch" riß mein Großsegel wieder mitten durch!

Bittere Erkenntnis: Das Baumwolltuch war durch Sonne und Salzwasser morsch geworden, ich konnte es mit zwei Fingern auseinanderziehen!

Das große Segel fehlte mir sehr, mit dem kleinen Tuch machte die *Solveig* bei leichtem Wind viel zu wenig Fahrt. Erst am nächsten Vormittag erreichte ich die Einfahrt von Suakin.

Die gewundene Fahrrinne zwischen unzähligen Korallenstöcken war für Dickschiffe sicher schwer zu befahren, die kleine *Solveig* aber glitt über die vor jedem Seegang geschützte Wasserfläche wie über einen Binnensee. Bald schon kamen die weißen Häuser und Paläste der „Geisterstadt" in Sicht, und meine Neugierde und Erwartung steigerten sich von Minute zu Minute.

Noch bevor ich den inneren Hafen erreichte, segelte ich an den langgestreckten Gebäuden der Quarantänestation vorbei. Hier versammeln sich zu Zeiten großer Wallfahrten Scharen von Pilgern aus ganz Afrika, die zum Teil zu Fuß und in jahrelanger Reise herbeiströmen, um die Überfahrt nach Djedda und den weiteren Marsch nach Mekka anzutreten. Bis zu 3 000 Menschen lagern dann in der Quarantänestation.

Manch einer, hatte mir John erzählt, beginnt seine Pilgerfahrt in Westafrika als Junggeselle, heiratet unterwegs und kommt dann mit Frau und zwei oder drei Kindern in Suakin an.

Bald hatte ich mich der von Wasser umgebenen Lagunenstadt soweit genähert, daß ich Einzelheiten erkennen konnte. Fast alle Häuser waren verfallen, nur die Fassaden der großen Paläste ragten noch an der Wasserfront in die Höhe. Mit Ausnahme einiger Vögel – kein Lebewesen weit und breit; eine unheimliche Stille lag über dem weiten Hafenbecken.

Der ganze Hafen schien mir allein zu gehören. Ich hätte um die ganze Stadt herumsegeln können, die auf einer Insel in der Mitte der Lagune liegt. Ein Klein-Venedig im Roten Meer! An einem verrosteten Eisenring, der aus dem geborstenen Mauerwerk herausragte, verknotete ich die Bugleine und warf über das Heck einen Anker aus.

Mein Blick fiel in die engen, zum Teil mit Schutt bedeckten Gassen, und ich konnte mir gut vorstellen, wie dort einst arabische Händler den vorbeiziehenden Seeleuten und Reisenden Gewürze und Stoffe aus Indien sowie kostbare Schmiedearbeiten feilboten.

Dort, wo jetzt einsam, fast schüchtern und fremd die *Solveig* lag, drängten sich früher hundert und mehr Dhaus, die wochen- und monatelang über die Meere gesegelt waren, von Indien, Pakistan, vom Persischen Golf oder vom Jemen, um wertvolle Ladung aus dem Orient nach Afrika zu bringen. Aus Afrika verschifften sie dafür Tierfelle, Elfenbein und Gold. Bezahlt wurde – wie übrigens auch heute noch im Jemen – mit Maria-Theresien-Talern aus Österreich.

Mit einem Sprung gelangte ich auf den Kai. Noch immer war mein Erscheinen von niemandem beobachtet worden.

Langsam und vorsichtig zuerst, dann beherzter, suchte ich meinen Weg über Straßen und Plätze der tausendjährigen Stadt.

Die Fenster und Portale waren so reich mit Ornamenten islamischer Kunst geschmückt, wie ich es bislang nur in Kairo gesehen hatte. Ein Palast schien noch einigermaßen erhalten.

Zögernd trat ich in die dunkle Halle, in der jetzt Hunderte von Fledermäusen hausten. Aus dem grellen Sonnenlicht kommend gewöhnten sich meine Augen nur langsam an die Finsternis. Ich tastete mich über Balken und Trümmer, erkannte in kleinen Fenstern und Nischen kunstvolle Schnitzereien und mit Arabesken geschmückte Steine.

Erst vor kurzem hatte ich in Kairo die Paläste vornehmer Araber bewundert, mit ihren Salons, Brunnen und farbigen Mosaiken. So muß es vor nicht allzu langer Zeit auch hier ausgesehen haben!

Noch in den fünfziger Jahren sollen acht oder zehn Häuser bewohnt gewesen sein, aber außer ein paar Ziegen und Katzen entdeckte ich keinen Hinweis, daß sich Menschen hinter irgendwelchen verfallenen Mauern eingenistet hatten. Überall blickte ich in leere Fensterhöhlen, aber ich hatte das sichere Gefühl, daß sich in dem Wirrwarr enger Gassen eine Anzahl lichtscheuer Gestalten verborgen hielt. Wieviele Kellerräume und Höfe mag es wohl geben, die nur über Trümmerhalden zugänglich sind und so von der Straße aus nicht eingesehen werden können? Hier ist zweifellos ein idealer Platz, um Waren oder auch Menschen vor ihrer illegalen Verschiffung zu verstecken!

Als plötzlich die Dämmerung hereinbrach, machte ich mich auf den Weg zum Boot zurück.

War es ratsam, die Nacht allein an diesem unübersichtlichen Ort zu verbringen? Die Frage war müßig, denn nach Sonnenuntergang konnte ich meinen Liegeplatz ohnehin nicht mehr verlassen.

Ich setzte mich ins Cockpit und horchte in die Dunkelheit: Kein Windhauch, keine Bewegung auf der weiten Fläche der Lagune, nicht einmal das leise Glucksen der Wellen an den Ufersteinen. Nur ab und zu sprang ein Fisch und fiel mit einem sanften Platsch zurück.

Das Wasser unter mir war durch Millionen von Leuchttierchen erhellt. In der sternklaren Tropennacht zeichneten sich die Fassaden der Toten Stadt deutlich gegen den Himmel ab.

Lange konnte ich nicht einschlafen, und als die ersten Sonnenstrahlen meine Kajüte wieder erhellten, kroch ich heraus, um zu prüfen, ob ich tatsächlich mit der *Solveig* zwischen den Ruinen der verlassenen Stadt festgemacht hatte.

Die Wirklichkeit erinnerte mich an mein Vorhaben, möglichst bald Massaua zu erreichen, um die dorthin bestellten Ersatzteile – darunter auch einen Propeller für mein Log – abzuholen, und dann die letzte Teilstrecke im Roten Meer bis zum britischen Stützpunkt Aden anzugehen.

Über die folgenden Ereignisse soll mein Tagebuch berichten:

„**14. 12.** *Brise so günstig, daß ich um 6.00 Frühstück mache und um 7.30 Segel setze. Vor mir liegen 660 sm bis Aden, davon 260 sm bis Massaua.*

Wind bleibt stabil, nur mit der Navigation ohne Log hat es seine Tücken. Zwischen den Tausenden von Riffen hier gibt es keine Landmarken; ich kann den Eingang zum Fahrwasser durch das Schaab el Schubuk, ein 14 × 20 km großes Riffmassiv, nicht finden.

12.00: Segle einfach weiter nach Süden.

Wie unheimlich, wenn die Dünung auf einmal verschwindet, das Wasser nur leise plätschert und „Solveig" mit erhöhter Geschwindigkeit dahinschießt. Dann weiß ich: jetzt bin ich wieder mitten drin im Dreck, ringsum müssen Riffe sein!

13.00: Endlich sehe ich die Stangen zur Markierung des Fahrwassers, als ich darauf zuhalte, schramme ich heftig über mehrere Korallenstöcke. Was das Nerven kostet! Ist doch ein Spiel mit dem Leben!

17.30: Habe in einer Lagune geankert, weiß aber den Ausgang nicht mehr! Kann nichts essen – bin zu nervös.

15. 12. *Der Wind hat die ganze Nacht über zunehmend geheult. Wenn ich nur schon wieder auf freiem Wasser wäre! Wo ist bloß der Ausgang aus diesem Riff?*

9.00: Zwei Dhaus, die in der Nähe geankert haben, setzen ihre Segel. Ihnen muß ich nachsteuern!

9.30: Leider nehmen sie Kurs nach Norden, Richtung Suakin. Muß mir mein Fahrwasser selbst suchen.

Suakin und angrenzende Riffe

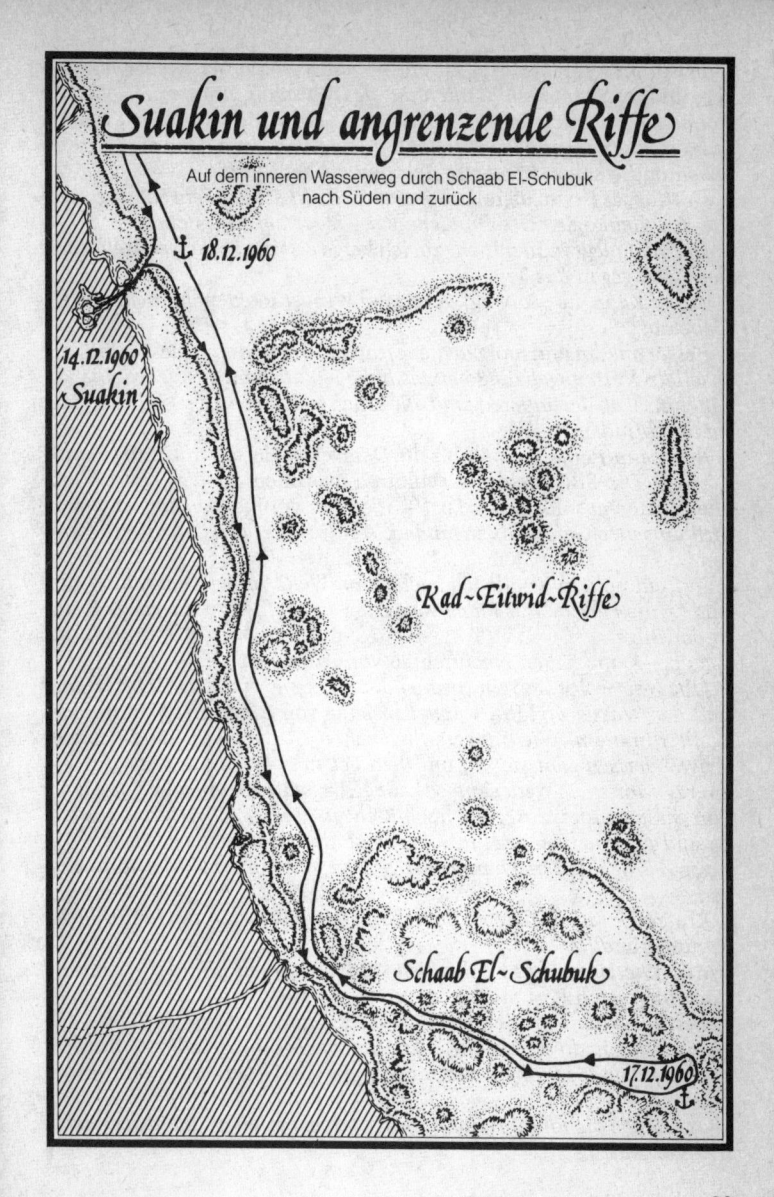

Auf dem inneren Wasserweg durch Schaab El-Schubuk
nach Süden und zurück

⚓ 18.12.1960

14.12.1960
Suakin

Kad-Eitwid-Riffe

Schaab El-Schubuk

17.12.1960

11.00: Eine furchtbar aufregende Kreuzerei! Immer wieder lege ich das Ruder fest und stelle mich auf das Vorschiff, um besser sehen zu können. Kann mich kaum mehr halten, denn Wind und Wellen werden stärker. Einmal springe ich schnell in die Kajüte, um nach der Karte zu sehen und – schon kracht es. Ich bin auf dem Riff!

Gottlob, es ist nicht groß, so rutsche ich mit ächzendem Schwert über die Korallenköpfe. Zitternd gehe ich wieder auf Ausguck.

Der Wind legt immer mehr zu, ich berge erst die Fock, wechsele dann das Groß gegen das Try.

12.00: Kann die „Solveig" gegen 6–7 Windstärken nicht mehr halten. Gebe auf.

Besser ankern und morgen die restliche Strecke durch dieses Riff- und Insellabyrinth angehen! So etwas habe ich noch nicht erlebt: eine Koralleninsel an der anderen, und alle sehen gleich aus – wie soll sich einer da durchfinden?

Bereite mir eine gute Mahlzeit: Dänisches Fleisch mit Kartoffeln.

19.00: Die BBC meldet: Revolution in Äthiopien! Was soll ich machen? Habe absolut keine Lust – auch nur vorübergehend – in einem afrikanischen Gefängnis zu landen. Werde weitere Nachrichten abwarten.

Auf einmal ein Knall! Ich suche eine Weile in der Dunkelheit und finde – die Flasche mit Mangosaft. Sie war explodiert, die ganze Brühe in der Bilge.

24.00: Keine neuen Nachrichten von Äthiopien.

Über mir wölbt sich ein strahlender Sternenhimmel. Die Luft ist klar und das Wasser erglüht, wenn Tausende von Leuchttierchen in jeder Welle flimmern. Wie unbegreiflich schön ist die Natur, und wie verschwenderisch geht sie um mit dem Leben!

16. 12. Kann mich weder entschließen, die Fahrt abzubrechen und nach Port Sudan zurückzusegeln, noch Richtung Massaua weiterzukreuzen. Es sind 33 Grad in der Kajüte, aber es ist nicht so feucht, wie an den Vortagen. Fühle mich frisch und eher geneigt, das Unternehmen fortzusetzen.

Kratze die Muscheln vom Bootskörper der „Solveig" und räume in der Kajüte gründlich auf.

17. 12. Die Unruhen in Äthiopien sind noch nicht beendet – ich muß umkehren nach Port Sudan.

Der Wind steht mir entgegen, und es regnet in Strömen. Liege den zweiten Tag in dieser Lagune. – Ein Hai war bei meinem Boot, mir wird heiß bei dem Gedanken, daß ich gestern das Unterwasserschiff gereinigt habe!

18. 12. Habe die Einfahrt nach Suakin wieder erreicht. Bleibe zunächst hier vor Anker.

Um mich herum Wasservögel – vor allem Pelikane auf der Jagd nach Fischen. Beobachte die großen, bedächtigen Tiere, wie sie in der Luft ihre Kreise ziehen, um dann in plötzlichem Sturzflug ins Wasser zu stoßen und nach einigen Sekunden mit ihrer Beute im Schnabel wieder aufzutauchen.

19. 12. Heute um 14.00 wieder zurück in Port Sudan! Mache an der gleichen Brücke fest, wie vor zwei Wochen.

John kommt mit Fahrrad und erstauntem Gesicht; erkläre ihm die Gründe für meine Rückkehr. Er rät mir abzuwarten und lädt mich ein, Weihnachten mit ihm zu verbringen..."

Kenterung

29. 12. Die Lage in Äthiopien hat sich wieder normalisiert, der Kaiser ist nach Addis Abeba zurückgekehrt. Ich mache weiter!

John begleitete mich in seinem Dingi zwei Stunden lang, kehrt dann um. Hoffe, noch ein paar Meilen zu schaffen, bevor es dunkel wird.

30. 12. Am Morgen Nordwind, bin gegen 10 Uhr auf der Höhe von Suakin; bleibe aber weit draußen auf See, um diesmal das Riffgebiet von Schaab el Schubuk von außen zu umsegeln.

13.00: Der Wind wird stärker. Ich werde die Nacht durchsegeln, damit ich endlich vorankomme. Setze den Kurs ab auf „Die zwei Inseln" und hoffe die Sandinselchen vor Einbruch der Dunkelheit zu sichten, um eine sichere Ausgangsposition für die Fahrt während der Nachtstunden zu gewinnen.

16.30: Inseln passiert!

31. 12. *1.00:* „Solveig" hält den Kurs allein, aber ich bleibe wach, um Ausschau zu halten, ob sich im Mondlicht etwas Brandungsverdächtiges zeigt.

5.00: Wind war die ganze Nacht beständig – ich muß über 40 Meilen oder mehr geschafft haben.

Bin müde, aber sehr froh und erleichtert. Es geht doch!

8.30: Frühstücke während der Fahrt, setze dann die Fock. Südostwind! Laut Seehandbuch ist mit südöstlichen Winden bis Stärke 8 zu rechnen, wenn Berge im Dunst! Barometer fällt, Wind wird zusehends stärker.

9.30: Windstärke 6 – halte auf die Küste zu. Sehe die Bake vor Ras Asis. Wenigstens stimmt die Position! Da der Wind direkt entgegen kommt, muß ich jede Meile doppelt segeln. Eine saure Arbeit, dazu werde ich durch und durch naß, denn die See wird immer steiler.

11.00: „Solveig" hält sich tapfer in der wilden See.

12.00: Noch etwa 6 sm bis zu einem geschützten Ankerplatz. Passiere zwei kleine Sandbänke. Soll ich dahinter ankern? Nein! Ich darf jetzt nicht weich werden! Hier wäre ich dem Seegang ausgesetzt, könnte nicht schlafen und wenn der Wind noch weiter zulegte, würde es zudem gefährlich.

14.00: Noch drei Seemeilen gegen den Wind! Schrecklich konfuse See. In der Kabine alles durcheinandergeworfen, sieht wüst aus. Aber solange kein Wasser hereinbricht...

Es kracht – das Vorsegel kommt von oben! Das verrostete Fockfall ist wieder gebrochen!

Berge das Segel, bin triefend naß! Im Ölzeug halte ich es nicht aus bei der Sonne.

Werde ich die letzten Meilen noch schaffen? Nur mit Trysegel gegen den Wind? Es weht mit vollen 7 Stärken. Noch eine Meile, dann bin ich im Schutz der Gulan-Insel!

15.00: Sehe die Insel vor mir – nur diese eine Meile noch! Komme langsam, Meter für Meter voran.

16.30: Endlich! Anker raus, Segel runter! Habe Strand der Insel erreicht und wunderbar geschützten Kriek mit Sandgrund gefunden.

Jetzt soll der Südost nur blasen – hier überstehe ich jeden Sturm, ein ruhiger Silvesterabend ist mir sicher!

20.00: Beim Licht der Petroleumlampe bereite ich mir ein gutes Essen, suche die besten Konserven heraus: Corned Beef mit Bohnen und als Nachspeise Milchreis.

Lege mich auf die Matratze, will am Radio die Jahreswende in Europa miterleben.

Um 22 Uhr wache ich auf – ich war eingeschlafen – werfe einen Blick hinaus: der Wind heult mit unverminderter Stärke, die „Solveig" liegt sicher, ein wunderbares Gefühl der Geborgenheit. Ich krieche wieder zurück in die Kajüte, blase das Licht aus und lege mich schlafen.

1. 1. 1961 Heute mache ich mir einen Feiertag!

Großes Frühstück mit Schinken, Brot, Marmelade und Tee, anschließend eine Wanderung über die kleine Insel.

Meine Tragetasche füllte sich bald mit Muscheln. Obwohl nur flacher Sand, gefällt mir die Insel. Sie gehört mir allein! Ein herrliches Gefühl, hier das harte Wetter in Ruhe abzuwarten. Habe die Kajüte ausgeräumt und gründlich gereinigt.

22.00: Vollmond. Der Wind ist eingeschlafen, alles ist ruhig. Was wird morgen sein? Günstigen Wind könnte ich nicht einmal ausnützen, denn ich habe das Fockfall noch nicht gespleißt. Dazu muß der Mast gelegt werden, und heute wollte ich nicht arbeiten!"

Mit diesem kleinen Neujahrsfest, das ich mir selbst bereitete, endet mein Tagebuch.

Was ich danach erlebte, ist tief in mein Gedächtnis eingegraben...

Am Morgen des 2. Januar wehte ein böiger Wind aus Norden. Es war schwül und feucht. Ehe ich gegen neun Uhr meinen gut geschützten Ankerplatz verließ, machte ich noch einen Eintrag ins Logbuch: „Rechne mit Sturm oder Gewitter".

Vorher hatte ich das gebrochene Fockfall gespleißt, den Mast gelegt und das Fall eingezogen.

Bereits um 9.45 beginnt der Wind auszusetzen, wird launisch – drückt mal von dieser, mal von jener Seite in das Tuch.

Die Temperatur klettert auf 34 Grad in der Kajüte, und um 11 Uhr sitze ich bereits fest in der Flaute. Natürlich bereue ich meinen Entschluß, an diesem Tag überhaupt gesegelt zu sein und hoffe bis zum Abend den alten Ankerplatz nochmals zu erreichen. Doch um 14.30 setzt ein leichter Nordost ein, der meinen Überlegungen ein Ende setzt. Zum Teufel auch! Ich will doch vorwärts. Gegen 17 Uhr fallen erste dicke Regentropfen vom grauschwarzen Himmel, der Wind verkriecht sich, die Segel schlagen von einer Seite auf die andere. Eine kurze, spitze Dünung wirft das hilflose Boot nach allen Richtungen.

Eine halbe Stunde später fällt der Regen dichter, es wird schwarz ringsum. Die Wolken hängen bis zur dunklen Oberfläche des Meeres herunter und dann – als ob sich eine Schleuse geöffnet hätte – stürzt die Flut vom Himmel. Nichts ist mehr zu sehen – nur Wasser über und Wasser unter mir.

Ich sitze im Cockpit, starre in das Dunkel, warte, welche Wendung das Wetter nehmen wird. Die Welt um mich scheint versunken, mit dumpfen Rauschen prasseln die Tropfen zwei Stunden lang nieder.

Plötzlich, wie er gekommen war, hört der Regen auf.

Windböen fegen über die See, sie kommen aus Norden, ich setze das Sturmsegel. Ich bin wie besessen von dem Gedanken, die durch meine Umkehr nach Port Sudan verlorene Zeit wieder einzuholen.

Der Wind preßt sich stärker und stärker in das Segel und die *Solveig* pflügt mit ihrem Bug, der oft in den Wellen verschwindet, durch die schwarze See.

Um 20 Uhr sehe ich neben mir und hinter mir weiße Schaumkämme, die aus immer größerer Höhe, mit bösem Zischen und lange Schaumbahnen bildend, in die Wellentäler stürzen. Krampfhaft halte ich die Pinne. Das ist kein Wind mehr – das ist Sturm! Vorsichtig versuche ich das Ruder etwas zu legen, um vielleicht eine Wende zu schaffen, das Segel zu bergen, und diese höllische Fahrt aus dem Boot zu nehmen. Unmöglich! Bei der geringsten Kursänderung schiebt die nächste Woge das Heck der *Solveig* sofort gefährlich zur Seite – Wasser schießt über das Süll und ich brauche meine ganze Kraft, um das Boot wieder unter Kontrolle zu bringen.

Die Angst schnürt mir die Kehle zu: Wie lange wird meine Kraft reichen? Wie lange kann ich das Boot halten?

Der Seegang baut sich weiter auf.

Ich bin nicht mehr im geschützten Bereich der Riffe, ich bin auf dem offenen Meer, bei Windstärke sieben bis acht! Das ist zuviel für eine Jolle!

Ich beiße die Zähne zusammen. Nur jetzt keine Müdigkeit!

Die *Solveig* beginnt von den Wellenbergen herunterzugleiten, bohrt sich mit der Nase ins Wasser.

Es ist 22 Uhr. Zwei Stunden sind vergangen, seit der Tanz begann. Meine Finger sind steif, die Muskeln in den Armen schmerzen, die Augen brennen, denn die Luft ist mit Gischt gefüllt. Ständig verrenke ich mir den Hals, ich muß nach achtern, immer wieder nach achtern Ausschau halten, um die heranstürmenden Ungetüme zu beobachten und jede einzelne der Wogen richtig zu nehmen.

Plötzlich baut es sich dunkel und drohend hinter mir auf – die *Solveig* wird angehoben, höher, immer höher, weißer Schaum bricht über das Heck, ich fühle, wie das Ruder nicht mehr wirkt, wir schießen abwärts! Eine Drehung, ein Stoß, ich liege im Wasser, beginne automatisch mit Schwimmbewegungen!

Nun ist es geschehen: Mitten auf See, im Roten Meer: Gekentert! Ich kämpfe um mein Leben!

Tausend Gedanken jagen durch meinen Kopf: Das Ende? Was ist mit dem Boot? Sind die Haie da?

Das sind Sekunden. Nach ein paar Schwimmstößen bekomme ich die *Solveig* zu fassen, doch Mast und Segel liegen unter Wasser. Aufrichten! Ich muß das Boot aufrichten!

Weiterschwimmen, um den Bootskörper herum bis zum Kiel.

Irgendwie ziehe ich mich hoch, bringe einen Fuß auf den Kiel, dann den zweiten, und langsam, ganz langsam, im Zeitlupentempo heben sich Mast und Segel aus den Wellen, das Boot richtet sich auf, drückt mich unter den Rumpf. Ich greife nach dem Süll, ziehe mich ins Cockpit und liege dort im Wasser.

Aber das Segel! Der Wind erfaßt das Segel und droht den Mast nochmals ins Wasser zu drücken.

Ich raffe mich hoch, wate, stolpere durch das Cockpit, werfe mich zum Mast, an die Klampen und löse das Fall. Dann zerre ich am Tuch, greife das Segel, das mir der Wind aus den Händen zu reißen droht und presse es an meinen Körper. Mit einem Tampen, den ich hastig um das Baumwolltuch wickle, zurre ich das Segel fest. Nur jetzt nicht noch einmal kentern!

Die *Solveig* zu dreiviertel voll Wasser, mit wenigen Zentimetern Freibord, liegt schwer in der See; von den weißen Schaumköpfen kommt immer mehr Wasser ins Cockpit! Verzweifelt suche ich im Dunkel nach einem Gefäß, vor Aufregung kann ich nicht mehr denken, finde endlich einen Eimer oder Topf und beginne zu schöpfen. Schnell, schnell! Nochmal, nochmal – da, ein Brecher landet voll. Ich bin entsetzt: jetzt ist mehr Wasser im Boot als zuerst! Weiter! Weiter! Schöpfen, zehnmal, zwanzigmal – dann schießt wieder ein Brecher über die Seite und füllt das Cockpit wie eine Badewanne.

Nach einer Stunde Anstrengung ohne sichtbaren Erfolg versagen meine Arme, ich kann den Eimer nicht mehr heben, ich will auch nicht mehr.

Wozu diese wahnsinnige Schinderei? Es ist doch gleich, ob das Boot eine halbe Stunde früher oder später voll ist!

Ich lasse mich zu Boden sinken, sitze bis zur Brust im Wasser auf den Bodenbrettern. Das Wasser ist warm, es tut gut auf der Haut nach der Auskühlung im Wind. Ich fühle mich geborgen und leicht.

Das Wetter tobt weiter, Brecher landen an Deck und im Cockpit. Bilder aus meinem Leben ziehen vorbei: Garmisch, das Theater, Freunde... Die Augen fallen mir zu. Nein, nein, das darf nicht sein! Einschlafen darf ich nicht!

Bis zum Hals bin ich ins Wasser gesunken, rapple mich auf. Nicht schlafen, noch nicht! Ein kleiner Vogel setzt sich auf das Kajütdach. Er macht mich wach. Mein erster Gedanke: das ist eine Halluzination! Aber da sitzt er, putzt sein Gefieder, bleibt sitzen. Ich pfeife ein wenig durch die Lippen, er dreht den Kopf. Er ist ganz real, ganz selbstverständlich.

Wurde er vom Sturm überrascht wie ich, und hat jetzt keine Kraft mehr zum Fliegen? In der Finsternis erkenne ich nicht die Farbe des Gefieders, aber es ist kein Seevogel, er kam vom Land.

„Was willst du denn", sage ich zu mir, „du dummer Kerl, dein Boot schwimmt doch, du sitzt drin, der Vogel sitzt drauf, du mußt nur weiterschöpfen!"

Ich richte mich auf, suche den Eimer, schöpfe weiter.

Langsam, müde, aber beständig, ohne aufzuschauen.

Nach einer Weile merke ich: der Wasserspiegel sinkt, es landen keine großen Brecher mehr im Cockpit! Nur weiter! Eine halbe Stunde später ist die Bilge leer, das Boot hat wieder Auftrieb, wird von der riesigen Dünung gehoben und gesenkt, aber nicht mehr überspült. Ich habe gewonnen!!

Ich habe überlebt, ich bin durch!

Zaghaft öffne ich die Kajüte, schalte die Deckenlampe ein. Das Licht brennt! Ich kann sehen, kann etwas ordnen.

Die Nacht ist schwarz, kein Stern am Himmel. Regen und Dunst, aber bei mir brennt eine Lampe! Der Mast, die Segel, das Ruder, auch die Seekarten und Konserven sind noch da.

Es ist ein Uhr früh, der Wind hat deutlich nachgelassen, nur selten noch schimmert es weiß zwischen den Wogen. Bis sechs Uhr sitze ich im Cockpit und lasse die *Solveig* treiben.

Durchgefroren, naß, übermüdet hisse ich das Trysegel. Ich muß weiter, möglichst schnell Massaua erreichen.

Es fehlt an Wasser, zwei Kanister gingen über Bord.

Bei nur leichter Brise, aber immer noch hoch gehender Dünung, beginne ich die Kajüte aufzuräumen.

Diesmal sind auch die Kameras naß geworden. Nach und nach ziehe ich die ganze Ausrüstung aus dem Wust heraus, trockne die Kleidung. Vieles ging verloren, noch mehr wurde unbrauchbar, wie das Radio und der Sextant. Aber das alles ist nicht mehr wichtig. Ich lebe und habe ein gutes Boot! Das allein zählt.

Tag und Nacht bleibe ich auf See, nütze jeden Windhauch, um voran zu kommen. Zwischendurch, ganz gleich wann, suche ich ein paar Stunden Schlaf.

Drei Tage später, am Morgen des 6. Januar, mache ich am Kai in Massaua fest.

Vor Anker im Hafen liegt – ich kann es kaum fassen – *„Patapsco II"*, die ich schon längst in Ceylon glaubte!

Trotz aller Zwischenfälle, trotz Umkehr nach Port Sudan, habe ich sie wieder eingeholt, es kommt mir vor wie das Rennen zwischen Hase und Igel...

Unsere Freude ist groß, es gibt ein richtiges „Hallo", keiner hatte geglaubt, den anderen jemals wieder zu sehen. Und wir haben uns viel zu erzählen – beide Boote hätten beinahe Schiffbruch erlitten.

Schon vor Wochen hatte Bob versucht, mit der *Patapsco* bei starkem Gegenwind durch die berüchtigte Straße von Bab el Mandeb (zu deutsch: Tor der Tränen) in den Golf von Aden zu gelangen. Zweimal nahm er einen Anlauf, wurde jedesmal von stürmischem Südwind zurückgedrückt und brach bei einem weiteren Versuch schließlich ein Achterstag und ein Want. Unter kleinster Besegelung, um den Mast nicht zu gefährden, kehrte Bob zurück und wartet nun auf neues Stahltauwerk aus den Staaten.

Ich erzählte von meinen Schwierigkeiten in den Riffen und von den beiden Kenterungen.

Dabei gab ich auch mir selbst Rechenschaft, wenn ich die Frage beantwortete:

„Willst Du nun weiter segeln oder lieber Dein Boot verladen und nach Europa zurückkehren?"

Besonders Sven, der norwegische Steuermann, riet mir dringend:

„Du hast ein wunderschönes Boot, Rollo, aber es ist nicht geeignet für die hohe See. Es ist nicht wasserdicht, nicht kentersicher, das Cockpit ist viel zu groß, viel zu offen für die Brecher! Wenn ich an die Stürme denke, die ich schon erlebt habe auf den Tankern, auf denen ich gefahren bin, dann friert es mich, wenn ich mir vorstelle, daß Du mit der kleinen Jolle..."

Sicher, Sven hatte recht, die Hansa-Jolle war nicht für die großen

Meere gebaut, aber ich wollte diese Reise nicht abbrechen. Ich wollte das „Unternehmen Indien" weiterführen. Die Kenterung hatte mich um eine entscheidende Erfahrung bereichert, ich wußte jetzt: Die Seefahrt im eigenen Boot, das Erlebnis der Natur weit draußen auf dem Meer oder an fremden Küsten ist für mich das Schönste, was das Leben bieten kann.

Es ist mein Leben in Freiheit, und es ist mir jedes Opfer wert.

Massaua gilt als die heißeste Stadt der Welt, und das bekam auch ich deutlich zu spüren: Die Sonne stach, die Luft war schwer, zum Schneiden dick und schmerzte beim Atmen im Hals.

Stundenlang lag ich auf meiner Luftmatratze, bewegte mich nicht, jede kleinste Besorgung oder Arbeit kostete Anstrengung und Schweiß.

Für zwei Tage fuhr ich, zur Erholung und aus Neugierde, mit der berühmten Bergbahn nach Asmara, in 2000 Meter Höhe in den Gebirgen Eritreas gelegen.

Die Bahn überwindet die gewaltige Steigung mit einem Dieseltriebwagen ohne Zahnradspur.

Eritrea war italienische Kolonie gewesen, und als Kind habe ich die Italiener dafür gehaßt, daß sie in den dreißiger Jahren mit ihrer hochgerüsteten Armee, mit Panzern und Flugzeugen, das benachbarte Kaiserreich Abessinien überfielen. Mit Bomben und Kanonen kämpften sie sogenannte „wilde" Eingeborene nieder, die zu ihrer Verteidigung nichts als Speere und Schilde ins Feld führen konnten.

Doch ist es den Italienern gelungen, ihren Kolonialstädten einen Hauch von Größe und Anmut zu geben, und Asmara gilt als Beispiel für gelungene Stadtplanung unter schwierigsten Voraussetzungen. Schließlich mußte ja mit Ausnahme von Steinen alles, was man zum Bau von Häusern, Hotels, Straßen und Regierungsgebäuden brauchte, mit der Bahn erst einmal in 2000 Meter Höhe geschafft werden.

Die kühle Gebirgsluft in Asmara tat mir gut, einen längeren Aufenthalt erlaubte meine Kasse nicht, auch wartete die *Solveig* auf eine gründliche Überholung.

Die Talfahrt hinunter in den Glutofen von Massaua in dem betagten und restlos überfüllten Eisenbahnwaggon, bewacht von Soldaten mit schußbereiten Gewehren, war bedrückend und schweißtreibend.

Der Zug war schon mehrfach von aufständischen Partisanen überfallen worden, die ihre Schlupfwinkel in den Bergen hatten. Sie kämpften für die Unabhängigkeit Eritreas von Äthiopien, also gegen den Kaiser, der sich gerade vor einer Revolution gerettet hatte.

Als ein Jahrzehnt später Haile Selassie dann doch von einer kommunistischen Regierung gestürzt wurde, artete der Freiheitskampf zum Bürgerkrieg aus; die Russen schickten Kriegsschiffe nach Massaua, und die Stadt wurde durch die Beschießung restlos zerstört.

Für die Arbeiten an der *Solveig* fand ich nach einigem Suchen eine kleine Werft, die SEDAO, deren Bootsbauer Guiseppe bereit war, mit mir zusammen die Außenhaut bis auf das rohe Holz abzuziehen und danach neu zu lackieren.

Giuseppe war Italiener, an die zwei Zentner schwer, und hatte es sich zur Lebensaufgabe gemacht, für seine fünf Frauen und 18 Kinder zu sorgen. Jeden Tag verbrachte er bei einer anderen seiner, wie er sagte, nach Landessitte angetrauten Gemahlinnen. Eine „richtige" Ehefrau hatte er außerdem noch in Italien!

Manch' nette Geschichte aus seinem bewegten Leben wußte er während der Arbeit zu erzählen, und ich hoffe, daß er nach Italien zurückgekehrt ist, bevor die Bevölkerung Massauas während der Kämpfe in den siebziger Jahren einem Blutbad zum Opfer fiel.

Seither konnten fremde Yachten den Hafen nicht mehr anlaufen, und diese tragischen Ereignisse waren es auch, die Thor Heyerdahl veranlaßten, sein Schilfboot *Tigris* in Djibouti zu verbrennen.

Nach vier Anstrichen mit klarem Bootslack strahlte die *Solveig* in neuem Glanz und wurde zu Wasser gebracht.

Seit meiner Ankunft in Massaua war nun ein Monat vergangen.

Ein neuer Logpropeller und ein neuer Standerstock mit Verklicker waren mit der Post eingetroffen, die Frage aber, wie ich meine Reise fortsetzen sollte, blieb ungelöst.

Die Warnungen von Sven und die Havarie der *Patapsco* bei dem Versuch, Aden unter Segel zu erreichen, ließen es mir geraten erscheinen, die berüchtigte Meerenge von Bab el Mandeb mit der Jolle nicht anzugehen. Ich setzte mir eine Frist: Wenn ich bis zum 20. Februar einen Frachter finde, der die *Solveig* nach Aden an Deck nimmt, dann erspare ich mir diesen Kampf gegen Südwind und Strömung.

Sven half mir bei der Suche nach einem geeigneten Schiff, und wir hatten Glück: Am 12. Februar lief ein schmucker deutscher Frachter von etwa 15000 Tonnen in den Hafen ein – die *Franciska Hendrik Fisser*. Ihr Kapitän erklärte sich bereit, mir die Passage für einen geringen Betrag zu ermöglichen.

Zwei Tage später, kurz vor Auslaufen, hievte der Kran des Frachters meine Jolle an Bord. Damit sie fest auf ihrem Kiel stand, wurden von der Mannschaft einige Bretter unter den Rumpf geschoben, und wir dampften unterdessen bereits auf das Rote Meer hinaus.

Fast gleichzeitig verließ auch die *Patapsco* mit neuem Rigg den Hafen von Massaua, der für beide Boote so schicksalhafte Bedeutung erlangt hatte.

Vier unvergeßliche Tage verbrachte ich an Bord des modernen Schiffes, dessen freundlicher Kapitän mich mehr als persönlichen Gast denn als Passagier behandelte. Welcher Luxus, nur den Wasserhahn aufzudrehen, wenn ich mich waschen wollte, in einer richtigen Koje zu schlafen oder einfach an einem Tisch zu sitzen, um lesen oder schreiben zu können!

Bevor wir Aden ansteuerten, liefen wir noch zwei Häfen in Afrika an, Assab und Djibouti.

In Assab wurden Kisten mit Schuhen ausgeladen. Noch ehe die Behälter den ersten Lagerschuppen am Hafen erreicht hatten, lief bereits die gesamte Jugend Assabs in neuen Schuhen durch die Straßen! Das war Anschauungsunterricht und hätte mir eine Warnung sein müssen. Ich aber packte später in Aden sämtliche mühsam erworbene Andenkenstücke in eine große Holzkiste und schickte sie per Spedition nach Garmisch. Dort kam die Kiste auch an, und ich war zufrieden – bis zu meiner Heimkehr. Denn auf dem Speicher zu Hause mußte ich dann feststellen, daß sie leer war, absolut leer! Die Übeltäter hatten mehrere Latten geöffnet, den ganzen Inhalt mitgenommen, und die Kiste wieder schön zugenagelt!

Nach der Ankunft in Aden gab es eine peinliche Überraschung: Die britische Immigrationsbehörde erklärte, daß ich ohne Visum nicht von Bord gehen dürfe. Wenn ich mit meinem eigenen Boot gekommen wäre, als „Seemann", keine Schwierigkeit! So aber sei ich Passagier und brauche ein Visum.

Alles Bitten und Zureden half nichts.

Der Kapitän der *F. H. Fisser* war in großer Not und ich auch. Wir setzten uns zusammen, besprachen verschiedene Möglichkeiten und entwarfen dann einen „Schlachtplan": Ich sollte an Bord bleiben, das Schiff auslaufen und später auf See, außerhalb der Hoheitsgewässer, stoppen, und die *Solveig* samt ihrem Steuermann zu Wasser lassen. Dann würde ich „von See kommend" in den Hafen von Aden einlaufen und konnte als Segler ganz normal einklarieren.

So geschah es auch, und unsere kleine Schau lief reibungslos über die Bühne. Leider verlor ich die Adresse des hilfsbereiten Kapitäns, ich hätte ihm gerne vom Erfolg unseres Planes berichtet.

Aden war aufregend und enttäuschend zugleich.

Ich hatte mir eine reiche britische Kolonie vorgestellt, in der Milch und Honig fließen. Was ich vorfand, war ein Stützpunkt für Schiffe, Flugzeuge und Militär, ein Stützpunkt von überwältigender Einfachheit und Sparsamkeit. In den nackten Fels hatte man Straßen gebaut, auf Wüstensand Wohnkolonien errichtet, und am Hafen ein Geschäftsviertel aus Flachbauten zusammengewürfelt. Einziger Schmuck war der Uhrturm an der Wasserfront, steingewordene Sehnsucht der Engländer, eine verkleinerte Ausgabe von „Big Ben" in London.

Ringsum gelber Wüstensand. Am Ortsausgang neben der Straße das

Schild: „Ende der Kolonie Aden – Weiterfahrt auf eigene Gefahr!" Fast eine Zonengrenze.

Die Stadt Aden bildet eine winzige Enklave in der unendlichen Arabischen Wüste, umgeben vom Königreich Jemen und verschiedenen Sultanaten. Mit durchschnittlich 40 Grad, ist es in Aden so heiß wie in Massaua, nur fehlen hier das gebirgige Hinterland und der Regen. Aden hat drei Regentage im Jahr aufzuweisen.

Nach Hongkong und Singapur war Aden der größte Freihafen der östlichen Welt. Kein Kapitän lenkte sein Schiff an diesem Billig-Bazar vorbei, in dem indische Händler Qualitätswaren der großen Markenartikelhersteller zu Niedrigpreisen anboten, die man mit etwas Geschick noch tiefer handeln konnte.

„Die *Solveig* hatte einen idealen Liegeplatz an der Brücke für die Schnellboote der Royal Air Force gefunden, und neben ihr lag wieder einmal *Patapsco II*. Diesmal hatten meine Freunde die Fahrt durch das „Tor der Tränen" bei leichtem Wind und ohne Zwischenfall gemacht, und waren sogar vor mir eingetroffen, da ja mein Frachter auch noch in anderen Häfen Ladung gelöscht hatte.

Am Ankunftstag wurde ich in das Clubhaus des Dingi-Clubs gebeten und von einem der Herren zur Übernachtung in seine Privatvilla eingeladen. Es stellte sich heraus, daß er der Befehlshaber der Marine-Streitkräfte in Aden war. Seine Villa lag auf einem Hügel mit Rundsicht über das gesamte Hafengebiet, und ich erhielt ein Zimmer, das eher für Hochzeitsreisende gepaßt hätte, als für einen verschwitzten, müden Alleinsegler mit abgetragener Kleidung.

Der Offizier und seine Frau gewährten mir mehrere Tage Gastfreundschaft, verwöhnten mich mit reichlichem Essen und vermittelten mir in langen Gesprächen interessante Einblicke in die englische Kolonialpolitik.

„Wissen Sie", sagte der Captain eines Abends, „wir Briten sind mit unseren 45 Millionen Einwohnern ein kleines Volk, wir können es uns nicht leisten, in Anbetracht der Größe des Empire, jeden Verwaltungsposten mit einem Engländer zu besetzen oder gar in jedem Land britische Truppen zu stationieren. Wir sind auf die Mitarbeit und den „good will" der Völker und ihrer Fürsten angewiesen und mischen uns deshalb nach Möglichkeit nicht in deren innere Angelegenheiten ein. Wir übernehmen den Schutz im Falle eines Angriffes einer fremden Macht und auch die diplomatische Vertretung im Ausland; im übrigen lassen wir den Menschen ihre eigenen Gebräuche und Traditionen. Die einen sammeln Muscheln, die anderen Köpfe. Das ist ein wenig überspitzt ausgedrückt, aber ich möchte Ihnen damit nur klar machen, daß Sie an der Küste Arabiens nicht auf unsere Hilfe rechnen können, wenn Sie mit den Einwohnern Schwierigkeiten bekommen.

Wir haben nach den Verträgen, die mit den Sultanaten geschlossen wurden, nicht einmal das Recht, unseren eigenen Leuten zu helfen, falls sie zum Beispiel durch einen Flugzeugabsturz in die Hände eines arabischen Stammes fallen. Geben Sie sich also bitte diesbezüglich keinen falschen Hoffnungen hin, wenn Sie auf Ihrer Fahrt der Küste zu nahe kommen!"

Das war eine deutliche Warnung, und ich erhielt ähnliche Hinweise auch von den Offizieren der Air-Force.

Die *Solveig* bekam in der Marine-Werft noch einen neuen Unterwasseranstrich, ihr Käpitän kaufte unterdess soviel Konserven wie er in die enge Kajüte hineinschichten konnte und wartete dann nur noch auf günstigen Wind für den Start.

Von Piraten gefangen

Der Wind bereitete mir große Sorge, denn die Arabische See liegt im Winter im Bereich des Nordost-Monsuns.

Im Gegensatz zu den Passatwinden sind die Monsune in ihrer Richtung jahreszeitlich verschieden. Hervorgerufen durch ein riesiges Hochdruckgebiet über der Landmasse Zentralasiens im Winter und ein entsprechendes Tief im Sommer, wehen sie von April bis Oktober aus südwestlicher Richtung, dagegen von Dezember bis März aus Nordost. Der SW-Monsun im Sommer erreicht fast immer Sturmstärke und durfte deshalb von mir nicht in Betracht gezogen werden trotz der überaus günstigen Richtung.

Bezüglich der Periode des NO-Monsuns heißt es in *Ocean Passages:* „Während der Zeit des NO-Monsuns, von Oktober bis März, ist die Überfahrt vom Roten Meer nach Indien für Segelschiffe sehr schwierig und wird nur selten versucht. In früheren Zeiten dauerte die Fahrt, wenn sie unvermeidbar in diesen Monaten unternommen werden mußte, nicht selten 60 bis 90 Tage."

Nun würde ich also den Wind auf der gesamten Strecke bis Bombay, etwa 1800 Seemeilen, gegen mich haben, wenn ich nicht mit etwas Glück leichten und wechselhaften Wind fände. Und darauf hoffte ich!

Nach der Überholung in der Marine-Werft durfte ich die *Solveig* wieder an der Brücke der Air Force festmachen. Die sportliche Kameradschaft der britischen Garnison war erfrischend und wurde von Offizieren und Mannschaften in jener kühlen und unaufdringlichen Art gepflegt, für die das Inselvolk bekannt ist.

Auf der *Patapsco*, die noch immer in meiner Nähe lag, hatte sich die Stimmung in den letzten Wochen zunehmend verschlechtert.

Der Grieche heuerte auf einem anderen Schiff an, Bob und Sven gingen sich aus dem Weg, sprachen nicht miteinander und machten ihre Einkäufe nur noch getrennt. Bob als Eigner und Navigator war der harten Arbeit körperlich nicht gewachsen. Dagegen beherrschte Sven Segel und Schiff vollkommen und wußte, daß Bob auf ihn angewiesen war.

Beide schliefen mit einer Pistole unter dem Kopfkissen und schreckten in die Höhe, wenn sich der andere nur bewegte!

Zum ersten Mal kam mir der Gedanke, daß die Alleinsegelei auch Vorteile hatte...

Am 3. März um 10 Uhr Vormittag machte ich von der Pier der Air Force Naval Base los, verabschiedete mich von Sven und Bob und segelte über die weite Bucht von Aden nach Osten auf die Arabische See.

Eine halbe Stunde gaben mir die Schnellboote der RAF noch das Geleit, dann kehrten sie um, überließen die *Solveig* und ihren Steuermann einem ungewissen Schicksal.

Ich hatte etwa 30 Liter Wasser an Bord, ein Vorrat für zwei Monate.

Während der ersten Tage setzte ich mein neues Großsegel und die Genua, der Wind war leicht und von längeren Flauten unterbrochen. Ich schaffte nicht mehr als 45 Meilen am Tag, doch genoß ich das ruhige Wetter. Mein Plan war, der Küste zu folgen bis zu den Kuria Muria Inseln, etwa 800 Seemeilen nordöstlich von Aden, um von dort die Überfahrt nach Indien anzutreten.

Am 6. März gab es für mich eine Sensation. Im Logbuch steht:

„10.00 SO 1, drückende Hitze. BP Tanker „Chambo", Heimathafen Dünkirchen, ändert Kurs, läuft dicht (50 m) an Backbord vorbei, grüßt, und wirft eine 5 kg Dose Nestle Milchpulver in das Kielwasser!!!"

Vor Freude standen mir Tränen in den Augen, ich war so glücklich über diese Geste eines Riesen gegenüber dem Zwerg.

Es folgte ein weiterer Tag mit Flauten, doch dann, am 8. März, begann es aus Osten zu wehen! Der Monsun hatte eingesetzt.

Zwölf Stunden kreuzte ich gegen eine steile See, die sich bei Windstärke 5 rasch aufgebaut hatte. Abends brachte ich den Treibanker aus, um nicht zu schnell rückwärts zu driften. Aber der Sack half nicht viel, ich setzte das Sturmtry und drehte bei; die *Solveig* lief mit zwei Knoten langsam nach Südosten. Ich konnte ein paar Stunden schlafen.

Am nächsten Tag das gleiche Spiel: hoch am Wind knüppelte ich mein Boot gegen die Wellen, nahm unheimlich viel Wasser über, mußte ständig schöpfen und kam nicht vorwärts.

Im Logbuch ist vermerkt:

„Bin erschöpft und sehe auch keinen Nutzen, gegen diesen harten Wind anzubolzen. Setze Fock und segle auf Küste zu, um Ankerplatz zu suchen!"

Das schrieb ich um 9 Uhr; um 14 Uhr hatte ich bereits eine geschützte Bucht zwischen Felsen gefunden und dort geankert. Anzeichen von Schwäche machten sich bemerkbar, ich notierte:

„Endlich ein ruhiger Platz. Sachen getrocknet, gegessen."

Als die See am nächsten Morgen freundlicher aussah, setzte ich Segel, nahm einen neuen Anlauf.

Doch schon um 12 Uhr hatte ich wieder Windstärke 5 entgegen. Abends ein kurzer Eintrag ins Logbuch:

„Bei Ras el Kelb. Das alte Lied! Komme mühsam vorwärts, anscheinend auch Strom entgegen. Alles naß, Fock eingezogen, lege mich schlafen." Und weiter am 12. März: „Auf der Höhe von Ras Assas, Wind legt wieder zu, muß jede Meile zweimal segeln. Beschließe umzukehren zu meinem Ankerplatz."

Nur 30 Seemeilen wären es noch gewesen bis Mukalla. Doch ich segelte zurück! Um 16 Uhr legte ich am alten Platz zwei Anker aus „wegen der unheimlichen Böen, die von den Felsen herunterschießen."

Da am folgenden Tag, dem 13. März, der Wind nicht nachlassen wollte, blieb ich vor Anker liegen. Eintragung im Logbuch:

„Monsun ist zu stark für mein Boot, gönne mir einen Ruhetag."

Es war ein öder Platz zwischen hohen Felsen auf 14° Nord und 48°25′ Ost bei Ras Makdaha.

Gegen 14 Uhr segelte eine Felukke an der Bucht draußen vorbei. Ich erschrak, dachte an die Warnung des britischen Marine-Offiziers und machte mich bereit, die Anker aufzuholen, aber sie hatten mich wohl nicht gesehen. Das jedenfalls redete ich mir ein, als in der nächsten Stunde nichts geschah.

Unglücklich und nervös versuchte ich, mich durch Arbeit abzulenken, machte kleinere Reparaturen, räumte auf. Ständig mußte ich an die Warnungen denken, an dieser Küste nicht zu ankern. Aber hier war ja niemand.

Ich sehnte das Ende dieses Tages herbei, und nachdem die Dunkelheit hereingebrochen war, legte ich mich schlafen – hoffte, daß der Morgen, wie so oft, die Dinge in freundlicherem Licht zeigen würde. Schlaflos wälzte ich mich auf der Matratze. Der Wind pfiff schaurig von den Felsen und durch die Takelage. Es war heiß und schwül. Erst spät, es ging auf Mitternacht, schlief ich ein.

Plötzlich schrecke ich hoch! Ein Geräusch? Oder hatte ich geträumt? Aber ja doch! Ich höre Stimmen – ein Stoß gegen die Bordwand, ein anderes Boot ist neben mir!

Ich halte den Atem an, in meinem Kopf jagen wirre Gedanken: Verdammte Bucht, warum bin ich hiergeblieben? Selber schuld! Du hast es gewußt! Sie haben Dich gewarnt! Selber schuld! Ein dumpfer Aufschlag im Cockpit, ein Mann ist hineingesprungen. Das Boot schwankt, bekommt Schlagseite, ich krieche aus der Kajüte. Vor mir steht ein Araber mit nacktem Oberkörper, die Maschinenpistole im Anschlag – auf mich gerichtet.

Ein zweiter springt von der Dhau in mein Cockpit, ein dritter, ein vierter! Alle vier halten ihre MPs schußbereit. Unter dem Gewicht sinkt das Boot beängstigend tief, Wasser schwappt herein. Das ist ja Wahnsinn! Was wollen die?

Die Männer sind fast nackt und barfuß, nur mit Lendentuch und Patronengurten bekleidet, das lange, schwarze Haar hängt strähnig bis auf die Schultern.

Wild fuchteln sie mit den Armen, schreien hinüber zur Dhau, von dort wird zurückgerufen. Es ist eine ganze Horde, ein Dutzend oder mehr. Alle bewaffnet. Ein geplanter Überfall! Die *Solveig* ist gekapert, ich bin gefangen!

Unsicher versucht einer auf der *Solveig* nach vorne, zum Bug zu kriechen, rutscht aus, bekommt schließlich die Ankerleine zu fassen und reißt wie verrückt daran. Durch Handzeichen und Rufe machen sie mir klar: der Anker soll heraus, sie wollen das Boot mitnehmen, abschleppen!

„Wehre Dich nicht, es ist zwecklos", schießt es mir durch den Kopf, und ich hole selbst erst den einen, dann den anderen Anker vom Grund. Das ist schwere Arbeit in der Dunkelheit und dazu die vier Bewaffneten an Bord.

Auf der Dhau verlangen sie eine Leine von mir; ich werfe sie hinauf, befestige den anderen Tampen am Bug. Wieder Rufe, Befehle – und jetzt schreie auch ich:

„Fünf Mann sind zu viel! Zu viel für das kleine Boot!"

Dazu Gesten. Das wird verstanden, zwei klettern auf die Dhau zurück.

Quietschend steigt die Rah am Mast hoch, das riesige schwarze Dreieck des Segels entfaltet sich und langsam nimmt die Sambuk Fahrt auf. Ihre Konturen zeichnen sich gespenstisch vom Nachthimmel ab. Im Schlepp dahinter die *Solveig* mit einer schweren Last: drei Männer, Waffen – Angst und Spannung.

Der Wind ist schwach, füllt kaum das schwere Segel der Araber. Lautlos gleiten die Schiffe aus der Bucht, hinaus auf die schwarze See. An Bord der Dhau ist es still geworden, nur gedämpfte Kommandorufe dringen an mein Ohr.

Ich knie im Cockpit, auf der Sitzducht hocken meine Bewacher, halten ihre Maschinenpistolen fest in den Händen. Sie sprechen nicht.

Ist es wirklich geschehen? Träume ich? Doch es ist kein Traum. Vor mir sitzt dieser Mann mit seinem breitflächigen Gesicht und einer riesigen Mähne krausen Haares; der andere schmal gebaut, langes schwarzes Haar, stechende Augen.

Ich versuche, Ordnung in meinen Kopf zu bringen, ohne Erfolg. Wohin fahren wir nur?

Ich frage den mit dem schmalen Gesicht:

„Warum seid Ihr gekommen?"

Die Antwort ist unverständlich.

„Habt Ihr das Boot vorher gesehen?"

„Yes, Felukka, Felukka!"

Verdammt, das Fischerboot, das am Nachmittag vorbeifuhr! Ich Idiot, zu denken, daß die mich nicht sehen! So leichtsinnig konnte mich nur die Müdigkeit machen!

„Was wollt Ihr von mir, was geschieht jetzt?"
Wieder kann ich ihn nicht verstehen.
„Warum seid Ihr nachts gekommen, warum nicht am Nachmittag?"
„Ramadan, Ramadan", er macht die Bewegung von Essen.
Was soll das? Ramadan ist der Fastenmonat der Moslems, aber was hat das mit mir zu tun? – Später sollte ich es erfahren.
Sie beobachteten mich.
Sie deuten auf meinen Ring am Finger.
„Give your ring!"
„Wo ist Dein Geld? Give money! Give money! Give your radio!"
Diesen Augenblick hatte ich gefürchtet.
Jetzt mußte ich handeln, sie ablenken!
Ich werde ihnen warme Sachen holen, werde versuchen nett zu sein, um sie von ihrem Vorhaben abzubringen.
Als ich in die Kajüte kriechen will, heben sie die Maschinenpistolen. Durch Zeichen mache ich ihnen klar:
„Ihr sollt nicht frieren, ich hole Kleidung!"
Mit einer Wolljacke für den einen und einer Decke für den anderen komme ich wieder ins Cockpit, hänge ihnen die Sachen über die Schultern. Ihre Gesichter bleiben undurchdringlich. Nochmal versuche ich abzulenken und erscheine mit einer Stange Zigaretten, mit einer Dose Kompott.
Zögernd greifen sie zu, verlangen nach Wasser. Davon trinken sie eine Menge.
Ich muß verhindern, daß die Burschen anfangen, selbst die Kajüte zu durchsuchen, daß sie sehen, was ich an Ausrüstung besitze.
Auf der Sambuk bewegt sich nichts, ruhig pflügt das altertümliche Schiff durch die Wogen, die weiße Bahn des Kielwassers schimmert aus der Dunkelheit.
Ich muß den goldenen Ring loswerden!
Auf der Matratze liegend streife ich ihn ab; er läßt sich nur schwer über das Gelenk ziehen, die Angst hilft mir. Ich lasse ihn zwischen den Bodenbrettern ins Bilgenwasser fallen.
Wie lange dauert diese Fahrt denn noch?
Wir sind inzwischen weit draußen auf See, die *Solveig* schlingert in der Dünung, den Männern wird übel. Einer nach dem anderen fängt an, sich zu erbrechen.
Es geht ihnen erbärmlich schlecht. Sie sind seekrank.
„Wasser, Wasser!" verlangen die Araber, stürzen gierig mehrere Becher hinunter und legen dabei ihre Waffen aus der Hand. Danach werden sie müde, der Kopf sinkt ihnen auf die Brust.
Jetzt könnte ich es tun! Jetzt könnte ich sie niederschlagen, die MPs greifen! In Gedanken spiele ich den möglichen Ablauf durch: die beiden

kampfunfähig machen, die Schlepptrosse kappen, Segel setzen – aber wohin soll ich fliehen? Die Sambuk ist schneller, holt mich ein und gegen acht oder zehn Bewaffnete kann ich nichts ausrichten.

Schrecklich ist das Warten, die Ungewißheit!

Mein Herz klopft bis zum Hals, ich höre jeden Schlag. Die Angst wird größer, je länger ich nachdenke.

Die sind doch nicht zum Spaß mit so viel Waffen gekommen und in der Nacht! Zuerst wollten sie mich ja aus meinem Boot herausholen. Nur mein Zupacken beim Anker lichten hatte bewirkt, daß ich in der *Solveig* bleiben konnte. Vielleicht auch ihre Angst, mit dem kleinen Boot zu kentern?

An dieser Küste gibt es keine Hilfe für mich, kein Gesetz außer dem Koran und dem Gewohnheitsrecht der Wüstenstämme. Ein Ungläubiger, ein Fremder ist Freiwild!

Ich muß ruhig werden, darf keine Angst zeigen! Wenn ich hier noch einmal herauskomme, breche ich die Reise ab, kehre um. Ich schwöre es!

Quälend langsam vergeht die Zeit. Stunden werden zu Ewigkeiten. Doch endlich beginnt es zu dämmern.

Schemenhaft erkenne ich durch das Fenster die Küste, Berge und Hügel in der Wüste.

Wir steuern in eine Bucht. Armselige Häuser stehen verloren im Sand, dahinter eine Burg mit hohen Mauern und Zinnen! Männer versammeln sich am Strand, schieben zwei Pirogen durch die Brandung. Der Anführer bedeutet, daß ich an Land genommen werde. Ich lasse mir Zeit, spiele den eingeladenen Gast. Freundlichkeit ist meine einzige Waffe.

Ganz selbstverständlich ziehe ich mich an, suche die beste Kleidung, rasiere mich und packe Geld, Ausweise – und eine Ausgabe der Kairoer Illustrierten, die über mein Leben und meine Reise berichtet hatte – in eine Tasche. Mit der Tasche in der Hand klettere ich in die schmale Piroge und sehe mich am Strand sofort von einer Gruppe Bewaffneter umzingelt.

Der Trupp setzt sich in Marsch, ich werde in die Mitte genommen, und wortlos stapfen wir durch den Sand auf die alte Festung zu.

Vor dem Tor ein Wallgraben, darüber die Zugbrücke. Wir gelangen in einen finsteren Gang, dann in einen großen Raum. Er ist leer, man befiehlt mir: Hinsetzen!

Zwei Wachtposten bleiben an der Tür. Während der nächsten drei Stunden geschieht nichts.

Aber dann betritt ein Araber den Raum, der eine führende Rolle zu spielen scheint. Die ganze Mannschaft, die mich in der Nacht gefangen genommen hatte und noch einige andere Männer folgen ihm und bilden einen Halbkreis. Alle haben ihre Waffen mitgebracht, halten sie im Arm.

Der Anführer setzt sich mir gegenüber, auf die andere Seite des Saales, würdigt mich keines Blickes, keines Grußes. Er richtet auch nicht das Wort an mich.

Ohne aufzublicken fragt er seine Männer. Er sieht niemanden an.

Den Gesten nach zu schließen muß von meiner Kaperung die Rede sein. Sie erzählen ihm, ausführlich, einer nach dem anderen. Man hat Zeit! Nach den Berichten jedesmal lange Pausen, völlige Stille.

Die beiden Bewacher von der *Solveig* tragen noch meine Wolljacke und die Decke. Der mit dem breiten Gesicht deutet mehrfach auf die Jacke, wahrscheinlich erzählt er, daß ich sie ihm gegeben habe.

Eine Stunde oder mehr muß vergangen sein. Alle haben nun berichtet, schweigen jetzt, blicken vor sich hin. Die Stille ist unerträglich. Was haben die vor?

Auf einmal gibt der Anführer ein Zeichen, wechselt einige Worte mit seinem Nachbarn, noch immer ohne aufzublicken.

Jetzt wendet sich der andere an mich:

„Welche Nationalität? Warum hast Du hier geankert? Weißt Du, wo Du bist und bei wem?"

Ich verstehe die Fragen, die nur aus einzelnen englischen Worten bestehen, nicht richtig, auch fürchte ich, daß meine Antworten nicht richtig verstanden werden.

Wo ich bin, weiß ich jedenfalls nicht, die Fahrt in der Nacht war zu lang.

„Liebst Du Nasser?"

Jetzt, endlich, kann ich etwas sagen, was mir vielleicht nützt. Ich lobe Nasser und ziehe die Illustrierte hervor mit dem Bericht über meine Fahrt in Arabisch.

Das Blatt wandert von Hand zu Hand, bis es bei dem Anführer angelangt ist. Er studiert es. Kann er lesen? Aufmerksam betrachtet er Seite für Seite, reicht das Heft zurück.

Ohne aufzublicken, ohne mich ein einziges Mal angesehen zu haben, verläßt er den Raum.

Wieder sitze ich allein, stelle mir Fragen, die ich nicht beantworten kann.

Um die Mittagszeit erscheinen meine Bewacher und einige andere Männer. Sie wollen mir etwas sagen, machen Zeichen.

Ich verstehe zuerst nicht, doch nach einigen Wiederholungen wird es deutlich:

„You free, you free, you go!"

Es ist ein Schock! Ich weiß nicht, wie ich mich verhalten soll, wage nicht, Freude zu zeigen.

Vorsichtig stehe ich auf, bewege mich auf die Tür zu – niemand hindert mich. Es ist also wahr: Ich bin frei!

Ich weiß nicht mehr, wie ich aus der Burg herausgekommen bin, ich weiß nur, daß ich auf einmal wieder in der Piroge sitze – mit dem Breitgesichtigen, der mir immerfort zulächelt – und mit ihm an Bord der *Solveig* gehe. Er weicht mir nicht von der Seite, und kaum sind wir im Cockpit, weiß ich auch warum!

„I want the radio!" Du gibst mir das Radio, erklärte er fest entschlossen.

Jetzt komme ich wieder zu mir.

Das Radio bin ich los, denke ich, aber ich will wenigstens versuchen ein paar Aufnahmen zu machen. Also hole ich meine Kameras aus der Kajüte und das Radio. Ich zeige es ihm.

„Du bekommst das Radio, du bist mein Freund, aber du nimmst mich mit an Land und erlaubst mir, zu fotografieren!"

Das gefällt ihm nicht: Wir palavern eine Weile, ich gebe das Radio nicht aus der Hand, bis er nachgibt.

Nochmals steigen wir in die Piroge und steuern zurück zum Strand. Er hält sein Radio, ich habe Leica und Filmkamera umgehängt.

Am Ufer stehen ein Dutzend Männer. Als sie meine Kamera entdekken, gibt es Aufruhr! Einige wollen absolut nicht, daß hier fotografiert wird und schreien wild durcheinander. Aber das Radiogerät beeindruckt alle, und schließlich darf ich meine Aufnahmen machen, nachdem sich die Gegner wütend entfernt haben.

Mein Begleiter treibt zur Eile. Er hat Angst, daß das ganze Dorf rebellisch wird; also verstecke ich die Kameras.

Rasch gehen wir durch das Dorf, zum Haus meines Freundes. Dort soll ich fotografieren, doch ich mache auch Aufnahmen von der Burg.

Die Menschen hier leben in unvorstellbarer Armut. Nichts als Sand, kein Baum, keine Palme, kein Pflänzchen. Ein paar Ziegen stehen herum, kauen altes Papier. Getrocknete Fische hängen vor den Hütten.

Ein alter Mann kommt auf uns zu.

„My father, this my father", erklärt mein Begleiter.

Er spricht einige Worte mit dem Alten. Der streckt mir zum Gruß die Rechte entgegen und gleichzeitig reißt er mir mit der anderen Hand meinen Beutel mit Geld und Ausweisen von der Schulter, rennt los!

Der Sohn ihm nach, schlägt ihn nieder, bringt mir meine Tasche zurück. Jetzt nichts wie weg!

Eilig laufen wir zum Strand, wo sich inzwischen eine größere Menschenmenge versammelt hat. Ich höre Rufe, ärgerliche Stimmen; mein Begleiter bekommt Angst.

Wir springen in den Einbaum, paddeln zur *Solveig* zurück. Ich gebe ihm noch ein paar Konservendosen, um die er mich bittet, und hole dann rasch den Anker auf. Nur fort hier, fort! Die Furcht sitzt mir im Nacken.

Ich setze alles Tuch und halte auf die offene See. Nur weg von dieser Küste! Der Wind ist nicht gerade kräftig, aber er nimmt zu, je weiter ich mich vom Land entferne. Sobald ich Hügel und Berge nicht mehr erkennen kann, nehme ich Kurs nach Westen.

Keine Dhau, die mir folgt! Ich bin wirklich frei! Die finden mich nicht mehr!

Eine nie gekannte Schwäche lähmt plötzlich meinen Körper – ich kann nicht mehr. Segel runter, dann verliere ich das Bewußtsein...

Wie lange ich so gelegen habe, weiß ich nicht. Als ich zu mir komme ist es 17 Uhr. Der Tag geht zu Ende. Die *Solveig* treibt auf der Dünung. Was ist los? Wie komme ich hierher?

Nur allmählich baut sich meine Erinnerung wieder auf, und mit ihr die Angst. Schnell die Segel hoch und weiter! Fort von hier! Genug der Erlebnisse für diese Reise! Was habe ich für ein Glück gehabt! Noch einmal darf ich das Schicksal nicht herausfordern, die Grenze ist erreicht.

Ich will nach Aden zurück, in den sicheren Hafen!

Bis tief in die Nacht sitze ich an der Pinne, das Boot macht gute Fahrt mit dem Monsun von achtern. Irgendwann berge ich die Segel und versuche zu schlafen.

Über die folgenden vier Tage geben meine Aufzeichnungen Auskunft, die ich in Aden niedergeschrieben habe:

„**15. 3.** *Bin nervlich am Ende. Höre immer Stimmen, schrecke bei jedem Geräusch auf. Nur die Freude über meine wunderbare Rettung und baldige Heimkehr hält mich aufrecht.*

Auf Navigation verzichte ich, behalte die Küste im Auge und segle WSW. Keine Karte, kein Logbuch. Bin zu kaputt. Der Wind ist erbarmungslos, finde keinen Schlaf.
16. 3. *Die Sonne brennt furchtbar. Meine Lippe ist wieder ganz schlimm und schmerzt. Versuche es mit Fett, aber das hilft nichts. Esse jetzt viel, da ich nicht mehr sparen muß, aber nur kalt. Bin noch zu elend, um den Kocher zu benutzen.*
17. 3. *Wind noch immer sehr hart und genau von achtern. Zehn Stunden jeden Tag am Ruder. Kann nachts nicht mehr schlafen.*
18. 3. *Bin während der Nacht am Leuchtturm von Aden vorbei bis vor die Einfahrt getrieben. Gegen 9 Uhr Mole passiert, gelbe Flagge gesetzt. Es kommt niemand, das Boot ist zu klein und zu viele Sportsegler hier. Halte direkt zur Brücke der RAF. „Patapsco" liegt noch immer da!* ,*Große Begrüßung!*' "

In der Air Force Basis wurde ich aufgenommen wie der verlorene Sohn; ihr Befehlshaber, Commander Lynch, nahm sich besonders meiner an. Er gratulierte mir zu meiner Rückkehr wie zu einem Geburtstag, und erst aus seinen Erzählungen wurde mir klar, wieviel Glück ich tatsächlich gehabt hatte, dem Stamm von Bir Ali (so heißt der Ort, an dem ich gefangen war) entkommen zu sein.

„Soviel ich weiß, ist von dieser Küste noch keiner lebendig heimgekehrt, der durch Flugzeugabsturz oder Schiffsstrandung dorthin verschlagen wurde. Die Kerle bekommen die neuesten Waffen von ihren Scheichs und schießen auf alles, was sich bewegt. Oft besitzen sie modernere Gewehre als wir, denn die Armee erhält ihre Waffen auf dem Dienstweg über das Ministerium und das dauert Jahre. Die Scheichs dagegen kaufen direkt beim Hersteller!"

Lynch erklärte mir auch, was es mit dem Ramadan auf sich hatte: Im Fastenmonat dürfen die Moslems vor Sonnenuntergang weder essen noch trinken. Deshalb überfielen mich die Männer in der Nacht, nachdem sie gegessen und getrunken hatten.

Er fuhr mit mir zu „Radio Aden", wo ich im Rahmen einer aktuellen Sendung meine Piratengeschichte erzählen mußte.

Die *Patapsco* segelte am gleichen Tag in Richtung Ceylon.

Heimkehr

Mit Hilfe einer Agentur und des deutschen Konsulats versuchte ich möglichst bald ein Schiff zu finden, dessen Kapitän bereit war, die *Solveig* und mich an Bord zu nehmen und nach Europa zurückzubringen.

In Aden war es so unerträglich heiß, daß ich allein schon deshalb nicht länger als unbedingt nötig bleiben wollte, auch kostete jeder Tag Geld.

Als sich Gelegenheit bot, auf einem griechischen Passagierschiff, das aus Australien erwartet wurde, eine Überfahrt zu buchen, griff ich sofort zu. Die 26000 BRT *Patris* war unterwegs nach Piräus. Von dort aus konnte ich auf eigenem Kiel Italien erreichen.

Am 2. April nachmittags war es dann soweit: zusammen mit der *Solveig* sollte ich auf das Deck des riesigen Schiffes gehievt werden.

Ich verwendete meine eigenen Leinen aus Perlon, die vierfach unter dem Rumpf des Bootes durchgezogen wurden. Die Schlaufen hängte ich über die Haken des Kranes – und so ging's nach oben. Ich saß auf Deck der *Solveig* und hielt mein Boot von der Bordwand ab.

Wie Gummiseile dehnten sich die Leinen auf ihre doppelte Länge, wurden ganz dünn. Es knirschte und knackte fürchterlich unter dem Rumpf der *Solveig*. Eine Nervenprobe!

„Hätte ich doch nur ordentliches Tauwerk ausgeliehen!" dachte ich reumütig, als ich zwischen Himmel und Wasser schwebte und in die Tiefe blickte.

Ein Schwenk noch – dann landeten wir sanft auf dem Vordeck. Im gleichen Augenblick gab der Kapitän Befehl zum Anker lichten. Ich suchte meine Schlaf- und Waschsachen aus der Kajüte und brachte mein Gepäck in die Zweimannkabine des Luxusschiffes.

Am 10. Mai erreichte die *M. S. Patris* den Hafen von Piräus. Noch eine letzte und gründliche Überholung der *Solveig* im freundlichen Griechenland, dann segelte ich durch den Kanal von Korinth über Patras und Ithaka, bei meist noch kühlem und recht windigem Wetter, nach Korfu und von dort über die Adria nach Italien zurück.

Am 21. Mai 1961, elf Monate nach meiner Ausfahrt, mache ich im Yachtclub von Bari, im „Circolo della Vela" fest.

Ins Logbuch trage ich ein: „Gesamtstrecke unter Segel = 3924 Seemeilen!"

Damit endet meine erste Alleinfahrt unter Segel, im offenen Boot.

Wie viele andere träumte auch ich seit meiner frühen Jugend von Abenteuern und Reisen in fremde Länder – für mich wurde dieser Traum Wirklichkeit. Mit der Fahrt in der Jolle hatte ich eine Tür aufgestoßen, die mir den Blick freigab auf ein vorher nie geahntes Ziel, in einem kleinen Boot auch fernste Länder anzusteuern.

Ich war so begeistert von meinen Erlebnissen, daß mir bald klar wurde: meine Heimkehr nach Garmisch war nicht das Ende einer Unternehmung, sondern der Anfang eines neuen Lebens! Ich wußte, daß ich Fehler begangen hatte. Mit einer Jolle würde ich nie mehr auf die hohe See fahren.

Eine Jolle, auch wenn sie, wie die Hansa-Jolle, zum Teil eingedeckt ist und etwas Ballast besitzt, kann kentern. Damit wird die Gefahr, der ein kleines Boot bei schwerer See ausgesetzt ist, ungebührlich vergrößert.

Eine Jolle ist nicht selbstlenzend; das bedeutet, daß jeder Eimer Wasser, den die See hineinwirft, von Hand wieder ausgeschöpft werden muß. Bei einer längeren Überfahrt ist dies allein schon eine unerträgliche Belastung! Allein die Übermüdung nach drei Tagen Wasser schöpfen, als ich gegen den Monsun aufkreuzte, verleitete mich dazu, vor einer Küste zu ankern, deren Gefahren mir durchaus bekannt waren!

Nicht die Piraten waren schuld daran, daß ich die Reise abbrechen mußte, sondern allein die Tatsache, daß ich mit dem falschen Boot gesegelt war.

Für mich stand deshalb bereits vor der Heimkehr nach Garmisch fest, daß ich die *Solveig* verkaufen würde, so sehr mir das schnittige Boot mit seinen hervorragenden Segeleigenschaften auch ans Herz gewachsen war.

Die Jolle besitzt keinen fest eingebauten Kocher, keine Koje zum Schlafen! Der Mangel an bescheidensten Bequemlichkeiten, an warmem Essen, an Schutz vor Sonne und Wasser bedeutet für den Segler einen ständigen Kräfteverschleiß, ein „Loch" im Reservetank der Energie. Und auf die Dauer führt solcher Energieverlust zu Trägheit, Gleichgültigkeit und Depressionen.

Die Aufzeichnungen in meinem Tagebuch sind ein Beweis für derartige Mangelerscheinungen an Körper und Seele.

Welche Rolle spielt dabei die Größe des Bootes? Muß ich auf Hochseefahrten und Ozeanüberquerungen verzichten, wenn mein Geldbeutel die Anschaffung einer großen Yacht und deren Unterhalt nicht erlaubt? Keineswegs!

Ein kleines Boot ist nicht allein deshalb schon gefährdet, weil es klein ist. Der Grundsatz: je größer das Schiff, desto kleiner die Gefahr, trifft nur bedingt zu. Entscheidend ist die Festigkeit des Materials, der Verbände, die Qualität der Verarbeitung, die Form des Kieles, der Ballastanteil.

Theoretisch ist ein kleines Boot sogar widerstandsfähiger als ein großes Schiff: Die Außenhaut, Mast, Takelage und alle Beschläge sind im Verhältnis zum Gewicht und zur Angriffsfläche von Wind und Wasser stärker als bei einer großen Yacht. Das geringe Gewicht hat noch einen weiteren Vorteil: Ein leichtes Boot gibt dem Druck des Wassers nach, leistet weniger Widerstand, und dadurch verliert die See viel von ihrer zerstörerischen Gewalt!

Jetzt hat es den Anschein, als ob ein kleines Boot in meinen Augen nur Vorteile hätte. So ist es – leider – nicht.

Ich will lediglich zum Ausdruck bringen, daß ein begeisterter Segler mit begrenzten Geldmitteln auch in einem kleinen Boot zufriedenstellende und vom Sicherheitsstandpunkt aus vertretbare Reisen über Ozeane unternehmen kann. Er muß jedoch bereit sein, auf viele Bequemlichkeiten zu verzichten, auch im Hafen; er muß sich mit der räumlichen Enge abfinden und mit wenig Vorräten an Wasser und Treibstoff auskommen können. Vor allem aber muß er es ertragen, daß ein kleines Boot ständig dümpelt und bei schwerer See geradezu Sprünge vollführt.

Ganz bestimmt hätte ich mir damals ein Boot von mindestens acht Meter Länge angeschafft, wären mir entsprechende Mittel zur Verfügung gestanden. Es ging aber in meinem Fall nicht nur um die Anschaffungskosten, sondern ich rechnete mir aus, daß ich für 4000 Mark, die Hin- und Rücktransport eines acht Meter Bootes nach Italien zusätzlich verschlingen würden, schon wieder fast ein halbes Jahr länger segeln könnte!

In England wurden in den sechziger Jahren sehr preisgünstige kleine Sperrholzboote gebaut, die durchaus den Anforderungen entsprachen, die ich aufgrund meiner Erfahrungen im Roten Meer in bezug auf Seetüchtigkeit stellte.

Diese Boote hatten eine Länge von 17 bis 20 Fuß, also zwischen fünf und sechseinhalb Metern, besaßen ein selbstlenzendes Cockpit, waren wasserdicht, und sie waren mit zwei Kielen, sogenannten Kimmkielen ausgerüstet.

Die beiden Kiele sind aus Eisen gegossen und schwer genug, um eine Kenterung zu verhindern, beziehungsweise ein umgeschlagenes Boot wieder aufzurichten.

Der Typ des Kimmkielers ist in England und auch an der deutschen Küste mit ihren flachen Gewässern noch immer sehr beliebt, da durch den Doppelkiel das Boot im Watt bei Niedrigwasser auf dem Schlick stehen kann, ohne daß eine zusätzliche Abstützung erforderlich wäre.

Ein solches Boot hatte ich zum Kauf ins Auge gefaßt und blätterte jeden Monat englische Yachtzeitschriften durch, um die Angebote zu vergleichen.

Als Baumaterial kam für mich damals nur Sperrholz in Frage. So edel der aus Mahagoni geplankte, naturlackierte Rumpf meiner Hansa-Jolle auch war, der Lack hielt der Sonnenbestrahlung in den südlichen Breiten nicht stand, die Planken trockneten aus und begannen zu reißen. Geplankte Yachten bedürfen sorgfältiger Pflege und sich auch dann nur selten ganz dicht zu bekommen.

Sperrholz hat diese Nachteile nicht.

Feuchtigkeit und Hitze können ihm nichts anhaben, und gegen die Sonne schützt eine dicke Farbschicht. Natürlich darf nur spezielles Marine-Sperrholz verarbeitet werden, und es erfordert besondere Techniken des Konstrukteurs und der Werft, um die Sperrholzplatten so zu verleimen, daß eine ausreichende Festigkeit des Bootskörpers gewährleistet ist.

Wie sollte das künftige Boot eingerichtet sein?

In meiner Jolle hatte ich besonders darunter gelitten, daß ich in der Kajüte nicht sitzen konnte, für eine Bank oder eine Koje war der Raum zu niedrig. Auf Stehhöhe wollte ich gerne verzichten, wenn ich nur die Möglichkeit hatte, wenigstens auf einer Koje zu liegen oder zu sitzen und wenn ich über ein paar kleine Schapps verfügte, in denen ich Schreibsachen, Navigationsgeräte, Fernglas, Kameras und sonstige Instrumente gut aufgehoben wußte.

Eine Pantry mit fest eingebautem, kardanisch aufgehängtem Kocher und einem kleinen Spülbecken gehörte für mich ebenfalls zu den Mindestanforderungen, die ich an die Einrichtung zu stellen hatte.

Sind diese empfindlichen Gegenstände geschützt, was macht es dann schon aus, wenn gelegentlich ein Schwall Wasser in der Kajüte landet!

Mit meiner Ausrüstung war ich im großen und ganzen zufrieden gewesen. Gerade das, was in einem kleinen Boot als Spielerei erscheinen mag, hatte sich besonders bewährt: die Mitnahme eines 12 V Akkus und der Einbau elektrischer Leitungen und Lampen.

Als nach der Kenterung in stürmischer Nacht in meiner Kajüte das Licht brannte, konnte ich die Lage mit einem Blick übersehen und wußte, daß ich aus dem Schlimmsten heraus war. Das elektrische Licht ermöglichte mir in den Nächten immer einen kurzen Blick auf die Seekarte oder einen Griff nach etwas Eßbarem.

Mit dem Akku habe ich auch das Echolot betrieben, ein Gerät, das für mich besonders wichtig war, da ich häufig in Küstennähe gesegelt bin.

Wenn das Echolot einen Bereich von 60 bis 100 Meter Wassertiefe anzeigt, ist es auch noch eine zusätzliche Navigationshilfe. In den Seekarten werden die Tiefenlinien ziemlich genau angegeben, und mit dem Lot ist es dann meistens trotz Dunkelheit oder Nebel möglich, den Abstand zur Küste festzustellen.

Die astronomische Navigation mit Sonne, Mond und Planeten machte mir noch einige Mühe.

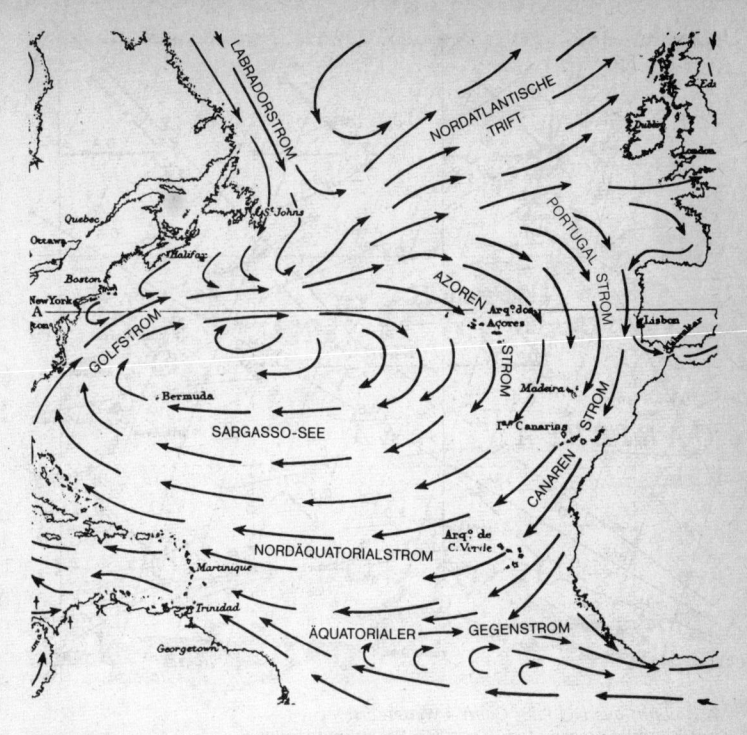

Meeresströmungen im Nordatlantik

Zum einen war mein Taschensextant für genaue Messungen nicht besonders geeignet, und außerdem hatte ich keine „Nautischen Tafeln" an Bord, mit deren Hilfe und einem Chronometer nicht nur die Breite, sondern auch die geographische Länge ausgerechnet werden kann.

Von Bob auf *Patapsco* hatte ich viel über Navigation und Routenplanung gelernt und bei ihm auch zum ersten Mal die amerikanischen Wetterkarten des Hydrographic Office (HO) gesehen.

Auf diesen Blättern sind für alle Seegebiete der Welt die Windrichtungen nach prozentualer Häufigkeit und nach ihrer Stärke monatlich oder vierteljährlich in Planquadrate eingezeichnet. Die Angaben stützen sich

*Ausschnitt aus HO Pilot Chart – Wetterkarte
mit Windrichtungen sowie deren Häufigkeit und Stärke*

auf Hunderte oder Tausende von Messungen amerikanischer Handels- und Kriegsschiffe in den letzten fünfzig Jahren. Eine unschätzbare Hilfe bei der Planung längerer Seetörns!

Nur unter Ausnützung der großen Windsysteme der Erde, der Passatwinde und Monsune, sind erfolgreiche Fahrten über Ozeane im kleinen Boot durchführbar. Mein Versuch, gegen den Monsun von Aden aus nach Osten zu gelangen, war unsinnig und lebensgefährlich. Auch ein Motor hätte da nicht geholfen, doch hatte ich mir oft, zwischen den Riffen des Roten Meeres oder bei schwierigen Hafeneinfahrten, einen Außenborder gewünscht.

Auf offener See dagegen bringt der Motor einem kleinen Segelboot nicht viel, zumal der Treibstoff nur in geringen Mengen oder in Kanistern, die viel Platz beanspruchen, mitgenommen werden kann.

Ich habe mir einmal ausgerechnet, daß ich mit 20 Liter Wasser notfalls 40 Tage segeln kann. Bei einem durchschnittlichen Etmal von nur 50 Meilen täglich ergibt das immerhin eine Fahrstrecke von 2000 Meilen. Selbst wenn ich pro Tag einen ganzen Liter Trinkwasser verbrauche, was in den Tropen vielleicht angebracht wäre, dann schaffe ich noch über 1000 Seemeilen! Dagegen reichen 20 Liter Benzin oder Diesel im besten Fall für 80 Seemeilen (20 Stunden × 4 Meilen).

Segel sind eben ein großartiges Antriebsmittel, wenn man es nicht gar zu eilig hat. Sie sind preiswert, umweltfreundlich, leicht zu bedienen und nicht besonders reparaturanfällig.

Als ich die Hansa-Jolle kaufte, wurde sie noch mit Baumwolltuch geliefert. Das erwies sich als Nachteil, denn Baumwolle verträgt die Feuchtigkeit viel schlechter als Terylene oder andere Kunststoffe. So war es denn auch kein Wunder, daß das Gewebe nach sechs Monaten Sonne, Regen und Salzwasser morsch wurde, obwohl ich meine Segel nie naß in die Beutel gepackt hatte.

Die schönsten Segel und der günstigste Wind helfen einem Alleinsegler aber auf weiten Seestrecken nicht viel, wenn er sein Boot nicht dahin bringt, daß es sich selbst steuert. Diese Erkenntnis hatte ich durch bittere Erfahrung auf meiner Reise durch das Rote Meer gewonnen.

Nur bei leichtem Wind und wenn er aus einem günstigen Winkel wehte, also nicht von achtern, hatte ich die Jolle durch Festlegen der Pinne und entsprechenden Trimm der Segel für eine Weile auf Kurs halten können, aber eine verläßliche Selbststeuerung war das nicht.

Dieses Problem mußte ich für meine künftigen Fahrten lösen, und so besorgte ich mir nach der Rückkehr nach und nach alle Bücher über Weltumsegelungen und Ozeanüberquerungen, die ich in die Hand bekommen konnte.

Professor Mazhar hatte mir von Joshua Slocum erzählt, der als erster allein um die Welt gesegelt war; John in Port Sudan erwähnte Eric Hiscock als den erfahrensten Hochseesegler unserer Tage, und schließlich hatte ich von Dr. Lindemann gehört, der im Faltboot den Atlantik überquerte.

Wie hatten diese Männer das Problem mit dem Schlafen gelöst?

Slocum segelte mit seiner legendären *Spray*, einem schweren, breiten Schiff von elf Meter Länge, über die Ozeane, ohne jemals am Ruder zu sitzen, wenn ihn nicht ein Sturm dazu zwang. Sein Geheimnis darüber hat er mit ins Grab genommen. Aber ich glaube, es gibt kein Geheimnis. Seine Erfahrung – schon mit sechzehn Jahren segelte er vor dem Mast auf einem Windjammer, später war er Steuermann und Kapitän mehrerer großer Segelschiffe – ermöglichte es ihm, die Segel jeweils so zu trimmen, daß das Boot seinen Kurs hielt. Dieses Kunststück hat ihm niemand nachgemacht.

Die *Spray* wurde genau vermessen und später mehrmals nachgebaut, aber in keinem Fall gelang es anderen, das Schiff ohne Steuermann sich selbst zu überlassen. Slocum selbst schreibt über seine Ansichten:
„Gefahren gibt es sicher auf See wie an Land. Doch Verstand und Geschicklichkeit, die Gott dem Menschen gegeben hat, reduzieren sie auf ein Minimum. Und auch das gut gebaute Schiff, das wert ist, damit die Meere zu befahren, spielt dabei eine Rolle. Es muß jedoch gesagt werden, daß der Erfolg einer Reise weitgehend davon abhängt, wieviel Erfahrung mitsegelt... Aber um ein erfolgreicher Navigator oder Segler zu werden, braucht man sich nicht gerade einen Teerkübel um den Hals zu hängen. Andererseits machen auch tiefschürfende Betrachtungen über die passenden Messingknöpfe am Blazer nicht sicherer..."

Das war 1896. Sechzig Jahre später segelte Dr. Hannes Lindemann in einem Faltboot über den Atlantik.

Er besaß keine Möglichkeit, sein Gummi-Schiffchen zur Selbststeuerung zu überreden! Als Arzt wollte er beweisen, wieviel ein Mensch zu leisten vermag.

Autogenes Training gab ihm die Kraft, mit nur wenigen Stunden Schlaf auszukommen und während der übrigen Zeit sein Boot selbst unter Kontrolle zu halten. Er brauchte 72 Tage und Nächte für die Ozeanüberquerung, eine beispiellose Leistung!

Sowohl Slocum als auch Dr. Lindemann waren für mich große Vorbilder.

Dem englischen Weltumsegler Eric C. Hiscock verdanke ich wertvolle Hinweise über verschiedene Methoden der Selbststeuerung, die er in seinen Büchern festhielt und die auch für mich brauchbar schienen.

Danach läßt sich eine Yacht vor dem Wind, wenn also der Wind von achtern einfällt, verhältnismäßig einfach auf Kurs halten, wenn man zwei Vorsegel setzt und diese mit je einem Spinnakerbaum nach den Seiten auspreizt.

Dieses System verwendete der Franzose Marin Marie bereits 1933 bei einer Atlantik-Überquerung.

Freilich kann ein Boot mit den ausgebaumten Vorsegeln, die wie Schmetterlingsflügel aussehen, nur wenige Grad vom Wind abweichen. Was aber, wenn der Wind, wie es auch im Passatgebiet häufig vorkommt, nicht genau in Richtung Zielhafen weht? Dann nützt die Doppelfock nicht mehr viel, will man nicht tagelang in eine falsche Richtung steuern. Aber auch mit Groß- und Vorsegel bei seitlich einfallendem Wind, gibt es Möglichkeiten, ein Boot auf dem gewünschten Kurs zu halten.

Ich hatte verschiedene Methoden im Sinn, bei denen jeweils die Fock über eine Steuerleine mit der Pinne verbunden wurde. Damals waren auch die ersten Versuche mit der sogenannten „Windfahne" durchgeführt worden. Das Prinzip ist ähnlich dem der bekannten Wetterfahne.

Nur besteht die Windfahne aus Sperrholz oder Segeltuch und bewegt sich über eine Zahnradverbindung, eine Art Kardangelenk, das Ruder. Entsprechend eingestellt, wird so das Boot auf Kurs gehalten. Die Anlage ist jedoch sperrig, im Hafen oft hinderlich. Zudem kann die Mechanik versagen oder ein Brecher die Fahne verbiegen. Mir schien damals ein so aufwendiges und reparaturanfälliges System zu teuer. Irgendwie wollte ich das Problem durch entsprechenden Trimm der Segel und eine Steuerleine in den Griff bekommen.

Über diese und andere Fragen dachte ich nach, als ich wieder nach Garmisch zurückgekehrt war und für mich feststand, daß ich als nächste Langfahrt eine Atlantik-Überquerung versuchen würde.

Ohne ein neues Ziel vor Augen wäre mir der Abschied von meinem Boot zu schwer gefallen. Allerdings behielt ich die Atlantikpläne noch für mich, denn für ein weiteres Seeabenteuer hätten meine Mitarbeiter im Geschäft und meine Bank zunächst nur wenig Verständnis aufgebracht.

Die Fahrt durch das Rote Meer hatte leider viel mehr Geld verschlungen, als ich vorher gedacht hatte. Schuld daran waren die häufigen Reparaturen und Ersatzteilbeschaffungen, aber auch die Notwendigkeit, mein Boot auf ein Schiff zu verladen, und die Kosten für die weite Anfahrt mit dem Auto bis Süditalien.

Ich arbeitete wieder als „Landratte" in meinem Schallplattengeschäft, spielte am Garmischer Kurtheater und begann mit größeren Vortragsreisen über meine Abenteuer auf See durch Bayern und Österreich. Vielleicht, so ging es mir durch den Kopf, wären ausführliche und mit größerem Aufwand gedrehte Filmberichte eine interessante Aufgabe für mich und gleichzeitig ein Weg, künftige Reisen mitzufinanzieren? Doch vorläufig mußte ich mein Haus mit einer Grundschuld belasten, um über eine ausreichende Summe für das neue Boot und die Atlantiküberquerung zu verfügen.

In den folgenden Jahren verging kein Tag, an dem ich mich nicht auf die eine oder andere Weise mit der geplanten Unternehmung beschäftigt hätte. Ich las die Bücher anderer Segler, um zu erfahren, welche Häfen sie angelaufen und welche Wetterbedingungen sie angetroffen hatten. Anhand der amerikanischen Monatskarten für den Atlantik arbeitete ich mir eine Route aus, die mich von Italien in einem Jahr durch das Mittelmeer, und zu den jeweils günstigsten Jahreszeiten über den Atlantik zu den Karibik-Inseln und wieder zurück nach Europa führen würde. Dabei ging mir auch die Idee einer Weltumsegelung nie aus dem Kopf, und in Gedanken verlängerte ich meine Traumreise bereits damals durch den Panamakanal und über den Pazifik in die Südsee...

Im Winter 1961 fiel die erste Entscheidung: Bei der Yachtwerft C. E. Clark auf der Isle of Wight in England bestellte ich ein Sperrholzboot vom Typ „Caprice". Dieser kleine Fahrtenkreuzer wurde bereits seit Jahren in großen Stückzahlen verkauft, hatte sich offenbar bewährt, und entsprach meinen Vorstellungen in bezug auf Preis und Ausstattung.

Mit einer Gesamtlänge von 5,40 Meter ließ sich der Kimmkieler leicht auf meinen alten Anhänger verladen und ich hoffte, auch das Gesamtgewicht von eineinhalb Tonnen noch mit meinem PKW über die Alpen ziehen zu können.

Die Kajüte war nur drei Meter lang, aber mit einem zweiflammigen Petroleumkocher, einer Spüle und einem Schrank, darunter besaß das Boot eine richtige Pantry und war im Vergleich zur Hansa-Jolle geradezu verschwenderisch ausgestattet. Zwei Hundekojen vervollständigten den Komfort, und für die Sicherheit war durch ein selbstlenzendes Cockpit und zwei schwere Eisenkiele gesorgt.

Drei Abenteuer in Griechenland

Im Frühjahr 1962 sollte das Boot von der Werft ausgeliefert werden, und ich hatte mir drei Monate in der für mein Schallplattengeschäft ruhigsten Zeit des Jahres freigenommen, um die neue *Solveig* selbst abzuholen, über den Kanal zu segeln, auf dem Anhänger nach Garmisch zu bringen und mit einem Freund zunächst eine Urlaubsfahrt nach Griechenland zu unternehmen. In diesen drei Monaten wollte ich mich mit dem Boot gründlich vertraut machen, um danach notwendige Ausrüstungsarbeiten für die geplante Atlantiküberquerung durchführen zu können.

Einige der griechischen Inseln hatte ich bereits auf der Rückfahrt von Piräus kennengelernt und freute mich nun auf eine erlebnisreiche Fahrt durch die Ägäis. Und an Erlebnissen sollte es nicht fehlen!

Am 29. März traf ich, bewaffnet mit einem Handkoffer, in dem sich ein Kompaß, eine Petroleumlampe und Streichhölzer, sowie Ölzeug, Wollpullover und die Seekarte des Englischen Kanals befanden, in Cowes auf der Isle of Wight ein.

Ein eisiger Ostwind ließ die Temperatur fast bis auf den Gefrierpunkt sinken, an der Küste der Normandie war Schnee gefallen. Auf dem kürzesten Weg begab ich mich in die Werft und reichte Mr. Clark, dem Besitzer, meinen Scheck.

„Sie können das Boot morgen übernehmen", sagte er, als er den Scheck entgegennahm, „und sicher wollen Sie dann einige Probefahrten machen?"

„Dazu habe ich leider keine Zeit", erwiderte ich, „ich muß morgen über den Kanal!"

Ich hatte nur ganze zwei Wochen zur Verfügung, um die neue *Solveig* auf dem Anhänger nach Garmisch zu bringen, sie dort auszurüsten und dann weiter zu fahren über die Alpen bis nach Süditalien. In Bari war ich am 15. April mit meinem ehemaligen Klassenkameraden Dieter verabredet für den Start zu einem gemeinsamen Törn durch die griechische Inselwelt. Dieter konnte leider seinen Urlaub nicht später nehmen, die Werft das Boot nicht früher fertigstellen.

Mr. Clark war verblüfft und versuchte mich von meinem Vorhaben abzubringen, doch schließlich meinte er:

„Wenn Sie wirklich darauf bestehen, dann müssen wir das Boot wegen der Tide morgen Vormittag um 10 Uhr zu Wasser bringen und den Zoll für die Ausklarierung bestellen."

Und so geschah es.

Zusammen mit meinem Bruder, der aus London gekommen war, verstaute ich noch Kompaß und Lebensmittel im Boot und zog mich im Büro um: Straßenanzug und Hut – sie verschwanden im Koffer – tauschte ich gegen Pullover und Hose.

Um 10.15 Uhr wurde *Solveig* ihrem Element übergeben.

Neptun ist ein großer Freund von Förmlichkeiten und hat mir die respektlose Eile sicher übelgenommen, denn inzwischen war eine dunkle Wolkenwand heraufgezogen.

Noch einmal versuchte Mr. Clark mich umzustimmen:

„Wollen Sie nicht wenigstens bis morgen warten?"

„Morgen ist das Wetter wahrscheinlich so schlecht, daß ich wirklich nicht mehr segeln kann", hielt ich ihm entgegen, „ich muß es heute versuchen!"

Um die günstige Tide zu nützen, hißte ich sofort die Segel und steuerte aus der Flußmündung heraus auf die trübe, graue See.

80 Meilen waren es bis Le Havre; den zu steuernden Kurs hatte ich mir ausgerechnet, denn ich würde kaum Gelegenheit haben, die Pinne loszulassen, um mit der Seekarte zu arbeiten. Bei dem jetzt immer stärker werdenden Wind legte sich das Boot weit über.

„Durchhalten!" befahl ich mir, „stur durchhalten, in 24 Stunden bist du drüben!"

Mit Höchstfahrt, hart auf das Wasser gepreßt, schnitt *Solveig* in die Wellen. Spritzwasser flog mir ins Gesicht, jeder Tropfen stach wie eine Nadel, das Salz brannte in den Augen.

Ich mußte höllisch aufpassen: auf die Segel, auf die See, auf die vielen Schiffe, die meinen Kurs kreuzten.

Am Nachmittag hatte ich die Isle of Wight hinter mir gelassen, der Seegang wurde steiler, Brecher schossen über das Deck, ins Cockpit. Mit beiden Beinen stand ich im eiskalten Wasser, bis der Schwall durch die Lenzrohre abgeflossen war. Nach einigen Minuten kam der nächste Brecher...

Die Feuchtigkeit kroch unter mein Ölzeug, und mit der Feuchtigkeit kam die Kälte.

Wie im Kanal häufig, rollten die Seen von der Seite an, hoben das Boot in die Höhe, ließen es taumeln und dann seitlich in das Wellental rutschen. Ich mußte reffen.

Das Groß auf die Hälfte, Sturmfock besaß ich noch keine, die Fock mußte ich stehen lassen. Während der Arbeit bekam ich Wasser unter das Ölzeug, fühlte nur noch Nässe.

Griechenland-Fahrt

mit „Solveig II"
April – Juli 1962
1200 Seemeilen

Stunde um Stunde saß ich, vom Wind ausgekühlt, mit klammen Fingern an der Pinne. Die neue *Solveig* war luvgierig und brauchte viel Kraft zum Gegensteuern.

Mir graute vor der langen Nacht, die nun allzuschnell hereingebrochen war.

Endlich sah ich kein Schiff mehr in der Nähe, so konnte ich die Segel bergen und in die Kajüte steigen, um mich kurz aufzuwärmen.

Der Petroleumkocher gibt genügend Hitze ab, ich mußte ihn nur in Gang bringen. Doch wo zum Teufel war der Spiritus? Ich hatte doch eine ganze Flasche Spiritus gekauft, um den Brenner vorheizen zu können! Ich suchte in allen Schränken, unter den Kojen. Lieber Himmel, wo war der Spiritus?

Keine Möglichkeit, den Brenner mit Petroleum zu starten. Es war zum Verzweifeln. Ich konnte doch nicht die ganze Nacht in der eisigen Kälte aushalten ohne Feuer und ohne heißen Tee! Wo ist der Spiritus?

Ich suchte wieder und wieder an den gleichen Stellen. So groß war die Kajüte doch gar nicht? Hatte ich die Flaschen in der Eile liegen gelassen?

Diese Panne konnte mein Leben gefährden, ich hatte mich auf die Wärme des Kochers verlassen!

Verstört setzte ich wieder Segel. Nur weiter jetzt, weiter! Die Nacht nahm kein Ende.

Krampfhaft hielt ich die Pinne, die Finger wurden steif von der Kälte, schmerzten so stark, daß ich das Holz zeitweise nur zwischen Arm und Hüfte klemmen konnte.

Oft bemerkte ich drei, vier oder mehr Schiffe in meiner Nähe, starrte in die Dunkelheit, mit Salzwasser in den Augen, um die Positionslichter zu erkennen.

Nach Mitternacht sah ich einen ganzen Haufen weißer Lichter auf mich zukommen, die sich langsam gegeneinander verschoben. War ich schon soweit übermüdet, daß mich die Augen täuschten? Endlich konnte ich ganz schwach Umrisse ausmachen: Ein Flugzeugträger und zwei Zerstörer, ein ganzer Flottenverband! Die Aufregung wärmte mich ein wenig, lenkte mich ab von den Schmerzen in meinen Gliedern.

Der Wind ließ nicht nach, nahm eher noch zu und die See baute sich weiter auf. Brecher schossen über das Deck und ins Cockpit, doch das kleine Boot schüttelte das Wasser wieder ab und schien überhaupt wenig beeindruckt von dem immer steiler werdenden Seegang. Ich faßte Vertrauen zu meinem neuen Schiff.

Navigationsarbeit mit der Karte oder mit Büchern war jetzt unmöglich. Alle paar Minuten leuchtete ich mit der Taschenlampe auf den Handkompaß, der neben mir lag, um den Kurs zu halten. Ob er wohl richtig war? Im Morgengrauen machte ich einen Fischkutter aus, der der Küste zustrebte. Dort mußte Le Havre sein!

Und tatsächlich, eine halbe Stunde später Land in Sicht, bald darauf Häuser und Türme einer Stadt.

Um sieben Uhr hielt ich auf die Hafeneinfahrt zu, das Ziel lag jetzt zum Greifen nah. Nur nicht nachlassen!

Als ich näher kam, stockte mir der Atem: rings um die Mole und in der Einfahrt schäumte es weiß – Brecher! Der Wind trieb die See gegen die Hafenmauer, die Gischt schoß wie eine Wand in die Luft. Verdammt!

Es war Niedrigwasser und bei dem Sturm brandeten die Wellen in der Einfahrt. An Umkehr war nicht zu denken, ich mußte durch, mußte den Schutz des Hafens erreichen! Noch einmal lange Minuten wilder, pochender Angst, während ich mein Boot zwischen den Grundseen dicht am Molenkopf vorbei in das Hafenbecken steuerte. Auf dem geschützten Wasser schoß die *Solveig*, von Böen immer wieder niedergedrückt, auf die Pier zu!

Fünf bis sechs Meter hoch ragten die Mauern vor mir auf, keine Möglichkeit zum Festmachen. Ich segelte drei, vier Runden – was hätte ich jetzt für einen Außenborder gegeben! – sah keine Menschenseele, der Hafen war wie ausgestorben.

Nach mehrmaligem Versuch gelang es mir, einen Tampen an einer großen Boje zu befestigen.

Mit steifen Gliedern stieg ich in die Kajüte, suchte nochmals nach dem Spiritus – ohne Erfolg.

Um zehn Uhr bemerkte mich der Bootsmann des Yachtclubs.

Ich machte los und segelte zur Kaimauer.

„Wollen Sie an Land?", rief er von oben.

„Ja, so schnell wie möglich!", schrie ich erleichtert zurück.

Er beschaffte einen Kran, warf dann zwei Trossen ins Wasser, die ich unter dem Bootsrumpf durchzog, und so schwebte die *Solveig* mit mir in die Höhe. Ein Schwenk noch, eine kleine Fahrt über die Gleise, und wir standen auf dem Pflaster der Hafenstraße. Der Mann verstand sein Geschäft, ich hätte ihn umarmen können!

Und jetzt bemerkte ich erst richtig, wie das Wetter hier tobte! Der Wind fegte mit solcher Wucht über den Platz, daß er das Boot umzuwerfen drohte, wir mußten es mit Trossen festzurren. Draußen an der Mole überschüttete die brandende See den Leuchtturm bis über die Spitze mit weißer Gischt.

Ich verkroch mich in der Kajüte, wickelte mich in Decken, aber ich wurde nicht warm. Draußen heulte der Sturm, rüttelte am Mast. Im Boot konnte ich nicht mehr bleiben. Irgendwann habe ich dann ein Hotel gefunden, in dem ich mich langsam wieder aufwärmte. Meine Hände hatten am ärgsten gelitten, und noch Monate danach hatte ich kein Gefühl mehr in den Fingern.

Am nächsten Tag holte ich Wagen und Anhänger vom Parkplatz in

Le Havre, wo ich beides auf der Hinreise abgestellt hatte, ließ die Auflage für das neue Boot in einer Werkstatt anpassen und fuhr dann zum Hafen.

Der Bootsmann des Yachtclubs, dieser wortkarge, erfahrene Seemann, half mir, die *Solveig* sachgemäß zu verladen, und über Rouen und Belgien brachte ich das neue Schiff nach Garmisch.

Zehn Tage stand die *Solveig* neben meinem Haus im Garten, während ich Echolot, Kompaß, Lampen, elektrische Leitungen, Uhr, Barometer und allerlei Haushaltsgeräte einbaute. Und jetzt wurde sie feierlich mit einer Flasche Sekt getauft! *Solveig II* hätte sie eigentlich heißen müssen, aber ich mag das Nummernspiel nicht und schrieb deshalb nur *Solveig* an den Spiegel ihres Hecks.

Am 12. April waren die notwendigsten Arbeiten beendet, in drei Tagen sollte ich in Bari sein, wo Dieter auf mich wartete. Aber es begann zu schneien. Auch das noch!

Die Verkäuferinnen aus meinem Schallplattengeschäft halfen mir am Abend die bewegliche Ausrüstung, Wäsche, Kleidung und Lebensmittel ins Boot zu packen, und um 22 Uhr rollte ich, von der Vorfreude auf eine neue Seereise angeregt und hellwach, aus meinem Garten auf die Landstraße. Ich wollte wenigstens noch bis Innsbruck kommen.

Bereits hinter Mittenwald war die Straße von einer festen Schneedecke überzogen, und nachdem ich die Grenze nach Österreich passiert hatte, blieb ich am ersten starken Gefälle von Seefeld hängen. Nichts ging mehr!

Es war Mitternacht, keine Hilfe zu bekommen!

Stundenweise schlief ich auf dem Fahrersitz, heizte wieder, wenn es zu kalt wurde, schlief weiter bis acht Uhr und holte dann einen Lastwagen zum Abschleppen aus Seefeld.

Um neun Uhr kurzes Frühstück, weiter!

Hinter Innsbruck quälte ich mich mit dem überladenen Fahrzeug – ich fuhr einen 1300er Simca, und das beladene Boot mit Hänger wog schon 1,5 Tonnen – den Brenner hinauf. Dort lag so viel Schnee, daß ich wieder hängen blieb. Noch mal einen LKW holen, Schleppen bis zum Paß.

Aber dann atmete ich auf, es war geschafft! Von hier aus ging es nur noch bergab nach Süden! Ich schwelgte in dem Gedanken an zwei herrliche Monate in Griechenland!

Die Freude gab mir Schwung, und ich beschloß, ohne Halt durch ganz Südtirol bis kurz vor Verona zu fahren. Dort wußte ich ein sauberes kleines Hotel.

Am späten Abend traf ich dort ein, parkte den Wagen auf der Straße gegenüber und fragte nach einem Zimmer.

„Si, Si, va bene – Zimmer ist frei, aber bitte bringen Sie Ihren Wagen in den Hof, draußen ist es zu gefährlich!"

Zurück zum Wagen – Gas – rüber über die Straße, in den Hof und – Krach, das Auto stand!

Im Scheinwerferkegel war kein Hindernis zu sehen. Ich stieg aus, drehte mich um, erstarrte: der Mast, der oben auf dem Kajütdach festgezurrt lag, war gegen einen Draht gestoßen, gebrochen!

In der Dunkelheit konnte ich die Drähte nicht sehen, die über den Hof gespannt waren, um die Matten zu tragen, die im Sommer gegen die Sonne ausgelegt wurden.

Mastbruch! Nicht auf See, im Orkan, nein – auf dem Parkplatz eines Hotels!

Alle Flüche, die ich kannte, lagen mir auf den Lippen, und gleichzeitig traten mir Tränen in die Augen. Die ganze Plagerei, das Boot rechtzeitig über den Kanal und nach Italien zu bringen, alles umsonst! Da stand ich auf dem verdammten Parkplatz und der Mast war gebrochen. Ein Aluminiummast, einen Holzmast hätte man allenfalls noch leimen können.

Bevor ich eine Entscheidung traf, wollte ich erst mal schlafen. Vielleicht brachte der Morgen die Lösung?

Aber er brachte sie nicht, im Gegenteil! Im Tageslicht wirkte der Schaden noch schlimmer.

Zurück? Keinesfalls! Selbst wenn wir nicht segeln konnten, wollte ich doch meinen Freund in Bari treffen. Heute war der 13. April, am 15. sollte ich in Bari ankommen. Das war nicht mehr möglich, denn in Rimini wollte ich noch einen Außenborder abholen, den Mr. Clark dort hinterlegt und mir für einen günstigen Preis angeboten hatte.

Ich gab ein Telegramm auf an Dieter, Bari poste restante:
MAST GEBROCHEN, KOMME DENNOCH, ANKUNFT EIN TAG SPÄTER.

Dann ins Auto und weiter gen Süden! Doch auch das herrliche Frühlingswetter in Oberitalien konnte meine Stimmung nicht bessern. In Rimini fragte ich bei dem angegebenen Club nach meinem Motor, aber man wußte von nichts.

„Was für ein Motor? Nie gehört! Nicht zu finden!"

Nach einer Stunde Fragerei gab ich auf. Also auch kein Motor! Und ich hatte mir geschworen: keine Reise mehr, und schon gar nicht die Ägäis, ohne Motor.

Der Tag ging zu Ende, ich war müde, enttäuscht, gleichgültig. Sowieso alles Mist!

Ich übernachtete in der Kajüte der *Solveig*. Am Morgen klopfte ein Italiener an die Bordwand, einer dieser auf Touristen spezialisierten Alleskönner. Vor allem aber konnte er auch deutsch.

„Wollen Sie kaufen Uhr, sehr billig?"
„Nein, ich kaufe nichts."
Ich war verdrossen und gab mir keine Mühe höflich zu sein.

„Lassen Sie mich in Ruhe!"
Er ließ sich nicht beirren.
„Wollen Sie in Hotel, ich weiß gutes Hotel."
„Ach, lassen Sie mich doch!"
„Wollen Sie Frau?"
Ich schüttelte den Kopf.
„Was brauchen Sie?"
Zum Teufel mit dem Burschen, dachte ich und schrie:
„Ich brauche einen neuen Mast!"
Zum ersten Mal blieb er einen Augenblick stumm.
„Ja", setzte ich hinzu, „oder den hier repariert!"
Ich kroch auf das Kajütdach und zeigte die Bruchstelle.
„Reparatura?", kam es jetzt wieder fröhlich aus seinem Mund.
„Si, si, reparatura mio amico, mio amico!"

Er hatte einen amico, der repariert. Glückliches Volk! Ein amico ist immer in der Nähe. Aber, dachte ich, wenn der nun wirklich repariert?... Wenn der tatsächlich...?

Ich sprang vom Boot herunter, begrüßte meinen neuen amico, fing an zu verhandeln.

Wir waren uns bald einig. Er schwang sich auf den Beifahrersitz und lotste mich kreuz und quer durch die engen Gassen von Rimini zu seinem „amico", einer Autowerkstatt.

Wir nahmen den Mast herunter, der Meister betrachtete ihn sorgenvoll. Aber „si, si, possibile, e possibile", meinte er.

Ich hatte nichts zu verlieren, jeder Versuch war mir recht. Der Meister ging an die Arbeit, nachdem der Preis in etwa ausgehandelt war.

Zunächst brach er den Mast völlig auseinander und klopfte dann von innen die Bruchstellen gerade. Die stark verbogenen Stücke brach er ganz ab, klopfte sie einzeln in die gewünschte Form. Zum Schluß waren es einhalbes Dutzend Aluminiumbrocken, die er sorgfältig bearbeitet hatte und ordentlich nebeneinander legte, damit sie genau zusammenpaßten. Der Mann verstand sein Handwerk.

Nach einer Stunde war er fertig, packte die Teile in eine Tüte und die beiden Masthälften in das Cockpit der *Solveig*. Zu dritt fuhren wir anschließend in eine Werkstatt, die das benötigte Aluminiumschweißgerät besaß.

Der Aluminium-Spezialist betrachtete kummervoll die Stücke: „So geht das nicht, das hält nicht!"

Er fertigte zunächst ein Aluminiumrohr, das genau in die Höhlung des Mastes paßte, schweißte dann die Bruchstücke an die beiden Hälften des Mastes und schob die Mastteile über das Rohr. Zum Schluß schweißte er dann die Bruchstücke an die beiden Hälften des Mastes, schob die Mastteile über das Rohr und schweißte die Nahtstellen zusammen.

Fertig! Der Mast war wieder heil und ganz und ebenso brauchbar wie vorher. Ich konnte mein Glück kaum fassen!

Nur der Außenborder fehlte mir.

Drei Tage später kam ich in Bari an, traf Dieter, der überglücklich das wiederhergestellte Boot und seinen Freund begrüßte. Nach Erhalt meines Telegrammes hatte er aus Verzweiflung einiges über den Durst getrunken, fürchtete er doch zurecht einen verpatzten Urlaub.

Am 20. April, Karfreitag, verließen wir den Hafen von Bari, steuerten nach Süden, soweit wir ohne Wind überhaupt steuern konnten!

Wir gerieten in eine Flaute nach der anderen. Es war, als ob Äolus seinen Wind in einen Sack gesteckt hätte, den er fest verschlossen hielt.

Am Ostermontag dümpelten wir vor Brindisi herum, hatten erst ganze 60 Meilen zurückgelegt. Hätte ich doch den Außenborder gehabt oder mich wenigstens jetzt noch zu einem Kauf entschlossen! Für Dieter war dies die erste Segelreise seines Lebens und sie begann denkbar schlecht. Wir waren beide bedrückt. Nach Mitternacht kam dann endlich eine leichte Brise aus Nordwest auf, und in gemächlicher Fahrt kreuzten wir die Straße von Otranto. Zwei Tage später kam abends die Küste von Korfu in Sicht.

Den Haupthafen der Insel würden wir nicht mehr erreichen, vielleicht fand sich eine Bucht zum Ankern. Wir hielten auf die Küste zu.

Plötzlich, es war 18.15 Uhr und die Sonne schickte sich an, hinter dem Horizont zu verschwinden, hörte ich Schüsse vom Land her.

„Du, die schießen da drüben, die gehen wohl auf die Jagd!", sagte ich zu Dieter, aber der hatte nichts gehört.

Da pfiff auch schon eine Kugel über unsere Köpfe, dann noch eine, drei vier!

„Hörst Du es jetzt?!", rief ich und duckte mich.

Die Schießerei ging weiter, Dieter war völlig verwirrt, schrie zum Land hinüber auf griechisch: „Was ist los?" Als Antwort kamen nur weitere Schüsse, wir waren etwa 400 Meter von der Küste entfernt, vielleicht auch weniger. Ein Geschoß pfiff rechts an meinem Ohr vorbei, ein anderes links!

Wir warfen uns auf den Boden des Cockpits, ich griff die Pinne von unten und steuerte die *Solveig* in Richtung See. Das ging alles sehr schnell und ohne Worte.

Über den Ernst der Lage bestand kein Zweifel.

Während noch weitere Schüsse fielen, beratschlagten wir, was zu tun sei.

Dieter ist, das muß ich hier einfügen, ein ausgesprochener Griechenland-Freund, ein „Hellenophile" könnte man sagen, und er hatte auch die gemeinsame Unternehmung angeregt. Durch die Schüsse fühlte er sich persönlich beleidigt.

Ich dagegen dachte mehr an die Gefahr für uns und für das Boot. Ein paar Löcher im Rumpf hätten mir gerade noch gefehlt!

Dieter wollte zur Küste segeln, den Irrtum aufklären; er meinte das Schießen würde eingestellt, wenn wir uns „aufrecht" näherten. Ich hielt eine Flucht auf die offene See, aus dem Schußbereich heraus, für ratsamer.

Fürs erste aber gab ich nach, wendete auf die Insel zu, ließ Dieter noch einmal rufen.

Als darauf jedoch weitere Schüsse abgefeuert wurden, verfolgte ich meinen Plan: hinaus auf See, weg von hier, im Schutz der hereinbrechenden Dämmerung verschwinden!

Die Brise war ausgesprochen flau, die *Solveig* kroch durch das Wasser, sie klebte fest, so schien mir, wie in einem Traum, wenn man läuft und doch nicht weiterkommt...

Die Sonne aber sank tiefer, es wurde dunkel, die Schüsse hörten auf.

Was nun? Keinesfalls wollte ich mich hier noch einmal der Küste nähern. Ich breitete die Seekarte vor mir aus und entwarf einen Kurs für die Nacht, der uns zunächst einmal zehn Meilen Abstand zur Insel gewinnen ließ. In den Morgenstunden würden wir uns dann auf der Westseite Korfu wieder nähern.

Zwei Stunden später, wir segelten auf die Insel Samothraki, nordwestlich von Korfu zu, sahen wir Scheinwerfer am nächtlichen Himmel, die suchend ihre Lichtfinger ausstreckten.

„Mensch, die suchen uns noch immer, aber an der falschen Stelle! Bloß gut, daß ich diesen abwegigen Kurs genommen habe", sagte ich zu Dieter, und wir beobachteten noch weiter Lichter und Scheinwerfer draußen auf See, aber in Richtung Albanien.

Als die Sonne strahlend über der blauen Fläche des Ionischen Meeres aufstieg, saßen wir beide völlig verstört und verbittert im Cockpit der *Solveig*.

Ich wollte Anzeige erstatten wegen der Schießerei.

Wir steuerten auf die Westküste der Insel zu, ankerten in der traumhaft schönen Buch von Paläokastritsa.

Kurz darauf kam der Dorfpolizist in einem Ruderboot und erklärte uns, daß wir hier nicht bleiben dürften, bevor wir im Haupthafen einklariert hätten. Das wußte ich natürlich und bat nun Dieter, dem Mann zu erklären, was in der Nacht geschehen war, und daß ich mich weigere, nochmals an jener Küste entlang zum Hafen von Korfu zu segeln. Vielmehr wollte ich Anzeige erstatten und das Gericht einschalten.

Der gute Mann glaubte zunächst nichts von dem, was Dieter ihm berichtete, gab uns aber endlich die Erlaubnis an Land zu gehen, in einem kleinen Hotel zu essen und dort auf den Polizeichef zu warten, den er benachrichtigen wollte.

Wir waren wahnsinnig aufgeregt.

Nach all den Schwierigkeiten und Verzögerungen, die uns bisher Zeit und Nerven gekostet hatten, jetzt diese neue Belastung! Dennoch ließen wir uns das Mittagessen schmecken, es gab Dolmades, in Weinblätter gewickelte Reisröllchen.

Plötzlich fuhr ein Jeep vor, ein junger Marineoffizier sprang heraus, ging auf unseren Tisch zu und fragte mich auf englisch: „Sind Sie die Leute, die wir in der Nacht beschossen haben?"

Ich war verblüfft über diese Unverfrorenheit, sagte nur:

„Ja, allerdings!"

„Na, Gott sei Dank, Sie leben, dann ist ja alles gut!"

Er gab seiner Mütze mit dem Finger einen Schubs, daß sie nach hinten rutschte, und wischte sich den Schweiß ab:

„Haben Sie ein Glück gehabt, Mann!"

Jetzt stieg der Zorn in mir hoch, ich sah rot und schrie: „Sind Sie wahnsinnig, was fällt Ihnen ein!? Was heißt hier Glück gehabt!? Sie beschießen uns, wollen uns töten, das gelingt Ihnen nicht, und dann meinen Sie ist alles gut! Ich verlange eine Bestrafung! Schadensersatz! Ein ordentliches Gerichtsverfahren!"

„Das geht doch nicht", antwortete er ziemlich kleinlaut, „die Marine hat geschossen, wir dachten, es sei ein Schmuggler."

„Sie *dachten*!!!" schrie ich zurück, „Sie dachten! Und dann haben Sie eben mal geschossen, man kann ja nachher sehen, auf wen man geschossen hat! Und das soll ich einfach so hinnehmen?"

„Ich entschuldige mich in aller Form und im Namen der Admiralität, genügt Ihnen das nicht?"

Meine Antwort war klipp und klar:

„Nein, das genügt mir nicht. Ich will ein Gerichtsverfahren wegen versuchten Mordes. Als Marineoffizier sollten Sie wissen, daß Sie nicht auf Verdacht schießen können, ohne Warnung, und sich dann nachher erst vergewissern, ob es wirklich ein Schmuggler war! Wenn Sie uns getötet hätten, wüßten Sie nicht einmal, wen Sie umgebracht haben!"

„Das ist leider richtig", gab er zurück, „ich war in der amerikanischen Navy, und ich weiß, daß es ungesetzlich ist, was unsere Leute da gemacht haben. Aber bitte, verstehen Sie, es ist kurz vor Ostern. Die Männer trinken schon mal, und es ist auch langweilig auf Posten, dann freuen die sich doch, wenn etwas geschieht!"

„Wenn Sie in der amerikanischen Navy waren, dann möchte ich Ihnen noch sagen, daß Ihre Griechen hier miserable Schützen sind! Ich bin natürlich froh darüber, denn diese Tatsache hat uns das Leben gerettet, wir boten so ein leichtes Ziel!"

Das war schlicht eine Beleidigung, aber er schien bereit, alles zu schlucken.

„Sie haben recht, das war sehr peinlich, und wir haben Sie sogar in der Nacht noch gesucht, mit einem Schnellboot, das sollte Sie versenken. Wo waren Sie denn?"

Allmählich wurde die Geschichte komisch.

„Ich bin dahin gesegelt, wo Sie uns nicht gesucht haben, aber ich will jetzt die Polizei für eine Anzeige."

Er schüttelte den Kopf.

„Bitte nicht, das können Sie nicht tun. Wenn die Sache bekannt wird, bekommen wir Ärger mit dem Ministerium, mit der Regierung, wegen des Tourismus."

„Sicher", drohte ich, „und diesen Ärger haben Sie verdient!"

„Also hören Sie", nahm er noch einen Anlauf, „wir haben Unrecht getan, wir haben uns entschuldigt, wir sind bereit, alles für Sie zu veranlassen, was in unserer Macht steht, für Sie und Ihr Boot, was Sie wollen – aber lassen Sie die Polizei aus dem Spiel! Außerdem darf ich Ihnen eine persönliche Einladung des Admirals zu einem Osteressen auf der Festung von Korfu übermitteln."

Das klang verlockend; es war Zeit, einzulenken. Ich stellte meine Forderungen:

„Gut, klarieren Sie erstens Zoll und Polizei für uns ein. Wir haben keine Zeit, noch einmal um die Insel herumzusegeln. Zweitens stellen Sie uns während der Dauer unseres Aufenthaltes einen Jepp zur Verfügung, der meinen Freund und mich jederzeit von dieser schönen Bucht aus in die Stadt fährt, und drittens freuen wir uns auf das Osteressen, zu dem Sie uns eingeladen haben!"

„Einverstanden!" antwortete er strahlend und reichte mir die Hand. Dann bestieg er seinen Jeep und verschwand um die nächste Kurve.

Ich besprach mit Dieter das Ergebnis unserer Aussprache.

Jetzt konnten wir das ausgefallene Osterfest nachholen! Die orthodoxe Kirche in Griechenland feiert Ostern ja eine Woche später als die übrige Christenheit.

Am folgenden Morgen stand der Jeep mit Fahrer vor unserem Hotel bereit, wir bekamen die Einklarierung überbracht und konnten in dieser wirklich schönen und gut geschützten Bucht bleiben. Dorthin möchte ich wohl noch einmal segeln!

Am Strand der Bucht schlief der Sage nach Odysseus, nachdem er von der Nymphe Kalypso in einem Floß geflohen war, Schiffbruch erlitten hatte und schwimmend das Ufer erreichte. Nausikaa, die Tochter des Königs, fand ihn unter den Bäumen, brachte ihn an den Hof ihres Vaters, und dort erzählte Odysseus den versammelten Gästen von den Abenteuern seiner Irrfahrt.

Wir dachten weniger an Odysseus, wir fühlten uns krank, waren gereizt.

Gewiß, wir hatten überlebt, um unsere Nerven stand es jedoch schlecht; der Schock begann erst jetzt richtig zu wirken. Wir wollten frühestens in fünf Tagen, nach Ostern, weitersegeln. Wieder ging eine Woche von Dieters Urlaub verloren. Nach Kreta und zurück, das war wohl nicht mehr zu schaffen. Wir wußten es beide, sprachen aber nicht darüber.

Zunächst genossen wir Korfu, nahmen an dem großen Osterschmaus auf der neuen Festung teil. Es war ein warmer Abend, unter dem sternglitzernden Himmel wurden ganze Hammel und Rinder über loderndem Feuer am Spieß gebraten. Wir saßen an langen Holztischen, und ein griechisches Orchester spielte Volksweisen. Eine prächtige Kulisse!

Die Anwesenheit des Admirals, der uns herzlich willkommen hieß, und anderer hochgestellter Persönlichkeiten nahm der Feier nichts von ihrer fröhlichen Stimmung.

Nach Mitternacht brachte uns der Jeep nach Paläokastritsa zurück, und wir verkrochen uns wieder in der Kajüte der *Solveig*.

Vier unvergeßlich schöne Wochen kreuzten wir an den Küsten Griechenlands und zwischen den Inseln der Kykladen. Unser Ziel war nach wie vor Kreta.

Wir hatten Olympia, Delphi, Mykonos und Delos besucht, jeden einzelnen Tag genossen und erreichten auch noch gemeinsam Naxos. Doch hier mußte sich Dieter entschließen, die Heimfahrt anzutreten, sein Urlaub ging zu Ende.

Nicht nur Dieter war traurig, auch mir fiel die Trennung nach so vielen gemeinsamen Erlebnissen schwer.

Griechenland mit einem Freund zu bereisen, der die Sprache fließend beherrscht und außerdem noch über fundierte Kenntnisse in der Mythologie und Architektur der Antike verfügt, ist ein Erlebnis besonderer Art. Das sollte nun zu Ende sein.

Den letzten Abend verbrachten wir in einer Taverne; Dieter trank seinen geliebten Retsina, ich genehmigte mir eine Glas des süßen Weines von Naxos. Um Mitternacht ging er an Bord und tröstete sich, wie er mir später erzählte, mit einer weiteren Flasche Retsina.

Ich hatte noch einen Monat Zeit, es war ohnehin geplant, daß ich das Boot allein zurücksegeln würde, und so war es für mich keine Frage, daß ich die Fahrt in Richtung Kreta fortsetzte.

Auf dem Weg nach Kreta liegt die Insel Santorin oder Thira, wie sie die Griechen nennen. Dort sollte ich ein seltsames Erlebnis haben.

Santorin ist eine Vulkaninsel, genauer gesagt, der Rand eines im Meer versunkenen Vulkans. Steil, wie die Wände eines Kraters, fallen die Berge in die See ab, ankern ist deshalb nicht möglich. In der Mitte des Kraters ist 1925 eine neue Insel aufgetaucht, ein Lavahügel, aus dessen Gestein und Spalten Schwefeldämpfe aufsteigen.

Vom Haupthafen aus segelte ich zu der drei Meilen entfernten Kraterinsel hinüber und fand zwischen wild aufgetürmtem Lavagestein einen engen Ankerplatz.

Das Wasser war auch hier ziemlich tief, und ich brachte zur Sicherheit zwei Leinen nach Land zu aus, die ich um Lavazacken herumschlang und verknotete. In Bootsschuhen machte ich mich danach auf den Weg zum etwa 200 Meter hohen Gipfel des Vulkans.

Je höher ich stieg, desto heißer wurden die Steine; auf dem letzten Drittel brannte die Glut durch die dünnen Sohlen, dazu schickte die Sonne ihre sengenden Strahlen vom wolkenlosen Himmel. Meine Beine wollten nicht mehr, trotzdem, ich konnte nicht stehenbleiben, denn sofort wurden die Sohlen so heiß, daß ich den Schmerz nicht aushielt.

Der Ausblick von dem kleinen Gipfel aber war lohnend, ringsum die blaue See und in der Ferne die Ränder des großen Kraters, die als rötliche Inseln aus dem Meer aufragten. Wissenschaftler gehen davon aus, daß der Untergang der Insel Ende des 16. Jahrhunderts v. Chr. die größte Naturkatastrophe war, die sich in Europa ereignet hat, daß die Flutwelle das 60 Meilen entfernte Kreta erreichte und dort gewaltige Zerstörungen anrichtete. Die Behauptung, Santorin sei das im Meer versunkene sagenhafte Atlantis, halte ich dagegen für eine mehr als fragwürdige Spekulation.

Mir war dieser Vulkan unheimlich.

Als ich im Laufschritt mit brennenden Füßen wieder unten bei der *Solveig* angelangt war, ging die Sonne bereits unter. Gerne wäre ich nach Thira zurückgesegelt, aber es war zu spät. Ich richtete mich darauf ein, die Nacht zwischen dem bizarren Lavagestein zu verbringen.

Eine Weile blieb ich noch im Cockpit sitzen, sah mich um:

Anker und Leinen waren in Ordnung, auch bei plötzlich aufkommendem Wind konnte ich sicher sein.

Es stank erbärmlich nach Schwefel, und weiße Flocken und Bimssteine schwammen auf dem spiegelglatten Wasser. Kein Geräusch war zu hören außer dem Krächzen einiger großer Vögel, die auf den Zacken der Lava hockten und ihr Gefieder putzten. Neben dem Boot, auf einem Felsvorsprung, stand eine kleine Votivkapelle, gestiftet von einem Fischer für seine Errettung aus Seenot.

Als es zu dunkeln begann, stieg ich in die Kajüte und bereitete mir ein ausgiebiges Abendessen. Danach warf ich noch einen Blick in die Runde. Die gezackten Konturen der Lava hoben sich schwarz gegen den Nachthimmel ab, der im rötlichen Schein der untergehenden Sonne erglühte. Eine gespenstische Szenerie! Ich schloß das Kajütluk und setzte mich auf die Koje. Im Seehandbuch und auf der Karte studierte ich die Entfernung und die möglichen Windverhältnisse für meine Fahrt nach Kreta. Dann schaltete ich das Licht aus und legte mich schlafen.

Plötzlich ein lauter Knall, ein Schlag gegen das Boot. Ich hörte den Mast klirren, ein Gegenstand fiel zu Boden!

Verdammt, hatte mich ein Fischerboot gerammt? Ich lauschte, hörte nichts, sprang dann ins Cockpit und sah etwas Helles im Wasser zappeln, schlagen – ein Vogel! Kurz darauf verschwand er in der Dunkelheit. Schwamm er? Flog er? Es war nicht zu erkennen. Und was war sonst? Hatte der Vogel den Schlag verursacht? War er gegen den Mast geflogen?

Das mußte wohl sein, denn außer ihm bewegte sich nichts ringsum. Hoffentlich hatte er sich nicht verletzt, dachte ich noch, stieg wieder nach unten und überlegte, wer sonst den Schlag verursacht haben konnte.

Fünf oder zehn Minuten saß ich so in Gedanken, auf einmal wieder ein Stoß gegen den Mast, das ganze Boot schwankte, es klapperte in der Takelage.

Jetzt hörte ich von allen Seiten wütende Schreie der Vögel, und wieder flog einer mit voller Wucht gegen den Mast oder das Want! Flügelschlagen, heiseres Krächzen und wieder – Krach! Das Tier flattert, verschwindet im Dunkel.

Die Vögel greifen an!

„Gibt es das?" denke ich, und wie zur Bestätigung kommt einer im Tiefflug angeschossen, zielt auf meinen Kopf!

Im letzten Augenblick lasse ich mich in die Kajüte fallen und knalle das Luk zu.

In Abständen von fünf Minuten oder mehr wiederholen sich die Schläge gegen den Mast, noch drei-, viermal. Dann tritt Ruhe ein. Ich lege mich wieder schlafen, doch um drei Uhr früh beginnt der Tanz von neuem. Wildes Geschrei draußen und ein Krach nach dem anderen!

In rascher Folge fliegen offenbar mehrere Vögel gegen die Takelage, zehn Stöße oder mehr. Ich bin hellwach, höre das Gekrächze. Doch auf einmal ist der Spuk vorbei.

Für den Rest der Nacht blieb es ruhig, und am Morgen war keines der Tiere zu sehen. Auch kein verletzter Vogel, nach dem ich besonders Ausschau hielt.

„Merkwürdig", schrieb ich ins Logbuch, holte Leinen und Anker ein, ging auf Südkurs.

Nach Kreta wollte ich, aber der Wind wollte nicht und blieb zunächst aus; ich fischte Bimssteine aus dem Wasser, und als ich nach fünf Stunden (!) die südlichste der Inseln von Santorin erreicht hatte, kam mir ein Südwest entgegen. Gegen den Wind 60 Meilen nach Kreta? Noch eine Nacht an diesem verwunschenen Ort ankern und warten? Nein! Ich faßte einen anderen Plan:

Mit dem aufkommenden Südwind könnte ich nach Piräus zurücksegeln und von dort mit dem Dampfer nach Kreta, um den berühmten

Palast von Knossos zu sehen und meine Post abzuholen. Dann hätte ich genügend Zeit gewonnen, um ohne „Druck" die Heimfahrt nach Italien anzutreten.

Tatsächlich verstärkte sich die Brise aus SW in den nächsten Stunden, und am gleichen Abend noch hatte ich einen schönen Ankerplatz in der Bucht von Ios erreicht.

Drei Tage später legte ich die *Solveig* an eine riesige Pier im neu erbauten und noch nicht ganz fertiggestellten Yachthafen Zea Marina in Piräus!

Ich war besten Mutes, denn ich hatte die Rückfahrt von Santorin in der Hälfte der veranschlagten Zeit bewältigt. Die Schiffsverbindung nach Kreta konnte nicht günstiger sein: abends ab Piräus, am Morgen in Heraklion, abends ab Heraklion und am folgenden Morgen wieder in Piräus!

Nur ein Tag Abwesenheit, da brauchte ich auch keine Angst zu haben um die *Solveig*. So dachte ich jedenfalls.

Die Überfahrten nach und von Kreta verliefen reibungslos. In Heraklion erhielt ich meine Post und blieb für den Rest des Tages in dem großartig angelegten Ausgrabungsgelände von Knossos. Dieser Palast mit seinen vielen Sälen und Kammern und das Museum beschäftigten mich so, daß ich die *Solveig* vergaß und fast noch einen Tag geblieben wäre. Doch ich nahm am Abend das Schiff zurück. Es war windig, die Seekrankheit griff um sich, Decks und Toiletten waren in entsprechendem Zustand.

Erleichtert ging ich gegen sechs Uhr früh in Piräus an Land, machte mich auf den Weg durch die Stadt zum Yachthafen.

Unwillkürlich lief ich schneller, als ich mich dem Hafenbecken näherte; schon von weitem, vom Hügel herunter erkannte ich die *Solveig* an ihrer Mole.

Als ich mich dem Liegeplatz auf etwa 50 Meter genähert hatte, sah ich, daß das Luk nicht ganz geschlossen war.

Verdammt! Da war doch jemand am Boot gewesen!

Im Laufschritt nahm ich die letzten Meter, mein Herz klopfte bis zum Hals. Ich zog an der Leine, sprang auf das Heck, das Schloß hing offen an der Überfalle! Einbruch!

Ich hielt inne, wagte zuerst nicht, das Luk aufzuschieben.

Das hatte sich gelohnt! Wegen der Post nach Kreta! Ich Idiot!

Als ich in die Kajüte stieg, blieben mir selbst die Flüche im Hals stecken: Es war alles, einfach alles verschwunden!

Sextant, Kompaß, Chronometer, Lebensmittel, Besteck, Segel, Geld, Briefe, Bücher, nichts war mehr im Boot. Sogar Uhr und Barometer hatte man sorgfältig abgeschraubt.

Verzweifelt setzte ich mich auf die Koje.

Ich suchte mechanisch weiter, aber selbst die Kanister mit Benzin, Petroleum und Spiritus waren fort, ebenso wie das letzte Stückchen Brot und die Streichhölzer. Der oder die Diebe hatten sich Zeit gelassen, hatten ganze Arbeit geleistet!

Ich versuchte zu denken. Wie sollte ich nach Hause kommen? Das Boot verladen? Das wäre teuer, dazu die vielen Anschaffungen. Eine Atlantik-Überquerung im nächsten Jahr würde es nicht geben. Meine Segelwelt, meine Träume, mit einem Schlag waren sie zusammengebrochen. Ich blieb sitzen, tat nichts, konnte nichts tun, nicht essen, nicht trinken, es war nichts mehr da. Nicht einmal Bettzeug zum Schlafen! Tränen standen mir in den Augen.

Nach einer Stunde oder zweien raffte ich mich auf, ging in die Stadt, kaufte Lebensmittel, erzählte irgend jemandem von meiner Misere. Dieser Irgendjemand gab mir den Rat, zur Polizei zu gehen. Daran hatte ich natürlich längst gedacht, aber wozu? Die Polizei würde sich wenig kümmern. Viele Akten, aber keine Aktion. Aber trotzdem, der Ordnung halber sollte ich den Vorfall melden.

Ich fragte mich durch zur Hafenpolizei. Man führte mich zum obersten Chef.

Der hörte sich meine Schilderung an, in Englisch, und erklärte dann:

„Machen Sie sich keine Sorgen, Sie bekommen Ihre Sachen wieder, Sie sind in Griechenland. Wir Griechen dulden nicht, daß ein Gast unseres Landes bestohlen wird. Ich setze sofort alle verfügbaren Beamten ein, und diese werden suchen, bis Ihre Ausrüstung gefunden ist! Ich verspreche es – bis Ihre Ausrüstung gefunden ist!"

Ich dankte ihm.

„Gehen Sie jetzt zum Boot zurück, warten Sie dort auf meine Leute und fassen Sie nichts an, bis die Spuren gesichert sind!"

Mir war leichter ums Herz, ich konnte wieder hoffen.

Fingerabdrücke und Fußspuren wurden abgenommen, dann baten mich die Kriminalbeamten:

„Bleiben Sie möglichst beim Boot, es kann sein, daß wir Fragen haben. Warten Sie in Ruhe!"

Ich kaufte Lebensmittel und wartete.

Am nächsten Tag kam ein Beamter und holte mich auf die Wachstube der Hafenpolizei. Ich sollte einen Verdächtigen identifizieren. Ein Junge, vielleicht 18 Jahre alt, der mich mehrfach angesprochen hatte und stundenlang beim Boot herumgestanden war, wurde mir vorgeführt.

„Kennen Sie den Jungen?" fragte der Beamte.

„Ja, er war einige Male auf der Mole beim Boot", gab ich zur Antwort.

Ob er der Dieb sein konnte? Er war aufdringlich und lästig gewesen, hatte Zigaretten verlangt und Geld.

Der Beamte schrie ihn an, auf griechisch, schlug ihm ins Gesicht.

„Wann war er beim Boot, wie oft?" wandte sich der Polizeimann an mich. Ich war betroffen. Was sollte ich sagen?

Meine Auskunft war nur kurz. Wieder wurde der Bursche, diesmal von einem anderen Beamten, geschlagen, man wollte ein Geständnis von ihm. Er wurde ausgefragt, geschlagen, gefragt.

„Ich habe nichts gestohlen, ich schwöre es, ich habe nichts gestohlen!" verteidigte sich der Junge dann in Englisch vor mir.

Er wurde abgeführt.

Der Beamte bemerkte mein Entsetzen.

„Sie brauchen keine Bedenken zu haben, der Mann ist vorbestraft, hat schon öfter gestohlen, er hat striktes Verbot, bei den Yachten herumzulungern. Ein paar Schläge auf Vorrat können ihm nicht schaden!"

Mit ungutem Gefühl ging ich zum Boot zurück.

Hier herrschten andere Gepflogenheiten als in Deutschland, die Schläge gehörten sicher zu den obligaten Bestandteilen einer Vernehmung. Aber vielleicht hatte der Junge wirklich gar nichts mit dem Diebstahl zu tun? Seine Fingerabdrücke hat man jedenfalls nicht gefunden.

Zwei Tage später:

Meine Hoffnung, die Sachen wieder zu bekommen, begann zu schwinden, denn selbst wenn der Dieb gefaßt wird, so überlegte ich, sind die Wertgegenstände längst verkauft.

In aller Frühe kam ein blasser, völlig übermüdeter Kriminalbeamter zum Boot, in der Hand hielt er eine Konservendose.

„Ist diese Dose von Ihnen?"

Ich war vorsichtig geworden, wollte nicht, daß vielleicht noch jemand unschuldig geprügelt wird. Lange hielt ich die Dose in der Hand, las das Etikett mehrmals. Aber da gab es keinen Zweifel!

„Ja, die Büchse Erbsen ist aus meinem Bestand."

„Gut", sagte der Beamte, „dann weiß ich jetzt, wo ich suchen muß, ich werde auch alle übrigen Gegenstände finden. Warten Sie hier, ich bin bald wieder da!"

Nach vier Stunden kam er zurück, zusammen mit zwei Kollegen:

„Wir haben alles entdeckt, es war in einem Keller versteckt; alles vollständig! Sie können sich Ihre Ausrüstung auf der Wache abholen!"

Ich konnte es nicht fassen!

Tatsächlich fehlte außer etwas Bargeld kein einziger Gegenstand; die Diebe, es waren zwei Fischer mit eigenem Boot, hatten die gesamte Beute im Keller einer Hafentaverne versteckt. Der Beamte, der die richtige Spur gefunden hatte, war seit meiner Meldung Tag und Nacht auf den Beinen gewesen, hatte den ganzen Hafen durchsucht und schließlich in einem Fischerboot die Büchse Erbsen gefunden. Insgesamt waren 25 Kriminalbeamte eingesetzt worden, den Fall aufzuklären.

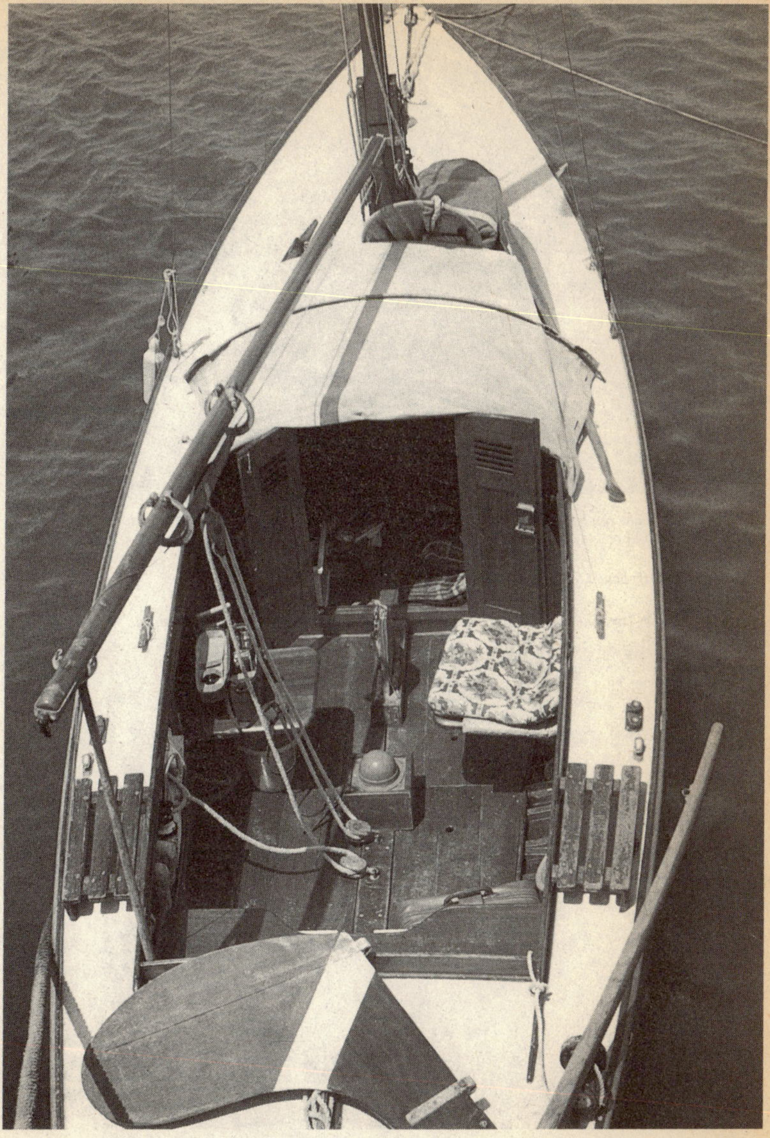

Die Bucht von Paläokastritsa auf Korfu, wo wir nach der Beschießung ankerten – im Vordergrund rechts die „Solveig"

Vorhergehende Seite: Die Hansa-Jolle „Solveig"

Naxos – der leuchtende Marmor eines unvollendet gebliebenen Dionysos-Tempels

Neuen Zielen entgegen...

Nur selten betätigte ich mich als Angler

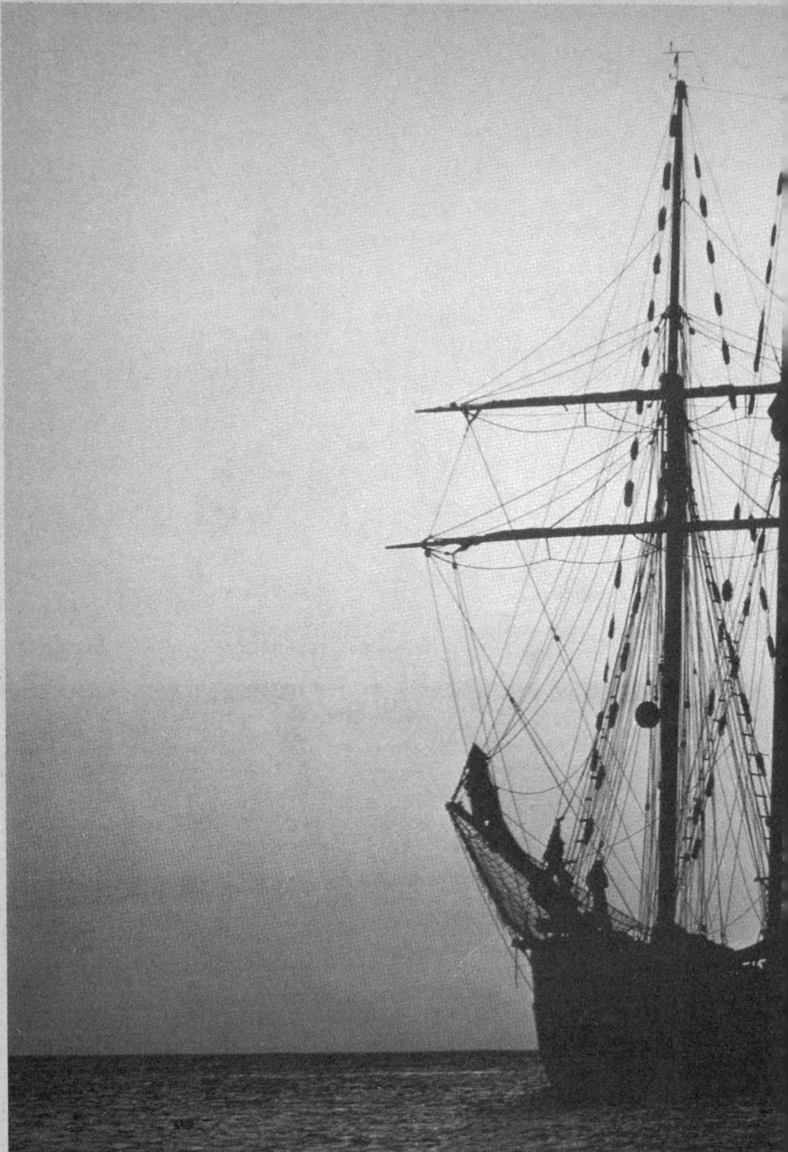

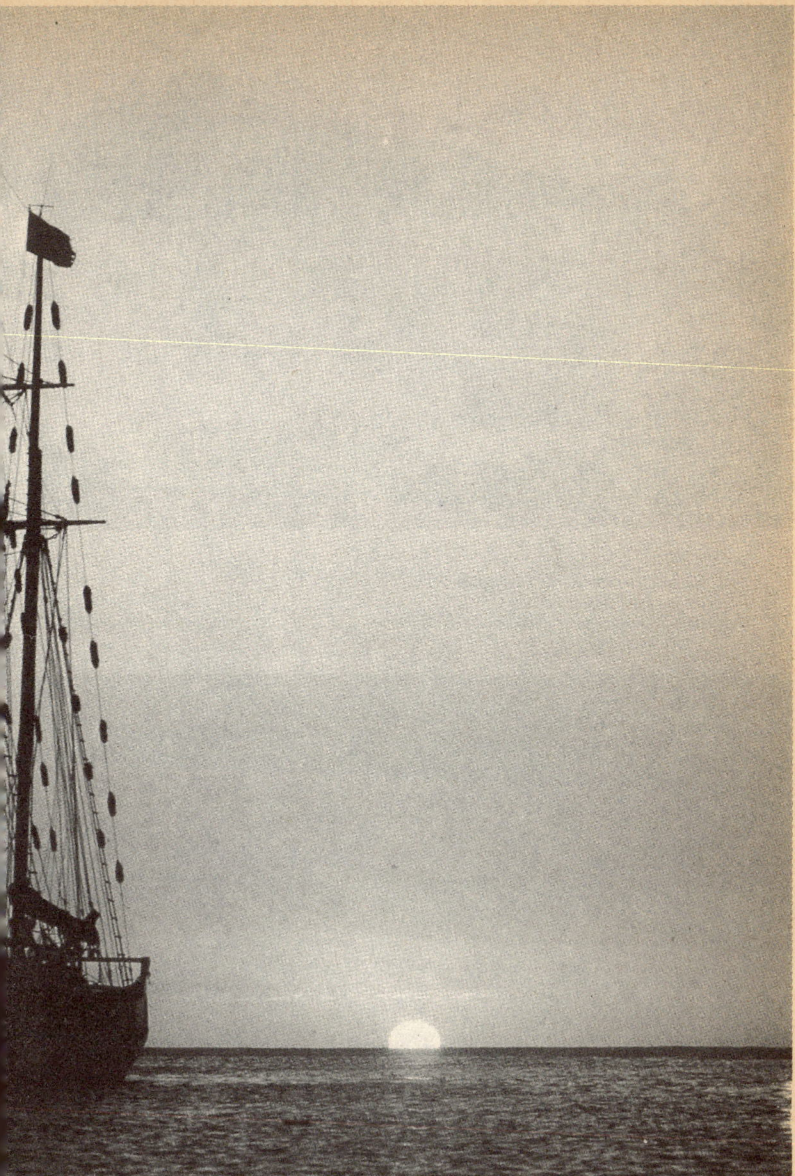

Die unbewohnte Insel Little St. Vincent
Oben: Strand und Ankerplatz
Unten: Ellen in einem alten Kessel der Walfänger

Zauberhaftes Bequia:
Die Walfangboote in der Friendship Bay

Nachfolgende Doppelseite: ...mein Ankerplatz

Einsamer Sandstrand

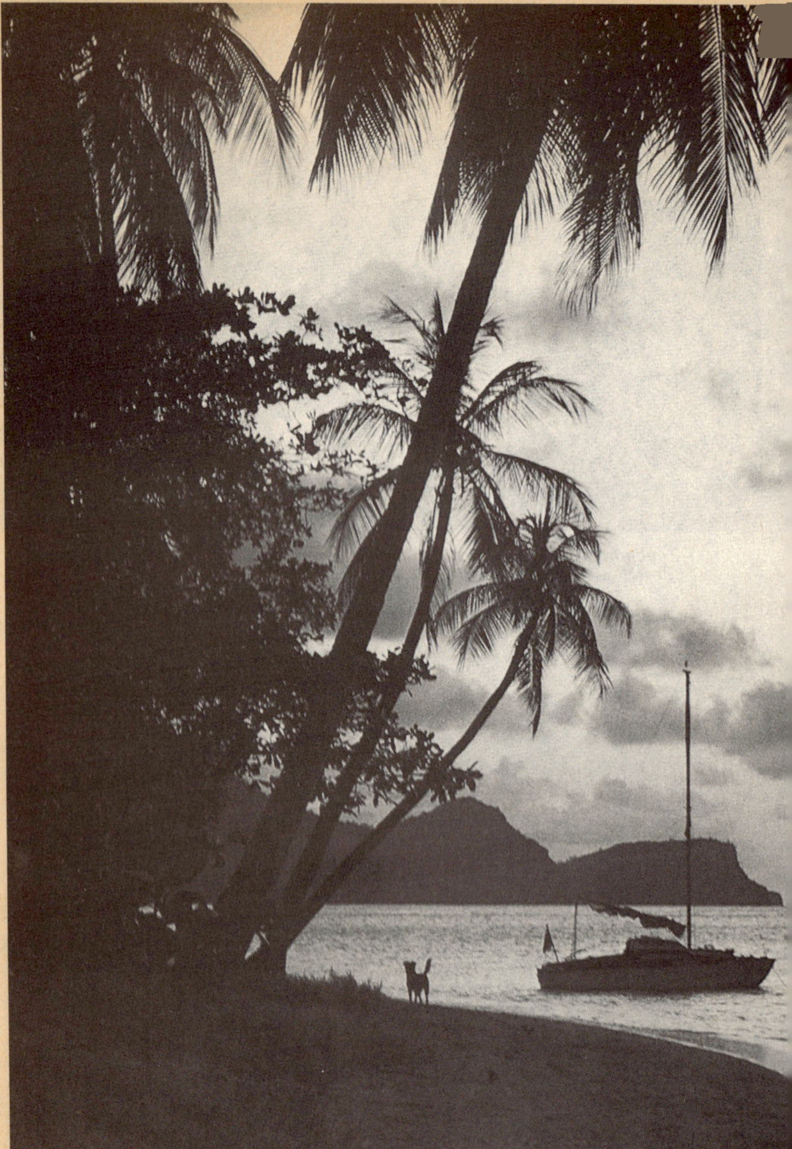

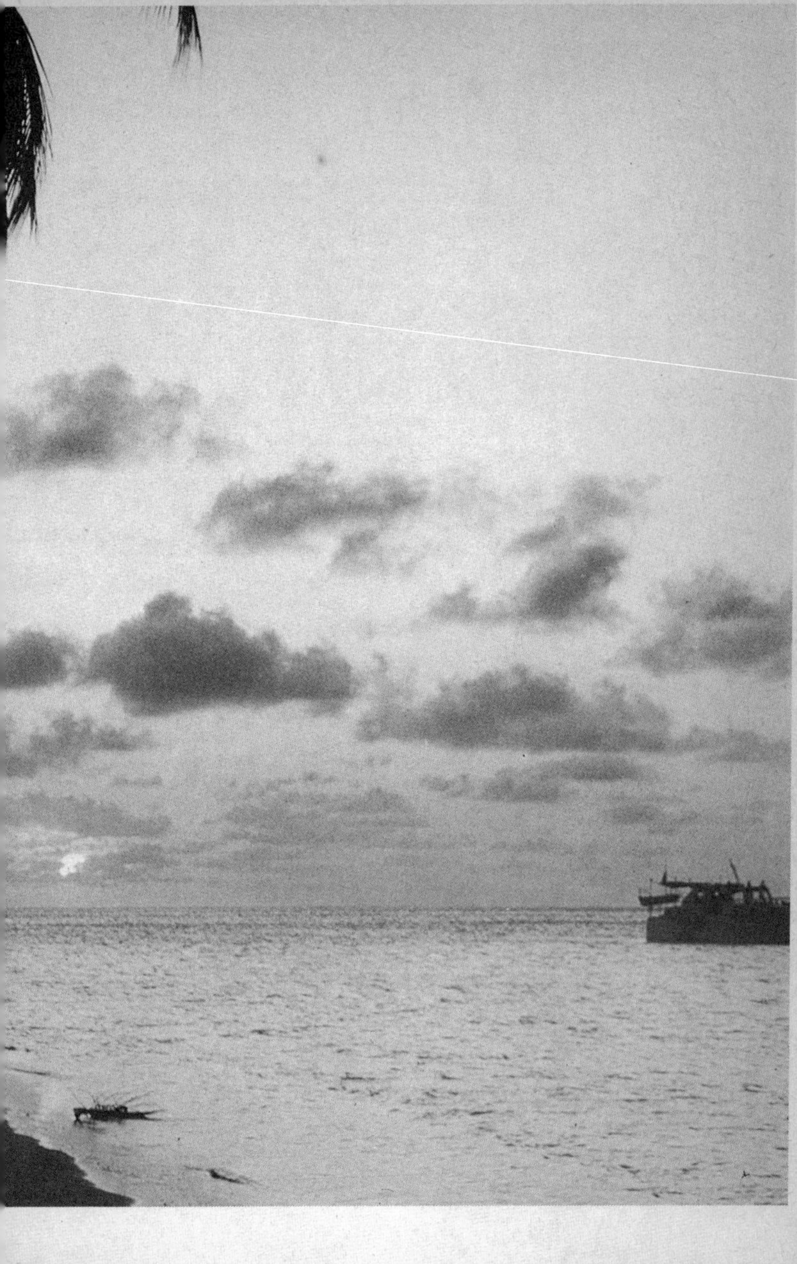

Princess Margaret Beach – Bequia

Die Brandung des Atlantik

Die historischen Hafenanlagen von English Harbour – Antigua

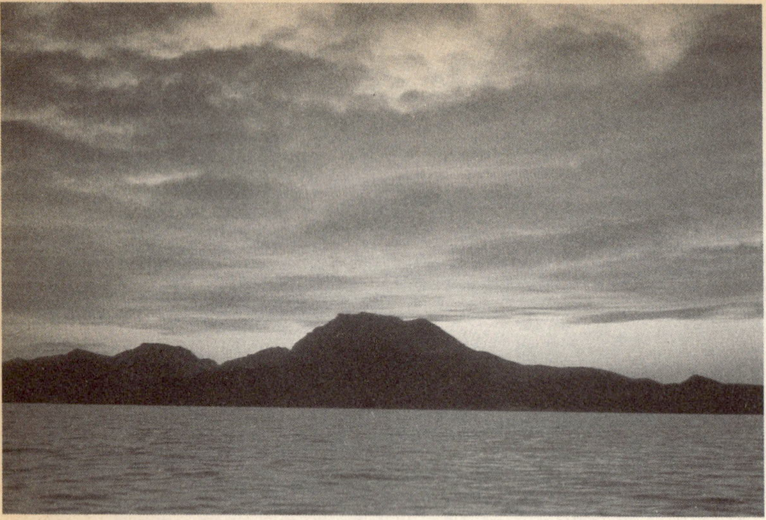

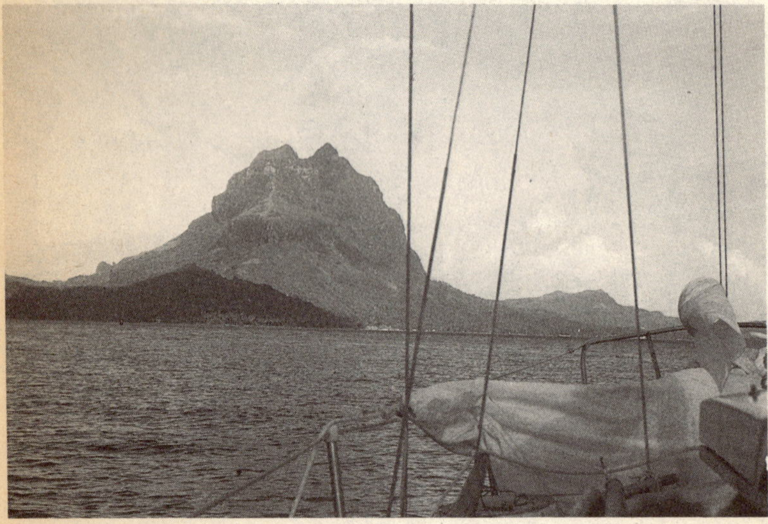

Inseln in der Karibik und in der Südsee

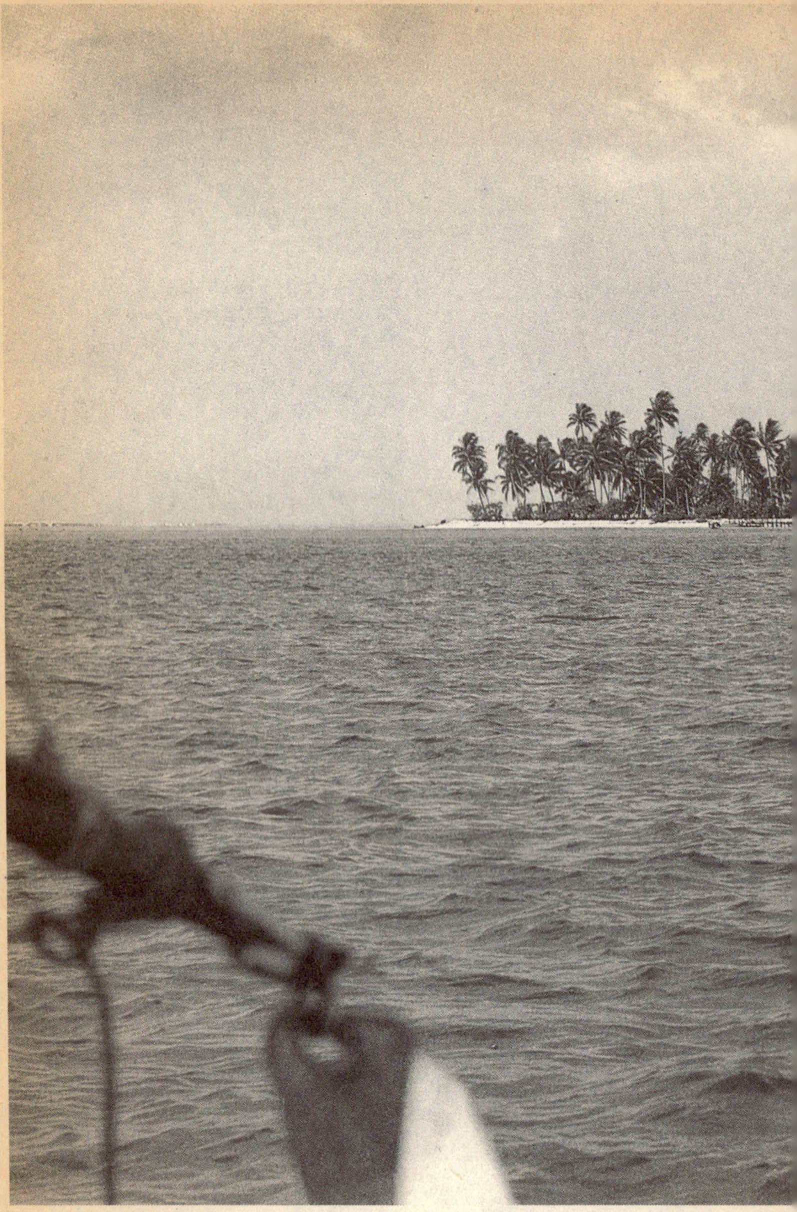

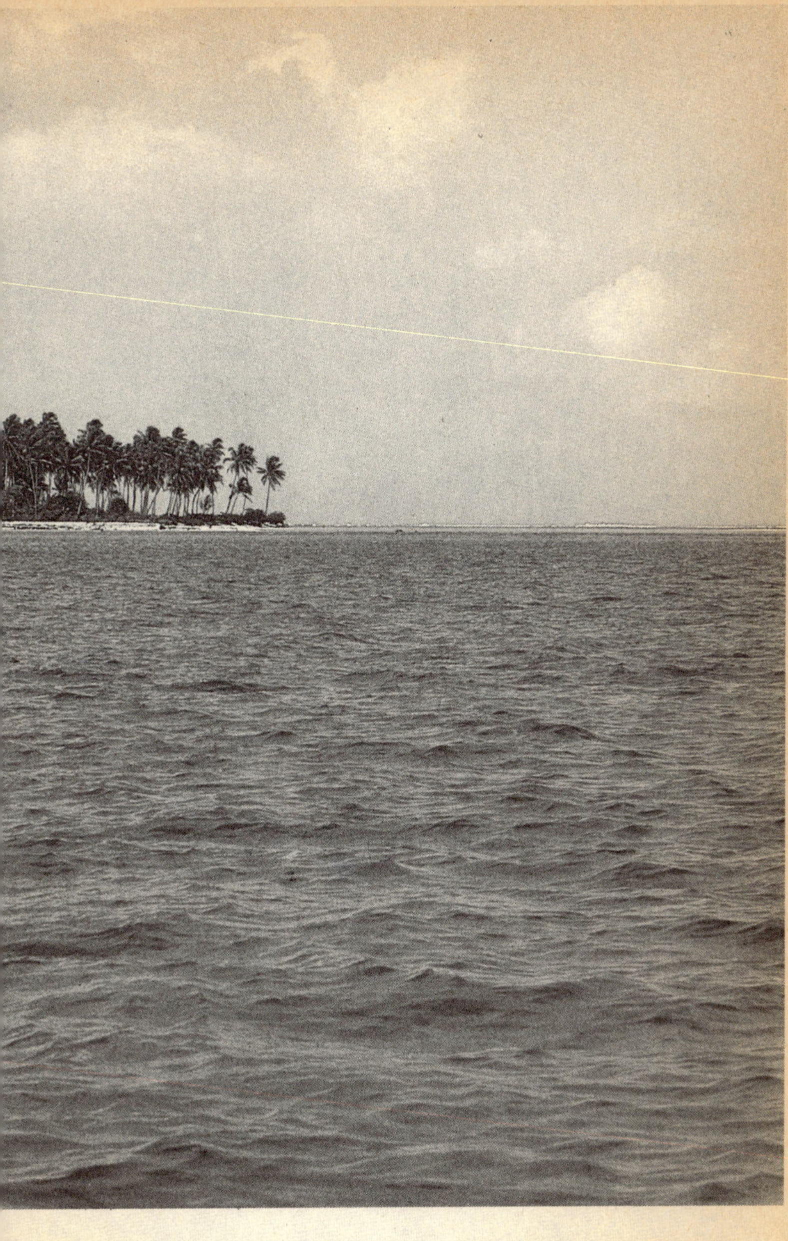

...Traumziel aller Segler

Das Finale habe ich nicht miterlebt, es wurde mir auf der Polizeistation berichtet: der Dieb war, nachdem man sein Versteck entdeckt hatte, mit seinem Boot geflohen. Die Ereignisse müssen sich dann wie in der Schlußszene eines Krimis abgespielt haben, als die Flotte von Polizeibooten losbrauste, die Männer in einer entlegenen Bucht aufspürte und sie nach einer Schießerei zur Übergabe zwang. Ansonsten waren Verrat, List, Denunziation, Hehlerei und zuerst auch falscher Verdacht gegen den Jungen im Spiel gewesen.

Dieser Junge erschien übrigens noch am gleichen Tag bei der *Solveig*, zeigte mir seine blauen Flecken und bat um eine „Entschädigung" für die unschuldig erlittene Haft.

Ich gab ihm Zigaretten und etwas Bargeld.

So liebenswürdig und hilfsbereit sich die griechische Polizei auch gezeigt hatte, für diesmal reichte es mir!

Vorsichtig und ohne jeden unnötigen Aufenthalt wollte ich nach Italien segeln.

Die *Solveig* hatte sich bewährt. Der kleine Kimmkieler war eine typisch englische Konstruktion: robust, seetüchtig, zweckmäßig, einfach in seiner Ausstattung. Für seine fünf Meter Länge innen sehr geräumig. Kurzum, viel Boot für wenig Geld, aber alles andere als eine Schönheit, besonders wenn ich an die schnittige Hansa-Jolle dachte. Der Atlantik-Unternehmung stand also nichts mehr im Weg.

Schon am nächsten Morgen machte ich von der Pier los und kreuzte bei leichtem Wind zur Insel Salamis.

Zwei Wochen später hatte ich Korfu erreicht, blieb aber nur knappe 24 Stunden zum Ausklarieren und um eine Reihe von Einkäufen zu erledigen. Gegen Abend holte ich den Anker auf und steuerte auf die schmale, wenige Meilen breite Meerenge zwischen der Insel und der Küste Albaniens zu.

Ich wollte diese Straße in der Nacht passieren, denn zwangsläufig kam ich dort der albanischen Küste sehr nahe.

Die Albaner hatten große Scheinwerfer aufgestellt, die jedes Schiff in ihren Lichtkegel bannten, das die Schiffahrtsstraße nach Korfu und dem übrigen Griechenland durchquerte. Die *Solveig* war jedoch zu klein, das Lichtbündel des Scheinwerfers glitt über sie hinweg.

Die nächtlichen Kontrollen sollten die Wachsamkeit gegenüber der Schiffahrt kapitalistischer Staaten dokumentieren!

Am Morgen hatte ich die Meerenge glücklich hinter mir und schrieb als letzte Eintragung in das Logbuch: „In der Nacht bis 1 Uhr gute Brise aus SW, dann Flaute. 8 Uhr: leichte Brise aus OSO, komme nur langsam vorwärts."

Es war ein heißer Tag; der schwache Wind vermochte kaum die Oberfläche der trägen See zu kräuseln. In der Ferne, an Steuerbord, konnte ich in der diesigen Luft die grauen Umrisse der albanischen Gebirgskette erkennen. Ich war froh, zu dieser Küste genügend Abstand gewonnen zu haben.

Zermürbend langsam glitt die *Solveig* durch das Wasser.

„Nur Geduld", murmelte ich vor mich hin, „in spätestens zwei Tagen bist du drüben in Italien."

Es mochte zwei Uhr am Nachmittag gewesen sein, als ich hinter mir die Masten eines Schoners sah, ohne Segel. Er lief mit der Maschine und kam allmählich näher.

War das eine Yacht? Aber nein! Aus kürzerer Entfernung erkannte ich im Fernglas deutlich einen kleinen Küstensegler, ein Frachtschiff, vielleicht 25 Meter lang, zwei Masten, undefinierbare Farbe.

Er hielt genau auf mich zu.

„Warum?" dachte ich, „will er mich vielleicht schleppen? Hat er Mitleid mit dem kleinen Floh, der da so hilflos herumdümpelt?"

Während ich noch überlegte, griff ich wieder zum Fernglas, erkannte ziemlich zerlumpte Gestalten an Deck. Das sah mir eher nach Piratenschiff aus denn als ein hilfsbereiter Küstenfahrer!

Ich versuchte einen anderen Kurs zu steuern. Lächerlich, bei dem Wind bewegte sich nichts. Zum hundertsten Mal auf dieser Fahrt erflehte ich einen Motor!

Drohend näherte sich das Schiff, drehte bei, stoppte die Maschine.

An die zwölf, in Reste von Uniformen gehüllte Männer mit Kopftüchern und Schärpen drängten sich an der Reling. Ihr Räuberzivil hätte auf jedem Karneval Eindruck gemacht. Aus dem Steuerhaus trat der Kapitän, nahm ein Sprachrohr zur Hand und brüllte zu mir herüber:

„Welche Direktion?"

„Nach Italien, Brindisi, Brindisi!" schrie ich zurück, versuchte Fahrt aufzunehmen, weiter zu segeln.

Er warf die Maschine an, fuhr einen Halbkreis und legte sich vor meinen Bug.

„O nein, nein, nein, nein!" schrie es in mir, „nicht schon wieder gekapert werden! Das darf doch nicht sein! Nicht noch einmal!"

„Stoppen Sie!" rief der Kapitän, „Sie sind in albanischen Gewässern, nehmen Sie die Leine, wir schleppen Sie nach Albanien!" Er sprach Italienisch, etwas Englisch.

Ich tat, als hätte ich nicht verstanden, rief nochmals:

„Brindisi!"

Doch es half nichts, seine Leute holten Gewehre; wie sollte ich mich allein verteidigen!

Ich fischte die zugeworfene Trosse aus dem Wasser, befestigte sie an der Klampe, und langsam nahm der morsche alte Kasten Fahrt auf.

Ich war außer mir vor Wut!

Hätte ich dieses Schiff versenken können, ich hätte es getan – mit all den häßlichen Kerlen an Bord. Das war doch eine Gemeinheit! Ich hatte mindestens 12 Meilen Abstand zu der verfluchten Küste gehalten, auf die mein Entführer jetzt zusteuerte. Nur den Kleinen, den Hilflosen gegenüber kann man so dreist den starken Mann herauskehren! Den großen Fährschiffen oder Frachtern wäre dieser selbsternannte Vaterlandsverteidiger schön ausgewichen! Dieser hinterhältige Schuft! Wohin würde er mich bringen?

Allerlei Angstvorstellungen schossen während der Schleppfahrt durch meinen Kopf: Beschlagnahme des Bootes, Geldstrafe, Gefängnis, vielleicht sogar Schlimmeres!

Albanien war damals ein völlig unbekanntes Land, für jeden Reisenden gesperrt, ein „verbotenes Land". Selbst die Sowjetunion war für die Albaner kommerziell, zu „westlich" eingestellt! Nur das System Rot-Chinas unter Mao Tse-tung entsprach in etwa den politischen Vorstellungen der albanischen Kommunisten. Zu beinahe allen europäischen Nationen, einschließlich des Ostblocks, und zu ihrem Nachbarn Jugoslawien waren die diplomatischen Beziehungen abgebrochen. Griechenland war der Todfeind! Und von dort kam ich gerade her!

Mindestens drei Stunden tuckerte der alte Kasten mit qualmendem Auspuff vor mir her, dann näherten wir uns der Steilküste Albaniens. Zwischen den Felsbergen tat sich eine Bucht auf, dort steuerte der Schoner hinein. Noch waren keine Häuser, keine Menschen zu sehen. Wollte er mich in der düsteren Bucht ausrauben?

Doch dann konnte ich eine Ortschaft erkennen, sogar einige Schiffe lagen vor Anker.

Der Entführer-Kapitän schleppte stolz seine „Prise" in den Hafen; am Ufer begann ein Gelaufe und Gerenne von uniformierten Gestalten.

Die *Solveig* wurde mit mehreren Trossen längsseits des alten Kastens festgemacht, ein Bewacher kam zu mir an Bord. Eine Barkasse mit Offizieren und einem Zivilisten legte vom Ufer ab, und die Herren stiegen an Bord des Schoners. Es folgte eine Gruppe Soldaten, die zwei Maschinengewehre über mir in Stellung brachten; sie stellten die MGs auf Kisten, so daß der Lauf über dem Schanzkleid lag und freies Schußfeld nach unten, auf mein Boot gegeben war. Von vorne und von achtern starrte die Mündung eines MGs auf das Cockpit der gefangenen *Solveig*. Zuviel der Ehre!

Nach einer Weile wurde ich an Bord des Schiffes beordert, in das Steuerhaus, in dem der Kapitän, zwei Offiziere und ein Zivilist in aufgeregtem Gespräch miteinander verhandelten.

Ich war eigentlich froh, nicht mit dem Kapitän allein sprechen zu müssen, ich fühlte seinen Haß – und sofort schrie er mich auch schon wieder an:

„Sie in albanische Wasser, eine Meile vor der Küste!"
Der Mann in Zivil trat dazwischen, sprach mit dem Kapitän.
Dieser wandte sich wieder an mich:
„Sagen Sie Kommissar, Sie in albanische Wasser!"
Er packte mich am Arm.
Das also war der Kommissar! Der berühmte Kommissar, der in den kommunistischen Ländern über Wohl und Wehe entscheidet. Unwillkürlich hielt ich mich an ihn, die Offiziere hielten sich ohnedies zurück.
„Ich war nicht in albanischem Wasser, ich war zwölf Meilen draußen, auf See, draußen!"
„Das ist albanische Wasser! Haben albanische Territorio verletzt!" schrie darauf der Kapitän.
„Nach internationaler Regel gehören drei Meilen zum Territorium", erklärte ich dem Kommissar.
Der Kapitän holte die Seekarte, ich zeigte einen Punkt, etwa zehn Meilen von der Küste entfernt, in der Nähe von Korfu.
„Albanisches Territorio ist 15 Meilen von Küste!" erklärte triumphierend der Kapitän, „ich Sie nehmen in albanische Wasser!"
Ich verstand nur wenig Italienisch und die Albaner wiederum kein Englisch. Meine drei Worte Italienisch reichten nicht aus, um mich verständlich zu machen. Die Verhandlung blieb ohne Ergebnis. Seitens des Kommissars wurde ich zum Gefangenen erklärt:
Vorläufig durfte ich auf die *Solveig* zurück, am Morgen würde man weiter sehen.
Die beiden Maschinengewehre blieben in Stellung, jede Stunde wurde die Wache abgelöst, dazu brachten die Soldaten vor Einbruch der Dunkelheit noch einen Scheinwerfer an, der mein Boot hell beleuchtete.
Ich kroch in die Kajüte, zog die Vorhänge zu und bereitete mir etwas zu essen.
Meine Gedanken kreisten pausenlos um die Männer oben im Schiff und um die Verhandlung, die wir geführt hatten. Aus dem rasenden Zorn und der Wut des Kapitäns schloß ich, daß die Offiziere über die gemachte Beute nicht recht glücklich waren! Sie mußten ja nun eine Entscheidung fällen. Sie waren plötzlich verantwortlich, es ging um ihre Stellung. Und diese Suppe hatte ihnen der Kapitän mit seinem Übereifer eingebrockt, hatte wohl einen Orden erhofft und sah sich in die Enge getrieben. Ein unbequemer, nicht einmal nützlicher Idiot für die Apparatschiks. Diesen Eindruck hatte ich gewonnen.
Und was bedeutete das für mich?
Man würde auf alle Fälle versuchen, mir Spionage oder Verletzung des Territoriums anzuhängen, schon zur eigenen Rechtfertigung. Und wenn ein aufsehenerregender Spionageprozeß in Tirana politisch gerade zweckmäßig erschien, dann hatte ich Pech gehabt.

Am Morgen kam ein Offizier, der etwas Deutsch sprach.
Er erklärte mir:
„Sie sind in Haft, machen Sie Ihr Boot klar, in zehn Minuten kommen zwei Offiziere, die mit Ihnen auf die andere Seite der Bucht fahren. Dort bringen Sie das Boot auf den Strand, nehmen die Flagge herunter, es gehört jetzt dem Staat Albanien. Sie bringen dann die gesamte Ausrüstung an Land. Die Ausrüstung wird verpackt, sie gehört ebenfalls dem Staat Albanien. Sie werden in ein Gefängnis nach Tirana überführt, das ist unsere Hauptstadt. Dort kommen Sie vor Gericht. Wenn Sie Glück haben, werden Sie nach Ost-Berlin abgeschoben."

Also ins Gefängnis. Und dann ausgerechnet in die DDR! Wie lange würde man mich dort festhalten, bevor ich nach Garmisch zurückdurfte?

Die Offiziere rückten an, stiegen zögernd ins Cockpit.

Argwöhnisch beobachteten sie jede meiner Bewegungen, ließen mich einen weiten Bogen am Ufer entlangsegeln, aus Angst, ich könnte der Ausfahrt zu nahe kommen.

Dann deuteten sie auf eine Stelle am Strand: Dort landen! Die Männer hatten keine Ahnung, daß ein Boot mit Kiel – und 70 Zentimeter waren die Doppelkiele der *Solveig* tief – nicht auf dem Strand anlanden konnte.

Endlich fanden wir einen umgestürzten Baumstamm, der halb im Wasser lag. Neben diesem Baumstamm ließ ich mein armes Boot mit Schwung auf die Steine laufen, daß es fest saß.

Nun konnten zuerst die Herren, dann ich aussteigen.

Über den Baum kletterten wir an Land. Und über den Baum durfte ich während der folgenden drei Stunden meine gesamte Ausrüstung bis zur letzten Konservendose auf die Wiese schleppen und von dort aus in eine Kaserne. Die Flagge und meinen Clubstander hatte ich befehlsgemäß niedergeholt. Ein beklemmender Augenblick.

Die Kaserne lag nur etwa 100 Meter vom Strand entfernt.

Die Einrichtung war einfach, aber tadellos sauber. Jeder preußische Unteroffizier hätte seine Freude gehabt. Der Offizier von gestern sowie ein höherer Offizier, der „Commandante", zeigten mir die Räume nicht ohne Stolz.

„Wir sind arm, aber wir sind ehrlich, und wir sind Kommunisten, deshalb ist alles so sauber. Bei uns herrscht Ordnung."

Ein ganzes Zimmer war angefüllt mit der Ausrüstung aus der *Solveig*. Den Film aus meiner Kamera hatte ich schon in der Nacht herausgenommen und samt allen anderen Filmen ins Wasser geworfen. Sonst war da nichts, vor dessen Entdeckung ich mich fürchten mußte.

„Wir werden zusammen eine Liste aller Gegenstände anfertigen, dann kommen die Sachen in einen Sack und werden zum Gericht nach Tirana geschickt. Wir sind Kommunisten, wir sind ehrlich, wir stehlen nichts, es ist alles für den Staat! Vielleicht bekommen Sie auch etwas wieder, wenn Sie aus dem Gefängnis entlassen werden, aber das wissen wir nicht."

Ein Stück nach dem anderen zog ich aus dem Berg von Sachen heraus, zeigte es dem Kommissar, der nannte die Bezeichnung auf albanisch, und der Commandante, der neben mir stand, schrieb die Liste. Es dauerte Stunden.

Und bei dieser Arbeit fühlte ich, wie der Commandante mehr und mehr auftaute, mir gelegentlich sogar freundliche Blicke zuwarf. Es muß ein rührendes und armseliges Bild zugleich gewesen sein, wie ich da eine Unterhose, einen Löffel und eine Konservendose nach der anderen herzeigte und registrieren ließ. Gewiß nicht die Ausstattung eines Spionageschiffes. Manche Gegenstände, wie zum Beispiel die Kameras, wurden lange und genau untersucht.

Als wir die Bestandsaufnahme abgeschlossen hatten, erlaubte mir der Kommissar, etwas von meinen Lebensmitteln zu essen. Man ließ mich allein.

Da saß ich vor meinem Hab und Gut, das auf dem Boden verstreut lag. An den Wänden des hell getünchten Raumes klebten Zeitungsausschnitte und Karikaturen von Adenauer und Strauß, aber auch von Kennedy und Chruschtschow, beide Arm in Arm verbrüdert. Die westlichen Politiker, vor allem Strauß, waren in grotesken Posen, zähnefletschend und jämmerlich dargestellt, während Vertreter der Volksrepublik siegreich und mächtig, mit strahlendem Lächeln kraftvoll in die Zukunft blickten. Und ich gehörte ja zweifellos zur Sorte der heimtückischen Feinde des Volkes!

Nach dem Essen kam der Kommissar mit Papier und Füller.

„Berichten Sie mir genau über Ihre Reise, über Ihr Leben! Wer war Ihr Vater, wer Ihre Mutter? Wann sind Sie abgefahren? Wo? Geben Sie mir Namen von allen Personen, mit denen Sie im letzten Monat gesprochen oder gelebt haben!"

Ich gab alle Häfen an, von Bari bis Santorin und zurück, nannte den einen oder anderen Namen eines Bekannten. Um die Prozedur abzukürzen, mußte ich schwindeln. Was dachte sich dieser Mann nur bei seinen Fragen, er war wohl noch niemals gereist?

Das Protokoll füllte am Ende acht oder zehn Seiten, dann hielt der Kommissar inne.

„Jetzt frage ich Sie wieder: Haben Sie albanische Territorialgewässer befahren oder nicht? Überlegen Sie gut! Sie müssen es nicht zugeben, wenn es nicht wahr ist!"

Er holte noch einmal den Deutsch sprechenden Offizier, um mir diese Frage genau übersetzen zu lassen. Welche Antwort war nun richtig, welche günstiger für mich? Was sollte überhaupt der Unsinn?

Wenn man vor der deutschen Küste jedes fremde Schiff, das die Dreimeilenzone befährt, beschlagnähmen würde, gäbe es bald keine Schiffe mehr auf der Welt!

Wie also antworten? Sagte ich „Nein", würde man mich auf jeden Fall anklagen, um zu beweisen, daß ich gelogen hatte und daß die Beschlagnahme zu Recht erfolgt sei. Antwortete ich aber mit „Ja", so gab es zumindest keine Unklarheit und ich würde vielleicht mit einer Geldstrafe davonkommen. Ich konnte mich aber auf diese Weise auch einem Spionageprozeß ausliefern, denn das Wort „Spion" war oft gefallen.

Dennoch entschied ich mich für ein klares „Ja" ohne Einschränkung.

Der Kommissar verließ den Raum mit seinem Bericht unter dem Arm.

„Das Auto von Tirana ist unterwegs, warten Sie hier, bis wir Sie holen!"

Wieder fing ich an zu grübeln.

Dieser Idiot von einem Kapitän, der mich hierher gebracht hatte! Von Land aus wäre mein kleines Boot niemals gesichtet oder gar beanstandet worden, konnte ich doch von See aus selbst die hohen Berge Albaniens nur verschwommen erkennen! Was würde jetzt mit mir geschehen und was mit der *Solveig*? Es gab genug Gründe zur Besorgnis, und ich malte mir die schlimmsten Möglichkeiten in allen Farben aus.

Als dann nach einer Stunde die Tür aufging und der Kommissar hereintrat, blieb mir vor Aufregung fast das Herz stehen!

Zuerst nahm ich das Lächeln auf seinem Gesicht gar nicht wahr.

„Sie haben guten Freund, der Commandante ist guter Freund!" begann er seine Erklärung, „Commandante sagen, Sie sind guter Mensch, kein Spion, und Sie sind nicht Herr Strauß! Sie haben zugegeben im Protokoll, daß Sie in albanische Wasser! Wir haben Recht, Sie gefangenzunehmen! Aber Sie guter Mensch, Sie dürfen fahren frei! Commandante sagen, Sie alle Sachen in Boot in einer halben Stunde, dann losfahren! Wenn dunkel und an der Küste, Artillerie schießen, sehr gefährlich – molto pericoloso!"

Der Freudenrausch, der mich befiel, hat jede Erinnerung ausgelöscht, wie ich die Ausrüstung in der kurzen Zeit zurückgeschleppt habe ins Boot.

Vielleicht hat mir ein Offizier geholfen, ich weiß es nicht. Ich weiß auch nicht mehr, wie ich aus dem Hafen herauskam, der von Bergen gegen Winde aus fast allen Richtungen geschützt ist. Ich weiß nur, daß ich auf See draußen – ähnlich wie nach dem Überfall vor der arabischen Küste – keine Kraft mehr hatte zum Segeln...

Ich lief die nächstgelegene griechische Insel an, Errikoussai, um dort die Nacht zu verbringen.

Das war ein guter Entschluß, denn während der Nacht begann es plötzlich und hart zu wehen. Südwind, Schirokko, Stärke 7. Es gab keine Morgenröte, keinen Sonnenaufgang zu bewundern am nächsten Tag. Der Himmel war mit grauen Wolken bedeckt, aber ich war frei! Erst hier, im sicheren Hafen der Insel konnte ich mich so richtig freuen.

Wieder einmal hatte ich Glück gehabt; aber die Zwischenfälle dieser Reise hatten mich nervlich ziemlich angeschlagen.

Deshalb war ich fest entschlossen, trotz des stürmischen Windes zu segeln, da die Richtung günstig war und mir eine schnelle Heimfahrt gewiß schien.

Auf der Seekarte rechnete ich mir meinen Kurs nach Brindisi aus und betrachtete nachdenklich die Lage der Hafenbucht von Palermo, dem Städtchen in Albanien, wo man mich gefangengehalten hatte.

Wenn dieses Spiel mit immer weiter ausgedehnten Hoheitsrechten und daraus folgenden Übergriffen Schule machte, dann könnte dadurch die Fahrtensegelei als Erlebnis der Freiheit und als Abenteuer eines nicht zu fernen Tages zum Erliegen kommen.

Die Parole hieß also: segeln, solange es noch geht, so oft wie möglich und so weit wie möglich!

Für mich persönlich: im nächsten Jahr über den Atlantik!

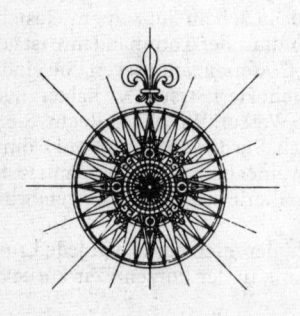

Allein über den Atlantik

Ein Jahr später lag die *Solveig* an der Brücke einer kleinen Marina unter dem Felsen von Gibraltar.

Es war 18 Uhr, und in einer Stunde wollte ich den Hafen verlassen, um mit der günstigen Gezeitenströmung durch die Meerenge in den Atlantik zu segeln.

Mit einem kleinen Boot ist das ein schwieriges Unterfangen.

Da der Wasserspiegel des Mittelmeeres niedriger ist als der des Atlantiks, entsteht ein ständiger Zufluß aus dem Ozean in das Mittelmeer.

Die Gezeiten wiederum haben zur Folge, daß sich die Stromrichtung in der Straße von Gibraltar alle sechs Stunden ändert. Jedoch fließt der Strom in östlicher Richtung in das Mittelmeer hinein immer länger und stärker als umgekehrt und erreicht Geschwindigkeiten bis zu 4 Knoten. Will man aus dem Mittelmeer hinaus, muß man die wenigen Stunden günstigen Stromes und die Stunden des Wasserstillstandes voll ausnützen, um die 28 Seemeilen von Gibraltar bis zum Kap Espartel in einem Zug zu schaffen.

Weitere Schwierigkeiten kommen noch hinzu:

Auf beiden Seiten der Wasserstraße erheben sich Gebirgszüge, durch die der Wind wie durch eine Düse gepreßt und entsprechend verstärkt wird. Gegenwind kommt deshalb meist sehr plötzlich und mit einer Stärke auf, daß Gegenansegeln für Yachten ohne starke Maschine nicht mehr möglich ist.

Ich habe von Yachten gehört, die bis zu dreimal wieder umkehren mußten!

Eine Woche wartete ich schon auf meinen Start; stürmischer Westwind hatte mich in der alten britischen Festungsstadt festgehalten. Seit zwölf Stunden war der Wind endlich abgeflaut, die See war ruhig geworden, und ich hatte meine Abfahrt vorbereitet.

In wenigen Stunden sollte die *Solveig* auf den Wellen des Atlantiks schwimmen. Ich wollte nach Süden steuern, der Küste Marokkos entlang, dann hinüber zu den Kanarischen Inseln und von dort aus, wenn Boot und Besatzung noch gesund waren, über den Ozean nach Barbados.

Ich hatte Herzklopfen, wurde unruhiger, je näher die Uhr auf die Abfahrtszeit rückte.

Vor Beginn der langen Seefahrt nach Casablanca sollte die Kajüte tadellos aufgeräumt sein, und so war ich immer noch damit beschäftigt, Straßenschuhe, Einkaufsbeutel, eine Tuchhose und Lebensmittel unter den Kojen zu verstauen. Kein unnötiges Stück durfte die Bewegungsfreiheit in dem engen Raum behindern. Peilkompaß, Fernglas, Seekarten und Seehandbuch legte ich griffbereit.

Um 19 Uhr machte ich die Leinen los, warf den Seagull-Außenborder an und steuerte aus dem Yachtbecken, an langen Wellenbrechern vorbei, durch die Haupteinfahrt in die weite Bucht von Algeciras.

Hinter mir ragte der riesige Felsen in den Abendhimmel. Die See lag spiegelglatt, in der Ferne glitzerten die Lichterketten der spanischen Küste, bei Europa Point vor Gibraltar waren die Positionslampen verschiedener Schiffe zu erkennen.

Fröhlich tuckernd schob der Motor die *Solveig* über die dunkle Wasserfläche. Fest eingemummt saß ich auf meinem Kissen und beobachtete den Kompaß, um Kurs auf die günstigste Durchfahrt zu halten. Ich war froh um jede Stunde des idealen Wetters.

Die *Solveig* lief mit der kleinen „Kaffeemühle" ihre drei Knoten, in zehn Stunden konnten wir also die Straße passiert haben.

Nur Gegenwind durfte nicht aufkommen!

Es war kühl und feucht, Nebelschwaden bildeten sich an der spanischen Küste. Ich hielt auf die afrikanische Seite zu, Richtung Tanger. Riesige Strudel – in ihrer Mitte glattes Wasser, an den Rändern eine Zone schäumender Wellen – packten die *Solveig* immer wieder und rissen sie aus ihrem Kurs. Nicht auszudenken, was hier los wäre bei starkem Wind oder Sturm!

Wenn meine Gezeiten-Rechnung stimmte, müßte der Strom jetzt zusätzlich noch schieben. Durch Peilung der Leuchtfeuer konnte ich ständig meine Position bestimmen und meinen Fortschritt feststellen. Als nach Mitternacht ein leichter Ostwind aufkam, sprang ich sofort zum Mast und setzte Segel. Den Motor ließ ich weiterlaufen und steuerte mit voller Fahrt an der Küste entlang. Schon um drei Uhr kam das Feuer von Kap Espartel in Sicht.

Ich atmete auf – ein paar Meilen noch, dann lag die gefürchtete Meerenge hinter mir, und vor mir tat sich ein großes Tor auf. Der Atlantik. Ich fieberte vor Erwartung.

Um vier Uhr früh rundete ich das Kap, die Nordwestspitze Afrikas, und ging auf südlichen Kurs. In das Logbuch schrieb ich: „Ein großer Augenblick! Mit meinem eigenen Boot auf dem Atlantik! Ich bin so aufgeregt, daß ich meine Müdigkeit gar nicht mehr spüre. Es ist wunderbar, ganz gleich, was mir bevorsteht, ich bin da, habe ein Ziel erreicht!"

Immerhin hatte ich mich zwei Jahre lang auf diese Fart über den „Großen Teich" vorbereitet, war am 11. Juli in Monte Carlo gestartet und hatte mich, oft bei starkem Gegenwind, über die Balearen und Alicante bis Gibraltar vorgearbeitet.

Als jetzt die Sonne aufging, befand ich mich dicht unter der Küste Marokkos.

Helle Sanddünen wechselten ab mit grünen Plantagen, mit dumpfem Grollen brandete die Dünung auf den Uferfelsen.

Irgendwie war der Wind hier anders als im Mittelmeer. Er zog gleichmäßiger, das Boot wurde schneller, ohne unruhig über die Wellen zu taumeln. Es ließ sich viel angenehmer segeln als in den stürmischen Böen vor den Felsküsten Spaniens.

Am Abend befand ich mich fünf Meilen südlich des Städtchens Larache. Todmüde barg ich gegen 22 Uhr die Segel und legte mich schlafen. Zur Sicherheit hängte ich eine Petroleumlampe an die Baumnock. Sachte dümpelte die *Solveig* auf der breiten Dünung, und ich schlief die ganze Nacht über. Nur von Zeit zu Zeit warf ich einen Blick hinaus, um zu sehen, ob Schiffe in bedrohliche Nähe kamen.

An den beiden folgenden Tagen hielt ich es ähnlich:

Am Morgen wartete ich auf die Seebrise, setzte dann Segel und steuerte mein Boot in gehörigem Abstand von der Küste nach Süden.

Tagsüber brannte die Sonne glühend heiß vom Himmel, aber abends wurde es kühl und feucht. Ich zog mir Pullover, Jacke, Hose und Schuhe an.

Das Marokko vorgelagerte Seegebiet liegt im Bereich des kalten Kanarenstromes, der Meerwasser aus dem Norden an der Küste Portugals entlang nach Süden trägt. Der Strom war natürlich günstig für mich, und meine Standortberechnungen mit dem Sextanten ergaben oft, daß ich viel weiter gekommen war, als das Log anzeigte.

Noch vor Mitternacht des dritten Tages sah ich am Nachthimmel den Widerschein der Lichter von Casablanca. Ich legte mich ein paar Stunden auf die Koje, um die Hafeneinfahrt erst bei vollem Tageslicht anzusteuern.

Um 11.30 Uhr machte ich am Steg der Societé Nautique fest und wurde von den französischen Seglern herzlich begrüßt. Sie luden mich ein zum Mittagessen, und abends veranstaltete der Club mir zu Ehren einen regelrechten Empfang mit kaltem Bufett, Sekt und Whisky.

Der Hafen von Casablanca und besonders die düstere Ecke, die den Sportbooten vorbehalten war, machte alles andere als einen einladenden Eindruck, aber die Menschen waren großartig. So wurde der Aufenthalt in der größten Stadt Marokkos zum ersten Höhepunkt meiner Reise.

Einladung folgte auf Einladung, die Segler halfen mir bei der Beschaffung von Benzin und Petroleum, und auch die Einklarierung ließ sich rasch und problemlos abwickeln. Ein Visum wurde nicht verlangt, der Beamte schrieb mir einfach die Aufenthaltsgenehmigung in den Paß.

Casablanca ist eine schöne Stadt, die großen Avenues sind prächtig, aber ich wollte nicht so sehr eine Stadt europäischen Gepräges kennenlernen, als vielmehr das traditionelle Leben der Marokkaner und Berber.

Mit einem Omnibus fuhr ich in die tausend Jahre alte Residenzstadt Marrakesch am Fuße des Atlas-Gebirges.

Diese Stadt mit ihrer riesigen Mauer, der Kutubija-Moschee und den vielen Palästen wäre eine Woche Aufenthalt wert gewesen. Bazare kannte ich zwar schon von Tunesien und Kairo, aber an Glanz und Größe, Originalität und Reichtum ist Marrakesch unübertroffen.

Die stärkste Anziehungskraft übte der Markt auf mich aus, wo sich Märchenerzähler, Gaukler, Tierbändiger, aber auch Zauberer und Schlangenbeschwörer zur Unterhaltung der unübersehbaren Menge herbeiströmender Landbewohner bereit hielten.

Ich hatte das Gefühl, einige hundert Jahre in der Geschichte zurückgesprungen zu sein, als ein Heilkundiger mitten auf dem Platz seinem Patienten mit der Beißzange einen Backenzahn zog und den Zahn dann neben die übrigen, bereits als „Werbeexemplare" ausgestellten Beutestücke legte.

Nur einen Steinwurf entfernt, moderne Luxushotels. Zwei Welten nebeneinander. Die Berber halten an ihren alten Gewohnheiten, ihrem Lebensstil fest, ohne sich von der europäischen Entwicklung allzusehr beeinflussen zu lassen.

Auf mich wartete die See: Es waren noch fast 600 Meilen bis zu den Kanarischen Inseln. Ich wollte zunächst der Küste folgen, Mogador und Agadir ansteuern, dann die Überfahrt nach Las Palmas angehen.

Am 19. September verließ ich den freundlichen Yachtclub von Casablanca, setzte noch im Hafen Segel und kreuzte mit sehr flauem Wind an der Mole entlang zur Ausfahrt. Das ruhige Wetter kam mir sehr gelegen, denn ich fühlte mich krank. Halsschmerzen und Übelkeit im Magen zwangen mich zu einem Griff in die Bordapotheke. Der Landaufenthalt war mir nicht bekommen.

Erst am nächsten Tag passierte ich El Jadida, einen wichtigen Fischereihafen. Hier werden die bekannten marokkanischen Sardinen angelandet, aber ich war nicht neugierig, mich zwischen die übel riechenden Fischkutter zu legen.

Mein Halsweh besserte sich, das Fieber sank.

Mit der Navigation wurde ich von Tag zu Tag vertrauter, die Arbeit machte mir Spaß, und die Messungen und Berechnungen brachten meist brauchbare Ergebnisse.

Für weniger als hundert Mark hatte ich in London einen schönen Sextanten aus dem Jahr 1919 erstanden, mein Bruder hatte ihn gründlich überholt und neue Spiegel eingesetzt.

In Gibraltar besorgte ich mir dazu bei der Marinekommandantur die nautischen Tafeln und war nunmehr „voll ausgerüstet". Allerdings bereitete mir die Selbststeuerung noch Kopfzerbrechen. Mit festgebundener Pinne wollte der Kimmkieler seinen Kurs nicht halten, und für zeitraubende Versuche, mit der Fock und einer Steuerleine das Boot zu trimmen, fehlte mir die Geduld. Zu wechselhaft war auch der Wind vor der Küste Afrikas, als daß es sich gelohnt hätte, stundenlang an einer Kurseinstellung herumzubasteln. Außerdem wollte ich die *Solveig* nicht sich selbst überlassen und in der Kajüte dösen, da jetzt ständig Frachter und Fischdampfer meinen Kurs kreuzten.

Am 24. September lief ich Mogador an, ruhte mich im Hafen aus und machte einen Rundgang durch die romantische Portugiesenfestung.

In der folgenden Nacht wurde ich durch Lärm und Schläge gegen das Boot unsanft geweckt.

Der Leichter, an dem ich festgemacht hatte, wurde gebraucht, die Männer hatten meine Leinen losgeworfen und die *Solveig* in das enge Hafenbecken gestoßen. Eiligst brachte ich den Außenborder zum Heck, startete den Motor und hatte dann keine Lust mehr, an die Pier zurückzukehren.

So hielt ich Kurs auf See und steuerte einem Sturm voll in die Arme! Es wehte bereits mit 5 bis 6 Stärken, und da der Wind aus Norden kam, schoß die *Solveig* unter Sturmtrysegel mit schäumender Bugwelle gen Süden.

Um 12.30 Uhr passierte ich Kap Sim, um 15 Uhr Kap Tafelneh. Der Wind hatte Stärke 8 erreicht, es war Sturm, und ich konnte nur die Pinne fest umklammern und mein Boot von Welle zu Welle steuern.

Die hohen Berge des Atlas reichen hier bis an die Küste heran und verstärken den Wind, zusätzlich fegen „schwere Böen", wie es im Seehandbuch heißt, vom Gebirge herunter.

Ich war in einen Hexenkessel geraten vor dieser gottverlassenen Küste!

Die See baute sich rasch auf, vier bis fünf Meter hoch wuchsen die Wellenberge, und mein kleines Schiff schoß mit beängstigender Geschwindigkeit in die Wellentäler. Um 17 Uhr schrieb ich ins Logbuch: „Volle 8, Sicht behindert, alles voll Schaum. Zwei Dampfern begegnet, versinken fast in den Wellen, ihr Bug bohrt sich in die See, dann tauchen sie weiß schäumend und triefend wieder auf." Was die sich wohl dachten, als sie das 5-Meter-Schiffchen in dem Aufruhr sahen? Oder hatten sie mich gar nicht bemerkt, waren voll mit ihrem eigenen Kurs beschäftigt?

Ich hatte Angst vor der Nacht. Würde es wieder so ein Höllenritt wie im Roten Meer? Aber um 20 Uhr ließ der Wind nach, und zwei Stunden später setzte er völlig aus.

Jetzt spielte die See verrückt!

Weiß schäumend kamen die steilen Brecher angeschossen, von keinem Wind mehr niedergedrückt. Wie ein Ball sprang die *Solveig* in die Höhe und fiel dann ein paar Meter herab. Ich konnte mich nur mit beiden Händen halten, die Segel waren geborgen. Pausenlos wurde ich hin und her geworfen, mein Kopf schmerzte. Ich konnte nichts mehr denken, nur: raus hier! Aber wie?

Langsam, ganz langsam, im Laufe der Nachtstunden lief sich die See aus, wurde flacher.

Um 6 Uhr früh legte ich mich aufs Ohr, mir war schlecht.

Am Vormittag immer noch kein Windhauch. Ich holte den Außenbordmotor heraus, um weiterzukommen. Schon um 13 Uhr rundete ich Kap Ghir – durch den Sturm war ich viel weiter nach Süden getrieben, als ich dachte –, eine Brise kam auf, ich setzte Segel. Der böse Spuk der Nacht war vorbei, die See ruhig, als wäre nichts geschehen.

Wenigstens hatte ich an dem einen Tag fast die gesamte Strecke (80 Seemeilen) bis Agadir zurückgelegt. Um 18 Uhr lief ich in den Hafen ein, machte an einem Ponton fest.

Ich hatte nur einen Wunsch: Schlafen!

Doch kaum hatte ich mich hingelegt, da kam der Wirt des Clubhauses mit dem Vorsitzenden, um mich zu begrüßen:

„Haben Sie irgendwelche Wünsche? Brauchen Sie Wasser oder Lebensmittel? Dürfen wir Sie zu einem Essen in der Stadt einladen?"

Vor so viel Liebenswürdigkeit mußte ich kapitulieren, zog mich noch einmal an und ging mit den Herren zu einem Glas Wein in die Kantine des Clubs.

Das war ein Empfang, wie ihn sich wohl jeder Segler nach einer anstrengenden Überfahrt wünscht! Nach einer Stunde angeregter Unterhaltung überkam mich aber doch die Müdigkeit, ich entschuldigte mich:

„Es war eine schwere Nacht auf See, bis heute morgen fand ich keinen Schlaf."

Die Herren verabschiedeten sich, nicht ohne mich vorsorglich zum Frühstück einzuladen.

Mein Aufenthalt wurde zu einem Fest. Mag sein, daß damals nur wenige ausländische Yachten Agadir ansteuerten, aber die Gastfreundschaft, die man mir entgegenbrachte, war echt, kam von Herzen und galt nicht nur dem „seltenen Vogel".

Jeden Tag holte mich einer der Segler zu einer Autofahrt ab, und auf diesen Ausflügen lernte ich die Landschaft Südmarokkos ein wenig kennen. Wir fuhren in die hohen Berge des Atlas und auf engen, steilen Straßen in Dörfer, wo die Menschen so scheu waren, daß sie vor den Fremden in ihre Hütten flüchteten, bis wir hinter einer Biegung verschwunden waren.

Auf einer Fahrt nach Süden kamen wir auch einmal in die unendliche Sandwüste im Grenzgebiet vor Spanisch Sahara. Dort betrat ich eine Stadt – von einer hohen Ringmauer umschlossen –, in der es kein einziges europäisches Gebäude gibt. Durch ein Tor gelangte man in die engen Gassen, Mauern und Häuser waren aus getrockneten Lehmquadern errichtet.

Sicher ist die Zivilisation inzwischen auch in diese Siedlung vorgedrungen, und die Einwohner leben heute davon, den Touristen Souvenirs zu verkaufen.

Die Stadt Agadir selbst war damals noch nicht wieder aufgebaut. Ein schweres Erdbeben hatte 1960 alle Gebäude zerstört, Tausende von Toten lagen noch unter den Trümmern.

Behörden, Banken und Post waren in Baracken untergebracht, die Bevölkerung hauste in den umliegenden Dörfern, wohin die Überlebenden nach der Katastrophe geflohen waren.

Meine Freunde erzählten mir, daß ein großes Programm für den Wiederaufbau angelaufen sei.

„Aber wir glauben nicht, daß Agadir jemals wieder das lebendige Handels- und Kulturzentrum wird, das es vor dem Untergang war. Zu sehr sind Angst und Schrecken in den Menschen lebendig geblieben und die Besorgnis, daß sich ein neues Unglück ereignet. Wer will da schon investieren?"

Meine Gastgeber haben recht behalten.

Die Stadt wurde zwar neu gegründet, als Hotelstadt an einem langgedehnten Sandstrand, aber nicht als Handelszentrum!

Agadir war mein letzter Hafen am afrikanischen Festland vor der Überfahrt nach Las Palmas.

Alle Clubmitglieder, die sich freimachen konnten, erschienen zu meinem Abschied; zwei Starboote, dazu die Presse an Bord, sollten mir das Geleit geben – nur das Wetter spielte nicht mit!

Bisher war jeden Tag eine Seebrise aufgekommen, aber heute blieb die Luft still. Es war heiß und diesig, nichts rührte sich. Offensichtlich stand eine Wetteränderung bevor, nicht der richtige Tag, um eine Überfahrt zu beginnen.

Monsieur Petit, der Wirt der Kantine, und der Sekretär waren schon um acht Uhr zu mir gekommen, hatten immer wieder gefragt:

„Wollen Sie heute wirklich segeln? Oder sollen wir den Gästen absagen?"

Wie sollte ich entscheiden? Absagen war mir peinlich.

„Warten wir bitte bis zehn Uhr", antwortete ich schließlich verlegen.

Um zehn Uhr rührte sich immer noch kein Windhauch, aber die Voraussage der Wetterstation lautete: „Am Nachmittag leichte Brise aus Norden, die sich im Laufe des Abends mäßig auf 4–5 verstärkt."

Das widersprach zwar meinem Gefühl, klang aber gut, und so beschloß ich, mich mittags zu verabschieden.

Um 13 Uhr großes Winken und Tücher schwenken, die Leinen wurden losgemacht, und im Schneckentempo schob sich die Flotte der Segelboote durch das weite Hafenbecken. Noch nicht eine Windstärke!

Kein Zweifel, es lag etwas in der Luft, und jetzt hätte ich den Mut haben sollen umzukehren. Aber der Wetterbericht lautete doch günstig? Nach einer Stunde waren wir außerhalb der Mole angelangt, winkend und lachend blieben die Freunde zurück.

Ich dümpelte auf der Dünung herum, zwei Stunden lang, und wartete. Der Hafen lag noch gut sichtbar hinter mir, keine drei Meilen entfernt. Dann kam das Wetter.

Zunächst sah ich nur einen weißen Streifen am Horizont, der sich rasch näherte. Brecher! Eine endlose Reihe von Brechern – wie eine Wand schob sich auf mich zu. Kein Wind!

Die ersten Seen rollten heran, mit weißen Schaumkronen, und immer noch kein Wind! Was war das?

Eilig packte ich alle empfindlichen Sachen in die Kajüte, in die Schapps und Schränke, barg die Segel. Das Boot begann wild zu taumeln, zu torkeln. Wie *nach* einem Sturm, aber es herrschte weiter Windstille.

Während ich das Sturmsegel setzte, denn ich war jetzt auf alles gefaßt, heulte eine Böe heran, packte die *Solveig*, drückte sie auf die Seite. Eine kurze Pause – dann brach der Sturm los.

Er kam aus Norden, und ich war noch nicht aus der Bucht heraus, aus der weiten Bucht von Agadir! Im Süden, in Lee, lag nicht die offene See, sondern die Küste! Der Strand, auf dem die Brecher jetzt mit Getöse brandeten, war kaum eine Viertelmeile entfernt! Ich mußte wenigstens 10 oder 15 Meilen nach Westen segeln, um der Gefahr der Strandung zu entgehen.

Sollte ich umkehren? Unmöglich! Nach dem Abschied!

So holte ich den Baum dicht, fast mittschiffs, und ging hoch an den Wind. Auf diese Weise verminderte sich auch der seitliche Druck des Windes, der eigentlich viel zu stark war, um das Boot noch aufrecht zu halten.

Nach zwei Stunden, die See hatte sich bedrohlich aufgebaut, Brecher knallten immer wieder über Deck und Cockpit, begann es dunkel zu werden.

Ich hatte keine Orientierungsmöglichkeit mehr, zumal ich mich jetzt nicht auch noch mit Seekarten beschäftigen konnte. Ich mußte am Ruder bleiben, hoch am Wind segeln, um das Boot von der Küste frei zu steuern.

Der Druck der Brecher war so stark, daß das Wasser durch das geschlossene Schiebeluk gedrückt wurde und in die Kabine stürzte.

Was da lag, wurde restlos eingeweicht: Decken, Seekarten, Bücher – alles naß!

Vier Stunden hielt ich an der Pinne aus, dann glaubte ich mich weit genug vom Land entfernt. Ich reffte das Sturmsegel auf eine winzige Fläche, setzte das Ruder fest und drehte auf diese Weise bei. Das Boot segelte langsam am Wind, wurde dabei auch seitlich abgetrieben, lag aber einigermaßen sicher.

Jetzt endlich konnte ich in die Kajüte kriechen, Ordnung machen. Es sah schlimm aus!

Instrumente und Papiere trocknete ich sofort ab, verstaute sie geschützt. Dann begann ich die Bilge auszuschöpfen. Eine harte Arbeit in der Dunkelheit und bei den tollen Sprüngen, die meine *Solveig* im Seegang vollführte.

Ich füllte jeweils einen Eimer zur Hälfte, riß für ein paar Sekunden das Luk auf und schüttete das Wasser über Bord. Wenn ich Pech hatte, kam gerade in dem Augenblick ein Brecher über Deck und warf neues Wasser in die Kajüte.

Seit Monte Carlo hatte ich mein Inventar trocken gehalten, und jetzt war überall Salzwasser eingedrungen. Eine Pest! Geräte, die einmal mit Salzwasser in Berührung kamen, sind meist nicht mehr zu retten. Sie korrodieren still vor sich hin, bis das vom Salz angegriffene Metall unbrauchbar wird.

Die *Solveig* hielt sich beigedreht wirklich brav, und nachdem ich das eingedrungene Wasser ausgeschöpft hatte, legte ich mich gegen Mitternacht auf die Koje, so wie ich war: in Ölzeug, Stiefel und Südwester, meine Kleidung darunter war sowieso naß.

An Schlaf war nicht zu denken, der Wind tobte weiter mit Stärke 7 und ich horchte gespannt in die Dunkelheit nach verdächtigen Geräuschen. Flaches Wasser oder Brandung könnte sich ankündigen, aber auch ein Schiff. Beim ersten Morgengrauen suchte ich angestrengt den Horizont ab, es war nichts zu sehen, kein noch so schmaler Streifen Land, nur die dunkle, vom Wind aufgerissene See.

Noch immer wütete der Sturm mit aller Kraft, aber ich war auf freiem Wasser! Endlich konnte ich das Segel bergen, den Treibanker ausbringen und die *Solveig* den Wellen überlassen. Das Boot lag gut, der Bug etwa 45 Grad im Wind, so schlugen die Brecher nicht seitlich gegen die Bordwand. Todmüde stieg ich hinunter, setzte die in der Nacht begonnene Arbeit fort: Wasser ausschöpfen, Wände und Schränke abtrocknen, Sachen verstauen.

Mittags ließ der Wind etwas nach, mit dem Sturmsegel nahm ich wieder Fahrt auf. Bei Nordwest 6 von Steuerbord kämpfte sich meine Nußschale von Welle zu Welle. Ein Sprühregen von salzigem Wasser fegte jedesmal über das Boot, wenn die *Solveig* ihre Nase in eine See eintauchte.

Auf meiner Haut hatte sich eine dünne salzige Schicht gebildet. Im Logbuch hielt ich fest:

„Mir ist schlecht, seit Agadir nichts gegessen, kaum Schlaf, keine Lust."

Abends ging der Wind dann auf normale Stärke zurück.

Ich zog trockene Kleidung an, versuchte zu schlafen, auch diesmal vergeblich, denn noch immer warf die Dünung das Boot von einer Seite auf die andere.

Erst am 4. Oktober morgens beruhigte sich die See. Ein ausgiebiges Frühstück brachte mich wieder in gute Stimmung, und jetzt begann ich mit dem großen Aufräumen, über das ich ins Logbuch eingetragen habe:

„Hemd, Socken, Handtuch, Unterhose in Süßwasser ausgespült, zum Trocknen gelegt. Alle Sachen rausgepackt, die naß waren (auch die Seekarten, leider!), Küchenschrank samt Inhalt gewaschen und trocken gewischt (1 Stunde). Fächer ausgeräumt, Bücher, Tonbänder, alles feucht. Das ganze Boot voll nasser Sachen. So geht es nicht noch einmal, muß in Las Palmas alles in Beutel stecken und in Plastikkästen verpacken, Vorhänge vor die Schränke hängen und die Fenster neu einschrauben, da undicht!"

Es war Mittag geworden, der Wind hatte aufgefrischt, und mit einem Nordwest von Stärke 4 pflügte die *Solveig* unter vollem Segel nach Südwesten.

Wo war ich eigentlich? Wie weit hatte mich dieser Sturm abgetrieben? Höchste Zeit, den Standort zu bestimmen!

Mit dem Sextanten konnte ich keine Messung vornehmen, der Himmel war seit Tagen wolkenverhangen. Aber ich besaß das Verzeichnis der Seefunkfeuer, und mit dem Transistorradio bekam ich zwei Stationen herein: Sidi Ifni an der Küste Afrikas und die Insel Lanzarote. Die Ferrit-Antenne meines Kofferradios besaß eine starke Richtwirkung, und so peilte ich die beiden Stationen an, zeichnete die Linien in die Seekarte und erhielt eine ungefähre Position. Das genügte, denn ich brauchte von jetzt an nur noch den Kurs auf das Funkfeuer von Las Palmas zu halten.

Der Sturm hatte mich ziemlich weit nach Süden abgetrieben, und so mußte ich jetzt West machen. Bei Nordwestwind hieß das hart an den Wind gehen!

Am nächsten Tag, das Wetter blieb kühl und der Himmel bewölkt, probierte ich zum ersten Mal die Doppelfock aus.

Die beiden Bäume zum Ausspreizen der Vorsegel – für das kleine Boot waren sie keine zwei Meter lang! – hatte ich in Gibraltar machen lassen. Ich verband die Nock der Bäume über eine Leine mit der Pinne und wartete gespannt, wie sich die *Solveig* in ihrem „Geschirr" benahm. Erstaunt nahm sie Fahrt auf, steuerte sich in leichten Schlangenlinien selbst, manchmal etwas weit zur Seite ausbockend, kehrte aber wieder auf den richtigen Kurs zurück.

Hurra, sie lief! Jetzt wäre eine Feier fällig gewesen, ich wußte nun, daß diese Art von Selbststeuerung im Passat arbeiten würde. Doch durfte ich das Spiel nicht zu weit treiben, denn der Kurs nach Süden war falsch, ich mußte nach Westen, nach Lanzarote!

Von Zeit zu Zeit sah ich Fischdampfer in meiner Nähe, erschrak aber, als einer plötzlich seinen Kurs änderte und direkt auf mich zuhielt! Seit der Kaperung in Arabien steckte mir die Angst in den Knochen. Was wollte er?

Das Gefühl der völligen Wehrlosigkeit in einem kleinen Boot läßt sich nur mit einem Alptraum vergleichen.

Der Fischdampfer lief auf mich zu, umkreiste mich einige Male, kam dann auf Rufweite heran. Auf spanisch erkundigte sich die Besatzung jedoch lediglich nach meinem Befinden und fragte freundlich, ob ich etwas brauche! Das Schiffchen auf dem Ozean hatte sie offenbar neugierig gemacht.

Noch einige Stunden danach war ich beunruhigt – und dabei meinten es die Fischer nur gut. Als ich später in Las Palmas von der Begegnung berichtete, meinten andere Segler, meine Angst sei nicht unbegründet gewesen, vor der Küste Afrikas könne man nie wissen...

Das Wetter blieb wechselhaft, meist bewölkt, nur einmal konnte ich eine Standlinie mit dem Sextanten errechnen. Doch ich kam meinem Ziel immer näher.

Am 7. Oktober, in der Abenddämmerung, genau zur berechneten Zeit, wurde ein grauer Streifen über dem Horizont sichtbar: Lanzarote! Später tauchten die Lichter der Hafenstadt Arecife über der Kimm auf. Meine Navigation stimmte, das war die Hauptsache.

Der Wind stand entgegen, so blieb ich die Nacht über an der Pinne, kreuzte in Richtung auf die Insel. Im Morgendunst erkannte ich die Küste vor mir. Nur noch knappe zehn Meilen! Da der Gegenwind nachgelassen hatte, holte ich den Außenborder hervor und versuchte, mit dem Motor voranzukommen.

Drei Stunden später machte ich in dem kleinen, sauberen Fischerhafen fest.

Ich hatte gehört und gelesen, daß Lanzarote eine besonders interessante Insel sei, und erkundigte mich nach einer Rundfahrt, aber ich war der einzige Tourist zu der Zeit!

Nur einmal in der Woche kam eine Gruppe von Besuchern aus Las Palmas, und dann wurde eine Rundfahrt organisiert. Aber darauf konnte ich nicht warten.

So holte ich am nächsten Morgen gleich wieder den Anker auf; der Wind war günstig, der Kapitän ausgeschlafen und fest entschlossen, die restlichen Strecke von 120 Seemeilen nach Las Palmas ohne Unterbrechung zu segeln.

Die Fahrt gestaltete sich dann doch etwas schwieriger, als ich zunächst angenommen hatte.

Zwischen den Inseln – an Lanzarote entlang mußte ich nach Süden segeln, dann Fuerteventura runden – ist der Wind durch die hohen Berge beeinflußt und daher wechselhaft in Richtung und Stärke; entsprechend konfus gebärdet sich die See. So hatte ich Gegenwind, Flaute, günstigen Wind, alles bunt gemischt. Bis vier Uhr früh hielt an der Pinne aus, dann aber nickte ich ein und überließ die *Solveig* ein paar Stunden ihrem Schicksal.

Am folgenden Abend kam ein grauer Schatten in Sicht, ein Berg am fernen Horizont, die Isleta – die Nordspitze von Gran Canaria. Ich hatte es geschafft!

Bis zum Ziel waren zwar noch einige Stunden zu segeln, aber um 21 Uhr steuerte ich zwischen den Wellenbrechern in das große Hafenbecken von Las Palmas. Trotz der Dunkelheit fand ich das Becken für die „Kleinen" und den Yachtclub an der Muelle Santa Catalina. Hier warf ich Anker und legte mich schlafen mit einem Gefühl ungeheurer Erleichterung: Die lange, zum Teil sehr mühselige Anfahrt lag hinter mir, vor mir der Atlantische Ozean – 2800 Seemeilen Wasser bis zu den Inseln der Karibik!

Von der Mole und aus der Stadt drangen bei Tagesanbruch die Geräusche dichten Verkehrs und südländischer Betriebsamkeit an mein Ohr. Motorschiffe für Tagesausflüge, größere Passagierschiffe für die Verbindung zu den Inseln des Archipels und nach Spanien lagen abfahrtbereit an der Pier. In dem kleinen Hafenbecken, in dem ich ankerte, sah ich Fischdampfer verschiedenster Nationalität, alte Leichter, einen Schwimmkran und ein paar verrostete „Eimer", die als Wohnschiff dienten und sich wohl nie mehr aus dem Hafen hinausbewegen würden.

Neben mir lagen neun Yachten aus den verschiedensten Ecken der Welt, schmucke weiße Schiffe von beachtlicher Größe, aber auch zünftige alte Holzboote, deren bloßer Anblick von überstandenen Abenteuern, von Not und Gefahr und von einem kargen Leben auf den Planken des eigenen Bootes kündete.

Allen gemeinsam war das Ziel, die Westindischen Inseln, drüben, auf der anderen Seite des Großen Wassers! Und gemeinsam war allen auch die Liebe zur See und der Wunsch nach Freiheit.

Fred Debels aus Belgien hatte schon einmal diese Überfahrt erlebt, er war als dritter Mann auf der berühmten *Omoo* mit dem Ehepaar van de Wiele um die Welt gesegelt, hatte sich in eine hübsche Tahitianerin verliebt und ihr versprochen, eines Tages zurückzukehren. Einige Jahre arbeitete er dann in Frankreich, um das nötige Geld zu verdienen.

Jetzt lag Fred mit seiner neuen 14-Meter-Ketsch *Te Reva* im Hafen von Las Palmas, um über Panama nach Tahiti zu segeln und mit seiner künftigen Frau ein neues Leben in der Südsee zu beginnen...

Humphrey dagegen war mit einem alten Lotsenkutter aus dem Jahre 1908 allein auf großer Fahrt.

Der stille, bedächtige Farmerssohn aus Nord-Rhodesien hatte seine Heimat verlassen, als Großbritannien die Kolonie nach dem Krieg aufgab.

Er war verbittert. Seine Großeltern und seine Eltern hatten in Ostafrika gelebt, er war dort geboren; und dann auf einmal „hatten britische Bürokraten in London sein Land einfach hergeschenkt", wie er meinte, und ihm damit die Existenz genommen.

Von seinem letzten Geld kaufte er sich die *Menora* und segelte los – irgendwohin. So lange wollte er von Küste zu Küste kreuzen, bis er eine neue Heimat gefunden hätte. Sein alter Zweimaster war in gutem Zustand, denn Humphrey war fleißig und besaß eine Menge handwerklicher Fähigkeiten.

Ganz anders ein britisches Ehepaar von den Bermuda-Inseln: Gordon hatte als Ingenieur auf einer Werft gearbeitet, hatte ein Leben lang Schiffe und Yachten gesehen, die weite Reisen über den Ozean unternahmen, und als er auf die Sechzig zuging, beschloß er, endlich sein eigenes Boot in Auftrag zu geben und über den „Teich" zu segeln, bevor es zu spät für ihn war.

Mit seiner zarten Frau Ellen unternahm er einen Törn nach Europa, nach England zunächst, später in das Mittelmeer und befand sich jetzt auf der Rückreise nach Bermuda. Es gab Schwierigkeiten und Spannungen an Bord. Ellen empfand die Haushaltarbeit an Bord und die Segelei überhaupt als zu große Belastung.

„Ich bin schließlich keine zwanzig mehr!" klagte sie mir, „für mich war die Umstellung nicht leicht, aber ich habe mitgemacht, um Gordon seinen Wunsch zu erfüllen. Doch jetzt will er weiter! Er möchte um die Welt segeln! Auf dem Boot hätte sein Leben erst richtig begonnen – aber da mache ich nicht mit und meine Eltern erst recht nicht! Wir müssen zurück nach Bermuda, sonst gehe ich zugrunde. Ich sehne mich nach einem ruhigen Lebensabend in unserem schönen Haus auf Bermuda und im Kreise meiner Familie!"

Gordon brütete still vor sich hin. Er wollte seine Frau nicht verlassen, mit der ihn über dreißig glückliche Ehejahre verbanden.

Auch ein amerikanisches Ehepaar hatte in dem engen Hafenbecken Anker geworfen. In ihrem komfortabel eingerichteten Trimaran, einem Dreirumpfboot, waren sie nach Europa gesegelt. Ohne finanzielle Sorgen und beide gleichermaßen von dem Erlebnis der Seefahrt fasziniert, wollten sie in die Karibik und später nach der Westküste, nach Los Angeles oder nach San Francisco segeln. Mit ihnen unterhielt ich mich lange über die Vorzüge und Nachteile von Mehrrumpfbooten.

Sie waren mit ihrer *Spearhead* zufrieden, erklärten mir aber auch, weshalb das leichte Schiff am Ende nicht viel schneller segelte als eine konventionelle Yacht.

„Die einzelnen Rümpfe können sich, da sie verbunden sind, der See nicht anpassen. Jeder Rumpf wird von einer anderen Welle getroffen, und wenn man die Geschwindigkeit nicht durch Reffen erheblich drosselt, dann setzt das Boot so hart in die Wellen ein, daß einem der ganze bewegliche Kram um die Ohren fliegt und man weder schlafen noch essen kann. Bei ruhigem Wetter oder auf geschütztem Wasser ist es natürlich ein herrliches Segeln, ohne Krängung und mit dem vielen Platz an Deck! Wir leben die meiste Zeit auf unserem breiten Deck; wir können dort arbeiten, faulenzen oder sonnenbaden!"

Die *Spearhead* war übrigens von dem berühmten Konstrukteur Arthur Piver erbaut, der später mit einem seiner Boote auf See verschollen blieb.

Dicht neben mir ankerten zwei kleine Yachten.

Die eine war nur etwas größer als die *Solveig*, sechs Meter lang und der Eigenbau eines englischen Schullehrers aus Cornwall. Viele Jahre hatte David an seinem Schiff gebastelt, erst nach der Pensionierung, mit 65, hatte er seine Frau mit Familie zurückgelassen und war allein auf große Fahrt gegangen.

Wie bei selbstgebauten Booten häufig der Fall, war seine *Micky* viel zu schwer geraten. Das Boot wog mindestens zwei Tonnen mehr, als für diese Größe angemessen war, und David geriet schon in Schwierigkeiten, als er zwischen England und Portugal einen Sturm abzuwettern hatte. *Micky* besaß keine guten Segeleigenschaften – leider –, und Jahre später sollte ich die traurige Nachricht erhalten, daß David im Pazifik verschollen blieb.

Das zweite kleine Boot gehörte Mike Bales, einem Abenteurer besonderer Art.

Von Geburt Neuseeländer, brachte er es in der britischen Navy bis zum Leutnant, wurde vorzeitig entlassen und erhielt eine Abfindung sowie eine kleine Pension. Von diesem Geld hatte er sich in Neuseeland ein gebrauchtes Folkeboot gekauft und war mit diesem knapp acht Meter langen Schiffchen nach England geschippert. Von dort befand er sich wieder auf der Ausfahrt nach Neuseeland zurück.

Mike war es, der mir die Furcht vor meiner ersten Ozeanüberquerung nahm. Er klopfte mir auf die Schulter und sagte:

„Denk dir nichts, du brauchst nicht Angst haben, du wirst eine Menge Wasser sehen, das ist alles. Kein Problem!" Sein Boot besaß keinerlei Einrichtung in der Kajüte, nur ein leerer Raum unter Deck, auf der Seite ein paar Bretter als Koje, ein alter Primuskocher, eine Petroleumlampe. Der Mast war aus Vollholz, einer langen Stange gefertigt. Möglicherweise handelte es sich um Bauholz oder sonstigen Abfall, der mit Hobel und Feile geglättet worden war. Der Baum war offensichtlich ein wirklicher Baum, denn die Astlöcher bildeten ringsum Buckel, und ganz gerade war er auch nicht gewachsen. „Das Material muß jederzeit ersetzbar sein, wenn ich mit der Axt in den Wald gehe", erklärte Mike, „ich kann mir teure Ersatzteile nicht leisten."

Ähnliche Begründungen hatte er auch dafür gefunden, daß es bei ihm an Deck keine Beschläge gab.

Ein großer Poller aus Holz diente für die Ankerkette. (Ketten holte er sich vom Hafengrund, wo immer mal eine verlorenging.) Der Kompaß war das ärgste: irgendwo vom Müllplatz, mit zerbrochenem Glas und ohne Alkohol! Er hatte das gute Stück dann mit Wasser gefüllt und mit einem Fensterglas abgedeckt.

Sein Beiboot: ein rechteckiger Sperrholzkasten, zusammengenagelt, und in den beiden Längsseiten je ein rundes Loch. Durch diese Löcher schob er die Riemen und pullte dann kniend sein sonderbares Fahrzeug. Begründung von Mike:

„Das wird mir wenigstens nicht gestohlen, alle größeren Investitionen lohnen sich nicht!"

Es bedurfte einiger Geschicklichkeit, um mit dieser Kiste ein auch nur wenige Meter entferntes Ziel zu erreichen! Die Kiste war so bemessen, daß sie genau ins Cockpit paßte und dieses gegen die Kajüte abdichtete. Mike hatte kein selbstlenzendes Cockpit, und als er von einem anderen Segler gefragt wurde, wie er sich denn verhielte, wenn ihm die See das Cockpit randvoll mit Wasser fülle, antwortete er trocken:

„Ach, das ist nicht gefährlich. Bei solchem Seegang krängt mein Boot so stark, daß das Wasser von selbst wieder rausfliegt."

Ich traf Mike wieder, sechzehn Jahre später auf meiner zweiten Weltumsegelung in Moorea. Er hatte – ich schwöre es – noch das gleiche Boot und die gleiche Schachtel als Dingi.

Meist sind es die Ärmsten, die für andere noch etwas übrig haben. So auch Mike, der einem deutschen Studenten aus Düsseldorf Unterschlupf in seinem Boot gewährte.

Klaus war den Betrieb an der Uni leid geworden, verspürte auch nicht die geringste Lust, die Stufenleiter des Erfolges kraft besonderer Leistung emporzuklettern und hatte sich deshalb mit seiner kleinen Barschaft nach Las Palmas begeben, um dort auf einer Yacht für die Überfahrt nach den Westindies anzuheuern.

Zunächst hatte Klaus wenig Glück: Er fand keinen Skipper, der ihn als Crew-Mitglied aufnehmen wollte. Die Hotelkosten drohten seine Ersparnisse aufzuzehren, und da war es Mike, der ihm erlaubte, an Bord seines Schiffchens zu wohnen. In Mikes merkwürdiger Holzkiste besuchte Klaus jede Yacht, die in den Hafen kam, um nach einer Überfahrt zu fragen. So paddelte er auch zu mir, und von ihm erfuhr ich weitere Einzelheiten über den Lebensstil des Abenteurers Mike.

Bei ihm an Bord gab es kein Fleisch, keine Butter, überhaupt keinen Brotaufstrich. Auf der Flamme des Petroleumkochers rösteten sich die beiden Schwarzbrotscheiben, bis sie verkohlt waren. Das gab dann „Aroma", wie Klaus sagte; Mike nannte es gar Toast. Für die warmen Mahlzeiten wurden Kartoffeln gekocht oder allenfalls Reis.

Auf diese Weise gelang es Mike, mit seiner „Pension" von 120 Mark im Monat zu überleben, mehr aber auch nicht. Eine neue Hose erhielt er von seiner Mutter, die für eine Woche nach Las Palmas zu Besuch gekommen war.

Von Mike hatte Klaus erfahren, daß auf der kleinen Insel Bequia in der Karibik Bootsbauer leben, die ihre Segelschoner noch nach alter Tradition bauen. Zu diesen Bootsbauern wollte Klaus nun, um bei ihnen zu bleiben und sich in Ruhe ein Schiff für eine Weltumsegelung zu zimmern.

Bei Mike hatte er gelernt, daß teure Beschläge aus Metall, Segel aus Dacron und Tauwerk aus Nirostahl und Trevira nicht unbedingt erforderlich sind, um ein Boot seetüchtig zu machen.

„Holz, gutes Holz gibt es in den Wäldern von Bequia zur Genüge. Ich muß die Bäume nur fällen und das Holz dann bearbeiten!" Seine Augen glänzten vor Begeisterung, wenn er von seinen Plänen sprach.

Vier Jahre später traf ich ihn wieder! Als ich während meiner ersten Weltumsegelung in Barbados ankerte, preschte eine Polizeibarkasse heran und übergab mir die Mitteilung, bitte sofort auf den Frachter *Laura* im Handelshafen zu kommen und mich beim Kapitän zu melden. Die *Laura* war ein stattliches Frachtmotorschiff von etwa 2000 Tonnen, und ihr Kapitän war kein anderer als Klaus!

„Mensch, Klaus", stammelte ich, „wie kommst du zu dem Dampfer?"
„Komm, setz dich erst mal, darf ich dir einen Drink anbieten?" erwiderte Klaus in seiner bedächtigen Art. Der Steward stand in der Tür, bereit die Order des Kapitäns entgegenzunehmen. Wir saßen in der gemütlichen Offizierskabine, und ich bewunderte das edle Holz und die blankgeputzten Messingbeschläge.

„Und wie bist du Kapitän geworden?" wollte ich wissen. „Ach weißt du, hier in der Karibik wird das nicht so genau genommen, Hauptsache, du hast das Vertrauen des Reeders. Ich fahre bis Südamerika hinunter und in den Golf von Mexiko. Mein Boot habe ich übrigens fertig gebaut. Das war ein schweres Stück Arbeit!"

„Und was willst du weiter tun?" – ich war richtig neugierig geworden.
„Eine Zeitlang werde ich diese gut bezahlte Stellung noch halten,

dann will ich mit dem gesparten Geld meine Weltumsegelung beginnen."

„Großartig! Und wie sieht dein Boot aus? Hast du wirklich alles aus Holz gemacht und kein Niro, kein Tufnol oder Nylon verwendet?"

„Ich habe lange an dem Boot gearbeitet, aber es ging nicht so recht voran. Da haben mir die Einheimischen vorgeschlagen, sie würden das Boot fertigstellen, wenn ich ihnen dafür Häuser baue. Ich habe dann doch einige Metallbeschläge verwendet und auch die ‚ropes', die Leinen, zum Teil aus Kunststoff genommen. Es war ein großes Fest auf Bequia, als mein Schiff zu Wasser gelassen wurde. In zwei Jahren will ich losfahren, um die Welt."

Ich war beeindruckt von so viel Durchhaltekraft und Zielstrebigkeit.

„Ich wünsche dir allzeit gute Fahrt, Klaus. Hoffentlich sehen wir uns einmal wieder!"

So wie den Bootsbau hat Klaus auch seine Weltumsegelung vollendet. Er war die interessanteste Persönlichkeit, die ich damals in Las Palmas traf.

Und noch eine kleine Yacht lag im Hafen neben mir, es war die *Kitty* von Edward Boden.

Ed hatte als Ingenieur für Vermessung bei der NASA auf Cape Canaveral gearbeitet, konnte aber eines Tages den Streß nicht mehr ertragen und „stieg aus". Auch Liebeskummer mag im Spiel gewesen sein.

Mit seinem ersparten Geld kaufte er sich in England eine gebrauchte Vertue, 9 Meter lang, 2,80 Meter breit, und befand sich mit diesem Boot auf der Fahrt nach Amerika zurück.

Ed war als Ingenieur – wie könnte es anders sein – ein hervorragender Navigator. Er machte sich einen Spaß daraus, nach den unmöglichsten Methoden Standort, Länge, Zeit, Azimuth und, wenn es sein mußte, auch seine Schuhnummer zu berechnen.

Von ihm wurde ich in alle Geheimnisse der Astro-Navigation eingeführt, er lehrte mich, einen Sextanten nicht nur zu verwenden, sondern auch zu überprüfen. Mit dem stillen und zurückhaltenden Segler aus Passion verband mich bald eine herzliche Freundschaft, und durch Grüße, die er mir noch zwanzig Jahre später zukommen ließ, weiß ich, daß auch er mich nicht vergessen hat.

Deck und Kajüte seiner *Kitty* waren immer tadellos sauber, aufgeräumt, jedes Stück genau an seinem Platz. Im Gegensatz zu Mike überließ Ed nichts dem Zufall. Dennoch besaß die Kajüte des schnittigen Holzbootes durchaus eine persönliche Note und viel von dem, was wir in Deutschland mit Gemütlichkeit bezeichnen.

Eine lustige Gesellschaft segelnder Lebenskünstler hatte sich im Herbst 1960 in Las Palmas zusammengefunden, und wenn ich mein Schlauchboot an der verrosteten Eisenleiter der Muelle Santa Catalina festmachte, konnte ich schon an den Beibooten, die dort hingen, sehen, welcher meiner Freunde gerade an Land war. Gewöhnlich dauerte es auch nicht lange, bis ich einen von ihnen in dem beliebten Cafe am Catalina-Park traf. Dann erzählten wir uns die Neuigkeiten des Tages und welche Arbeiten und Reparaturen jeder noch zu bewältigen hatte, bevor er den Hafen in Richtung Karibik verlassen würde.

Vor Anfang November segelte ohnehin keiner, denn erst ab Mitte des Monats ist im südlichen Atlantik und in der Karibischen See die Orkanzeit ganz sicher vorüber.

Meine *Solveig* benötigte einen vollständigen Unterwasseranstrich mit Antifouling, und ich bat den Sekretär des Club Nautico um die Erlaubnis, den Slip des Clubs benützen zu dürfen.

Ich erhielt die Genehmigung ohne weiteres, jedoch waren die Voraussetzungen gerade jetzt besonders ungünstig.

Das alte Clubgebäude, bei dem sich der Slip befand, war nur noch eine Ruine und lag zudem im schmutzigsten Winkel des Hafens, in jenem Becken an der Muelle Santa Catalina, wo wir Segler mit unseren Booten geankert hatten. Das hochelegante neue Clubhaus war zwar bereits fertiggestellt, jedoch an einem Strand außerhalb des Wellenbrechers gelegen und gegen Seegang nicht geschützt. Erst in den kommenden Jahren sollte dort eine neue Mole entstehen.

So mußte ich also die alte Anlage benützen.

Wir hatten mit dem dicken Ölfilm, den Wind und Tide jeden Tag über die Wasserfläche des Hafens schoben, ohnehin unsere Not. Die Beiboote waren von der schwarzen, klebrigen Masse so verdreckt, daß es kaum mehr möglich war, mit sauberer Kleidung an Land zu gehen.

Bei der Überholung der *Solveig* gab ich mir viel Mühe, nicht nur die rote Unterwasserfarbe sorgfältig aufzutragen, sondern auch die Bordwände weiß zu malen. Ringsum glänzte der Anstrich in neuer Pracht. Doch als das Boot über den Slip zum Wasser geschoben wurde und die steigende Flut die *Solveig* langsam aufschwimmen ließ, da drückte der Wind eine zentimeterdicke Ölschicht vor sich her, die meine frischen Farben auflöste und verschmierte – ganze Wolken roter Antifouling trieben nun im Wasser!

Am Cafétisch im Park hatten wir also allen Grund, kräftig zu schimpfen über Dreck und Öl im Hafen. Ansonsten aber war Las Palmas damals ein sehr reizvoller Platz auf einer sonnigen Insel im Atlantik.

Niedrige Preise in den Supermärkten, eine riesige Auswahl an Lebensmitteln und technischem Bedarf sowie zahlreiche Lokale und Cafés der verschiedensten Preisklassen trugen dazu bei, daß die meisten Segler ihren Anker wesentlich länger im schlammigen Hafengrund ließen, als sie ursprünglich vorhatten.

Ich kaufte zusätzliche Kanister für Wasser und Petroleum und lud meine Stauräume randvoll mit Konserven. 300 Dosen nahm ich an Bord neben anderen haltbaren Lebensmitteln wie Nudeln, Reis, Knäckebrot, Marmeladen, Zucker und ein paar Dutzend Eier. Für 100 Tage wollte ich mich versorgen, rechnete aber mit einer Segelzeit von höchstens 60 Tagen. Die Sicherheitsspanne war gedacht für den Fall einer Krankheit oder Havarie, zum Beispiel Mastbruch, wenn ich das Boot längere Zeit treiben lassen müßte oder mit verkleinerter Segelfläche nur langsam mein Ziel ansteuern könnte.

Meine Abfahrt war für den 1. November geplant, aber ungünstiger Wind machte eine Verschiebung notwendig.

Im Winter liegen die Kanarischen Inseln nicht innerhalb des Passatwindgürtels, der erst 200 bis 300 Meilen weiter südlich beginnt. Es ist deshalb wichtig für den Start, eine stabile Wetterlage mit vorherrschendem Nordwind auszunützen.

Durch langes Warten auf günstigen Wind nervös geworden, beschloß ich sofort nach Einsetzen eines leichten Ostwinds, noch am gleichen Tag zu segeln. Es war der 8. November, und bis Mittag hatte ich die *Solveig* seeklar gemacht.

Mit großer Verabschiedung durch die anderen Yachten, Rufen, Winken und Hörnerblasen, verließ ich den Hafen.

Um 13.30 Uhr setzte ich die Segel, die leichte Brise verhieß zunächst geruhsame Fahrt.

Ich hatte mich für die Route um die Nordspitze von Gran Canaria entschieden, der kürzere Weg zwar, aber ich mußte dann zwischen den Inseln Gran Canaria und Teneriffa hindurch. Die Berge Gran Canarias sind schon über 1000 Meter hoch, Teneriffa mit dem Teide gar 3600 Meter. Zwischen den Gebirgen bilden sich unberechenbare Luftströmungen und Flautengebiete.

Während der Nacht dümpelte ich noch immer an der Nordküste der Insel auf einer Dünung herum, die aus Westen anrollte. Kommentar im Logbuch: „Wildes Geschaukel, drehe bei und lege mich schlafen. Eine Büchse Milchreis gegessen. Was wird morgen sein?"

Was sollte schon sein!

Als ich das Kap endlich gerundet hatte, wehte mir ein kräftiger Südwest ins Gesicht. Ziemlich verzweifelt versuchte ich noch, wenigstens Teneriffa anzuliegen – umsonst! So viele Brecher knallten über das Boot, so langsam kam ich vorwärts, daß ich befürchtete, meine Energien vor der eigentlichen Überquerung schon zu verschleißen.

Durch die böse Erfahrung von Agadir gewarnt, entschloß ich mich diesmal zur Umkehr!

Und so segelte ich am 9. November abermals an der Mole von Las Palmas entlang und warf meinen Anker zwischen den Yachten vor der Muelle Santa Catalina.

„The German ist back! Der Deutsche ist zurück!" hörte ich die Rufe von Boot zu Boot.

Ich war niedergeschlagen, bereute aber meine Entscheidung keinen Augenblick. Schließlich war es meine Fahrt, mein Boot, mein Leben, die auf dem Spiel standen.

Niemand hat über mich gelacht, die erfahrenen Segler wußten, wie sinnlos es ist, gegen stürmischen Wind anzukämpfen. Alle gratulierten mir zu meinem Entschluß. Nur die Bootsleute vom Club machten dumme Gesichter und fragten dreimal am Tag, wann ich denn nun fahre; aber das wußte ich selber nicht und antwortete nur mit einem Achselzucken.

Jedenfalls wollte ich jetzt zuverlässigen Nordwind abwarten und dann die Südroute nehmen um Gran Canaria herum.

Angenehm waren die Tage des Wartens nicht. Ich nützte die Zeit, um vernachlässigte Korrespondenz aufzuarbeiten, konnte jedoch die Schreibmaschine nicht verwenden, da sie bereits wasserdicht verpackt war. So ging es mir mit vielen Dingen, denn ich wollte den seeklaren Zustand der *Solveig* nicht wieder aufheben.

Wie eine Katze auf der Lauer sollte sie jeden Augenblick sprungbereit sein, wenn die Gelegenheit günstig war!

Am 16. November drehte der Wind endlich auf Nordost, ich schaffte schnell die letzten Vorräte an Bord: Wasser bis zum Rand in die Tanks, frisches Obst, Butter, Brot, Kuchen und Eier! Um 5 Uhr am nächsten Morgen wollte ich segeln, aber abends versammelten sich meine Freunde bei mir in der kleinen Kajüte. Wir klönten über alles mögliche, nur die Überfahrt wurde mit keinem Wort erwähnt. Erst um 23 Uhr trennten wir uns.

Um 5 Uhr stand ich zwar auf, hatte aber noch eine Menge zu räumen und zu ordnen, frühstückte in Ruhe. Der Löffel zitterte in meiner Hand, als ich den Tee umrührte. Das letzte Frühstück auf geschütztem Wasser, für wie lange?

Alle nicht unbedingt notwendigen Gegenstände waren verpackt. An Kleidung hatte ich zwei Blue jeans, zwei Hemden, zwei Jacken und zwei Garnituren Unterwäsche griffbereit in Plastikbeuteln. Ein Hemd, Blue jeans, Leinenhut und Bootsschuhe zog ich an und hievte um 7 Uhr den Anker hoch.

Wie verabredet, segelte ich dicht an den Nachbarbooten vorbei und gab Signal mit meiner Pfeife. Ein verschlafener Kopf zeigte sich aus dem Niedergang, und wir winkten heftig, dann war ich um die Mole herum und mir selbst überlassen.

Ich holte den Außenborder herein, reinigte und verstaute ihn unter dem Cockpit.

Mit dem Großsegel und einem kräftigen achterlichen Wind pflügte die *Solveig* nach Süden, an der Küste Gran Canarias entlang. Zwei Fischdampfer aus Las Palmas begegneten mir. Die Mannschaft machte Zeichen: „Wohin?"

Als ich nach Südwesten deutete, verstanden sie mein Reiseziel und brachen in wilden Jubel aus. Sie sprangen in die Höhe, winkten und rissen die Arme in die Luft!

Der Wind wurde fast stürmisch, ich konnte das Boot kaum mehr auf Kurs halten. Wieder handelte es sich um Böen, die durch die hohen Berge verursacht waren!

Unruhig und besorgt – bei so hartem Wind sind Mastbrüche keine Seltenheit – steuerte ich in eine kleine Bucht, in der ich Schutz zu finden hoffte, um das große Segel zu bergen und ein Sturmsegel zu setzen.

Doch der Anker wollte nicht halten; die *Solveig* trieb auf die Küste zu, schrammte über einen Felsen und fand erst Halt, als ich eilig die Kette wieder einholte. Der Haken hatte sich in einer Stahltrosse verfangen, die am Grund gelegen war!

Schnell riß ich das Segel herunter, setzte das kleine Tuch und mußte mich ordentlich plagen, den Anker mit der schweren Trosse an Deck zu bringen und zu klaren. Nach angstvollen Minuten war ich wieder frei!

Wie zum Hohn ließ der Wind bald darauf nach, und am Südende der Insel, bei Maspalomas, geriet ich in eine Flaute. Auch das noch!

Müde geworden beschloß ich, für die Nacht hierzubleiben.

Eine wirklich geschützte Stelle fand ich nicht, aber die See war ruhig, und so ließ ich das Eisen vor dem Leuchtturm von Maspalomas fallen.

Es war 16 Uhr. Ich konnte noch eine Sonnenhöhe mit dem Sextanten nehmen und in der Dämmerung auch eine Mondmessung, um die Genauigkeit meiner Berechnungen zu überprüfen.

Zu meiner Freude stimmten die beiden Standlinien genau, und nach dem Abendessen legte ich mich auf die Koje. Voll angezogen allerdings, um jeden Augenblick, wenn der Wind einsetzen sollte, bereit zu sein.

Um 3 Uhr früh war es soweit. Mit einer leichten Brise segelte ich mich fast unmerklich von der Küste frei, der sanfte Windhauch aus Norden kräuselte die Oberfläche der See, wurde langsam stärker, und ich nahm Kurs auf Barbados, hinaus in die Welt des Ozeans!

Von jetzt an war ich mit mir und der *Solveig* allein. Ich genoß den Rausch, mein überwältigendes Glücksgefühl, und machte mich an die Arbeit. Das Großsegel bergen, sorgfältig auf dem Baum auftuchen, damit die Latten nicht beschädigt wurden. Dann das Setzen der Doppelfock vorbereiten. Ich befestigte die beiden Bäume am Mast in den Beschlägen, verband die Bäume mit der Pinne. Schließlich schlug ich die Vorsegel am Stag und an den Bäumen an, hißte das Fall, und jetzt entfalteten sich die Dreiecke der Segel wie zwei Flügel im Wind!

Ich brachte die *Solveig* auf Kurs und stellte das Ruder entsprechend ein. Mit Herzklopfen beobachtete ich jede Bewegung des Bootes. Würde es die Richtung behalten? Konnte ich es sich selbst überlassen?

Und wirklich: Die *Solveig* bleibt im Wind, die Segel ziehen, das Ruder legt sich selbständig!

Mittags trage ich ins Logbuch ein:

„Boot läuft gut, steuert sich selbst. NO 3–4. Viel gegessen, Radio gehört, aufgeräumt!"

Bei Sonnenuntergang sind die Konturen der Berge von Gran Canaria noch einmal schemenhaft im rötlichen Abenddunst zu sehen, dann bricht die Dunkelheit herein. Der Wind bleibt beständig und treibt die *Solveig* nach Westen, einem anderen Erdteil zu.

Es ist die erste Nacht, in der ich gleichzeitig segle und schlafe, träume, schaukle, eingelullt vom beständigen Rauschen des Wassers an der Bordwand. Jeder kleinste Wellenschlag hallt laut wider in der „Sperrholzschachtel", in der die Töne wie im Körper einer Violine durch Resonanz verstärkt werden.

Ein paarmal stehe ich auf, werfe einen Blick auf den Kompaß, spähe in die Nacht, über die schwarzgraue See, deren kleine Hügel hinter der *Solveig* herlaufen, sie einholen, unter ihrem Heck verschwinden und vor dem Bug wieder auftauchen.

Am zweiten Tag erreicht der Wind Stärke 5, es wird ein wenig ungemütlich. *Solveig* schleudert von einer Seite auf die andere, hinterläßt eine Schlangenlinie im Kielwasser. Aber immer wieder bringt sie sich selbst auf den richtigen Kurs zurück, wie von einer unsichtbaren Hand gezogen! Ich juble!

Vorbei ist die Sklaverei der Ruderwache, endlich kann ich arbeiten, Essen zubereiten, Radio hören oder mich einfach ausruhen, während die *Solveig* unermüdlich ihrem Ziel entgegensteuert!

Alles, was Ed mir über die Navigation erklärt hat, probiere ich jetzt aus. Ständig nehme ich neue Messungen mit dem Sextanten, halte jede auf einem gesonderten Blatt fest und ergänze sie durch Werte, die ich den Nautischen Tafeln und dem Almanach entnehme. In immer kürzerer Zeit gelingt es mir, meinen Standort zu berechnen, und allmählich fasse ich Vertrauen zu meinen Messungen und Rechnereien. Ich genieße das Gefühl, jederzeit genau zu wissen, wo ich mich befinde – und dieses Wissen gibt mir Sicherheit.

Immer noch behält der Wind seine nordöstliche Richtung bei. Wird er mir weiterhin treu bleiben und die *Solveig* nach Südwesten blasen? Bin ich überhaupt schon im Passat?

Geographisch sicher nicht, aber jede Meile, die ich zurücklege, bringt mich dem Passatgürtel näher! Zwei oder drei Tage noch, dann muß ich den Bereich der ständigen Ostwinde erreicht haben.

Zum Frühstück esse ich meine letzte Semmel von Las Palmas, dazu Butter, Wurst, Kuchen, Tee. Bald wird die Kost eintöniger werden, aber ich habe mit Knäckebrot, Fischkonserven, Konfitüren und vielen Eiern vorgesorgt.

Langsam nimmt die Dünung zu, am dritten Tag schätze ich ihre Höhe auf drei bis vier Meter. Der Himmel ist klar, nur kleine weiße Wolken treiben über mir. Passatwolken?

Am 22. November, einem Freitag, laufe ich bei ONO genau in der gewünschten Richtung. Es ist mein fünfter Tag auf See, und ich habe wohl die Passatdrift erreicht. Jetzt wird sicher auch die Meeresströmung ein wenig schieben.

400 Seemeilen liegen bereits hinter mir. Wenn das so weiter geht, werde ich in weniger als 40 Tagen drüben ankommen!

Ich bin bester Laune, höre Musik am Radio – auf einmal wird die Sendung der BBC unterbrochen. Ich verstehe nur den Namen Kennedy und das Wort Schüsse. Das kann doch nicht stimmen. Ich muß falsch gehört haben! Aber wenig später kommt in den Nachrichten die Bestätigung: Kennedy ermordet!

Aufgeregt höre ich einen Bericht nach dem anderen, von der BBC, der Stimme Amerikas, von der Deutschen Welle. Ich bin verwirrt, kann nicht einschlafen. Was wird geschehen? Besteht Kriegsgefahr? Wer hat den Mord ausgeführt und wer steht dahinter?

Fragen über Fragen, denen ich allein ausgeliefert bin in meiner 2 × 2 Meter großen Kajüte. Mit niemandem kann ich sprechen, kann meine Gedanken nicht äußern.

Bei seelischer Belastung empfinde ich Arbeit als bestes Heilmittel. Um mich von meinen Grübeleien abzulenken, beginne ich also am nächsten Tag, auf dem Bauch liegend, die gesamte Bordwand der *Solveig* von außen mit Vim und Seife abzuscheuern. In Las Palmas hatte sich eine dicke Ölschicht angesetzt. Es ist ermüdende Arbeit, mit dem Kopf nach unten über der Bordwand hängend zu putzen und zu wischen, während die Wellen hochschlagen und mir ständig ins Gesicht spritzen.

Aber danach ist mir wohler, und ich freue mich, daß meine *Solveig* wieder weiß leuchtet und der letzte Hafenschmutz abgestreift ist.

Am siebten Tag bricht plötzlich einer der Achterholer für die Doppelfock.

Ich höre das Segel schlagen, der Baum knallt gegen die Stage, totales Durcheinander, das Boot schießt aus dem Kurs, bleibt quer zum Seegang liegen, Brecher kommen über Deck! Eigentlich habe ich auf diesen Augenblick gewartet, denn die Flaggenleinen sind für den hohen Winddruck viel zu dünn.

Zunächst muß ich beide Vorsegel bergen, dann neue, kräftigere Leinen durch die Blöcke scheren und an Baum und Pinne belegen. Nach einer

Stunde blähen sich die beiden Segel im Wind, die *Solveig* hat ihren Kurs nach Westen wieder aufgenommen.

Während der nächsten Tage verstärkt sich die Brise noch mehr, ich schreibe ins Logbuch:

„Das Boot rollt fürchterlich und läuft immer scharf mal nach der einen und mal nach der anderen Seite. Mir ist nicht übel, aber ich bin geschafft."

Und später:

„Den ganzen Nachmittag an der Steuerung probiert. Jetzt besser – Boot giert nicht mehr so stark."

Doch der Wind legt noch weiter zu, ich komme nicht mehr zur Ruhe und schreibe:

„Es bläst gewaltig, packe alle Gegenstände weg, ziehe Ölzeug an, bleibe die Nacht über auf."

Ich erreiche Etmale von 110 Seemeilen, und das gibt mir meine gute Stimmung zurück. Die *Solveig* läuft und läuft in der aufgewühlten See. Brecher füllen das Cockpit, der Wind zerrt am Mast, an den Wanten und Stagen, aber das Boot nimmt unbeirrt Welle für Welle.

Oft bohrt sich der kleine Bug in die See, taucht sogleich wieder hoch, läßt das Wasser ablaufen und steckt seine Nase keck in die Luft.

„*Solveig* hält sich nur noch mühsam auf Kurs, muß gelegentlich eingreifen, und sie rollt hart hin und her. Abendessen: Kakao und Knäckebrot", trage ich am achten Tag meiner Überfahrt ins Logbuch ein und drei Tage später: „Mittagsposition zeigt: habe 120 Seemeilen zurückgelegt! Mein bestes Etmal! Fast zu schön, um wahr zu sein. Jedenfalls feiere ich heute die 1000. Meile!!!"

Und bereits 24 Stunden später sehe ich den ersten Tropikvogel meines Lebens! Weiß schimmern sein Gefieder und die lange Steuerfeder in der Sonne, während er, die Flügel weit ausgebreitet, einige Sekunden über dem Boot schwebt.

Der Tropikvogel kündet das Wetter der Tropen an: Regenschauer, die unvermittelt aus schwarzen Wolken niederprasseln und böigen Wind aus wechselnden Richtungen verursachen.

Am 13. Tag schreibe ich:

„Eine scheußliche Nacht mit Sturmböen und Regenschauern, die absolute Grenze für diese Besegelung. Wenn es mehr weht, muß ich die Segel bergen. Versuche jetzt, wenn die Sonne aus den Wolken kommt, eine Messung zu machen und eine Standlinie zu berechnen."

Am Abend beruhigt sich das Wetter, ich höre eine Sendung der Deutschen Welle mit Weiß Ferdl, Lommel, Grock, alles alte Platten aus der Vorkriegszeit, Erinnerungen an die Kindheit! Ein Blick nach draußen zeigt mir eine hinreißende Szenerie: riesige Dünung, viele Meter hoch, die wie blankes Silber im gleißenden Licht des Vollmonds schimmert.

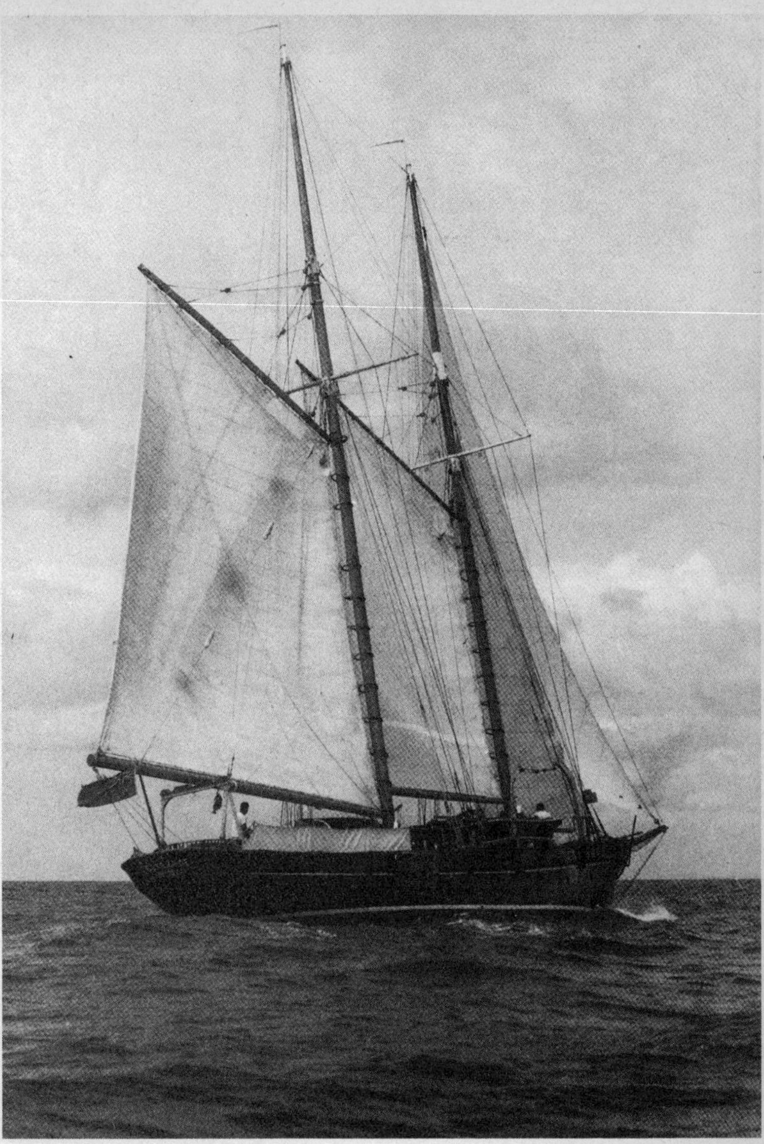

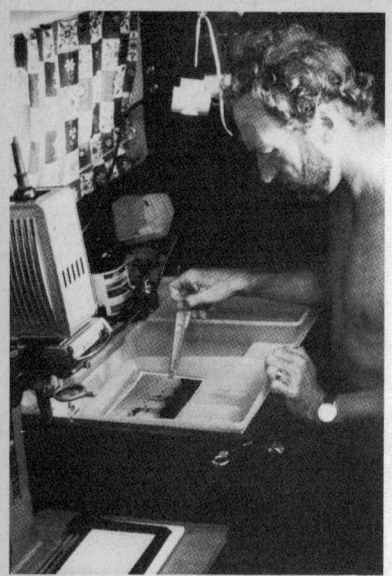

Vorhergehende Seite: Zweimastschoner „Freelance" in der Karibik

Arbeit am Vergrößerungsgerät – eine komplette Dunkelkammereinrichtung befand sich an Bord der „Solveig III"

Auf See

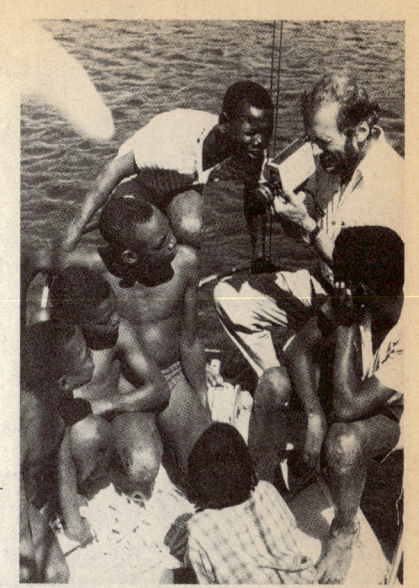

Meine kleinen Freunde an Deck der „Solveig III" in der Prince Rupert Bay – Dominica

Vor Anker

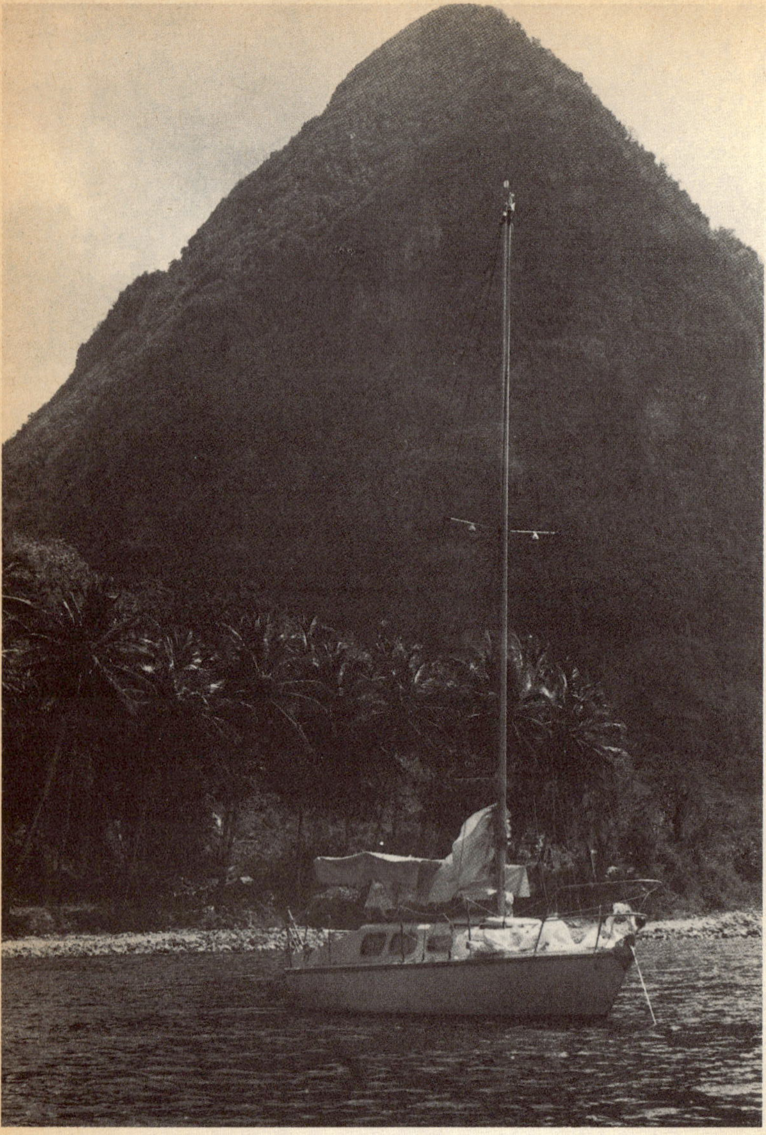

Solveig III in der Karibik
Links: Anse des Pitons – St. Lucia
Rechts: Prince Rupert Bay – Dominica
Unten: Admiralty Bay – Bequia

Margret Wittmer und der Verfasser, daneben Frau Wittmers Schwiegertochter und ihre Schwester

Gus Angermeier

Unten und rechte Seite: Die berühmte Post Office Box, einstmals Briefkasten der Walfänger auf Floreana

WHITE SEAL
DURBAN
KOCHAR
2/62
SALVEIG III
BOX
LUNKENTOSS
TROPIC BIRD
7.54
COUFFER
CONRAD HALL
WH TRACY
Ms SANTANA

„Bin ich nicht schön frisiert?"

Tierparadies Galapagos

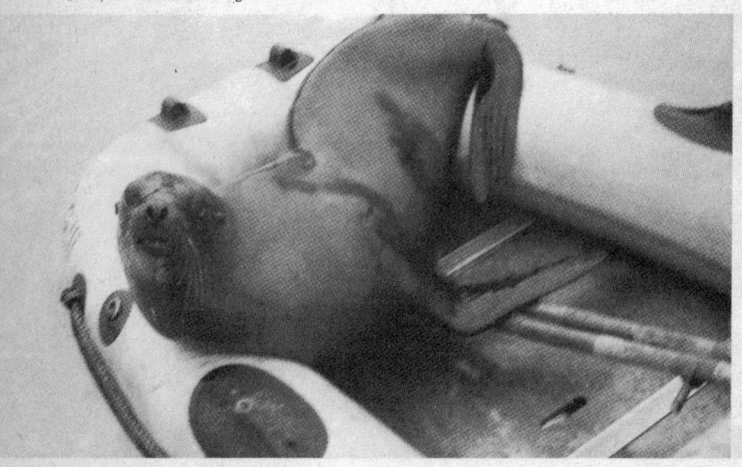

„Darf ich mich ein wenig bei dir sonnen?"

„Ob ich's mal mit Fliegen versuche?"

„Was willst du denn hier in meinem Reich?"

Urwelt Galapagos

In der Cooks Bay von Moorea ▶

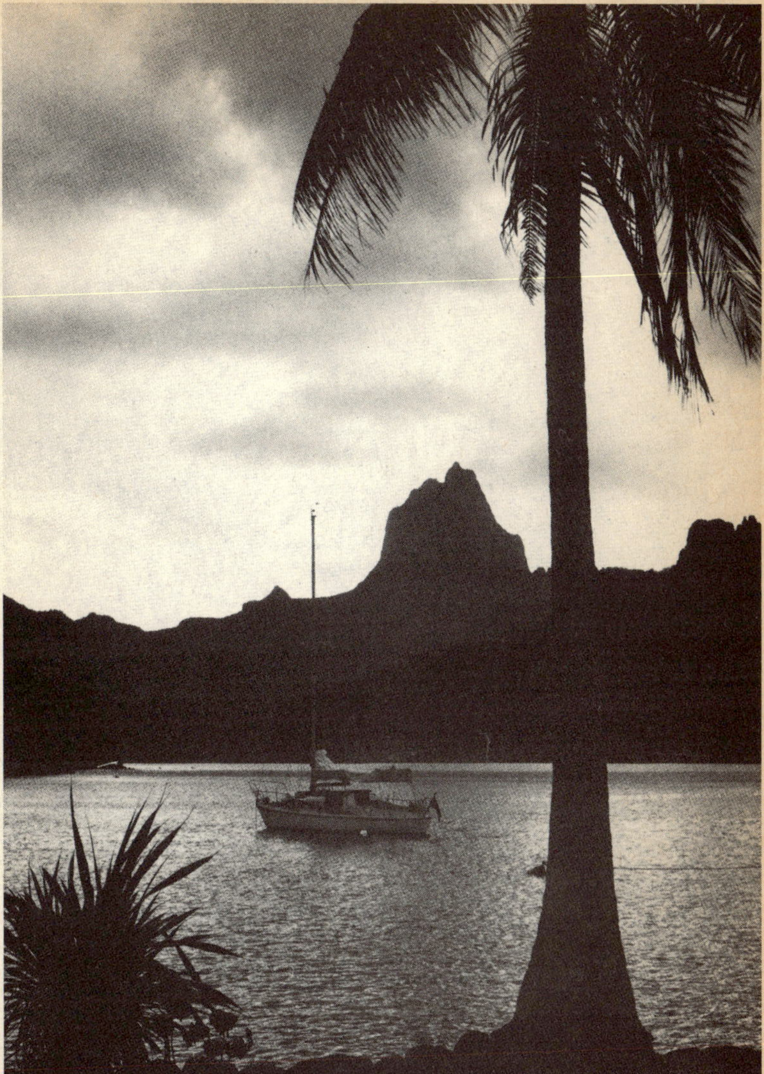

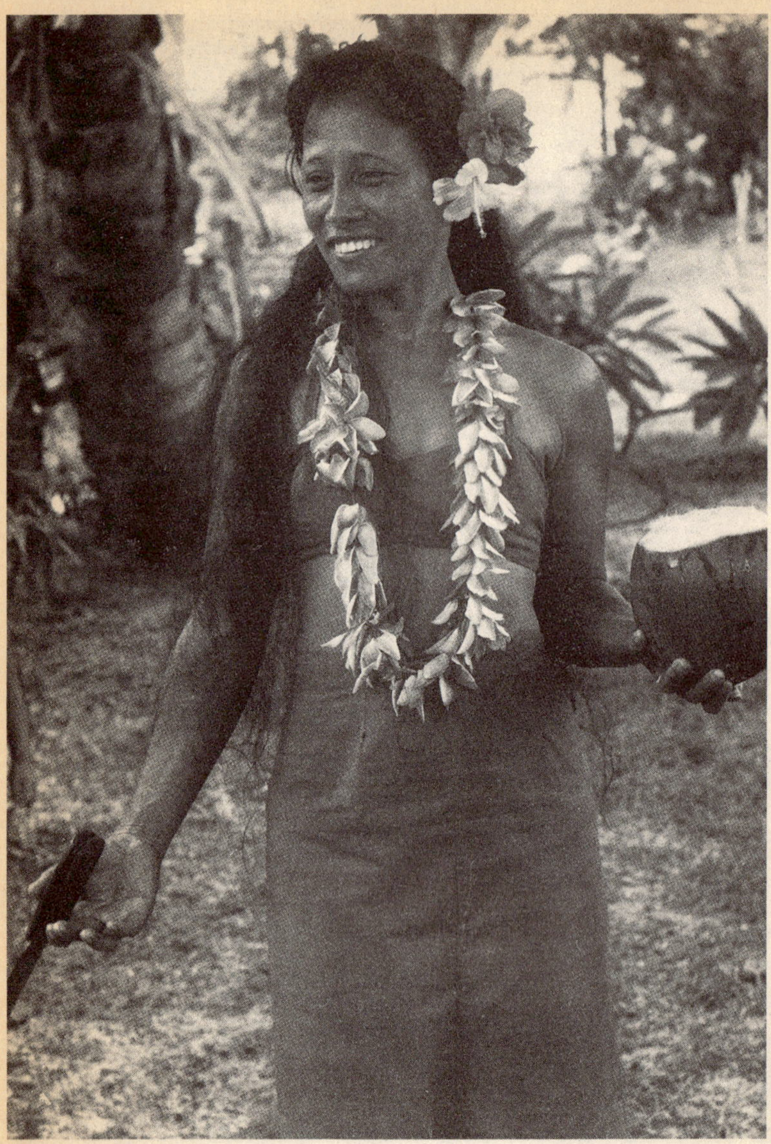

In der Südsee auf Aitutaki

Südpazifik
Oben links: Ukelele-Spielerin
Unten links: Von Auslegerkanus umringt
Rechts: Beim Sing-Sing der Papuas

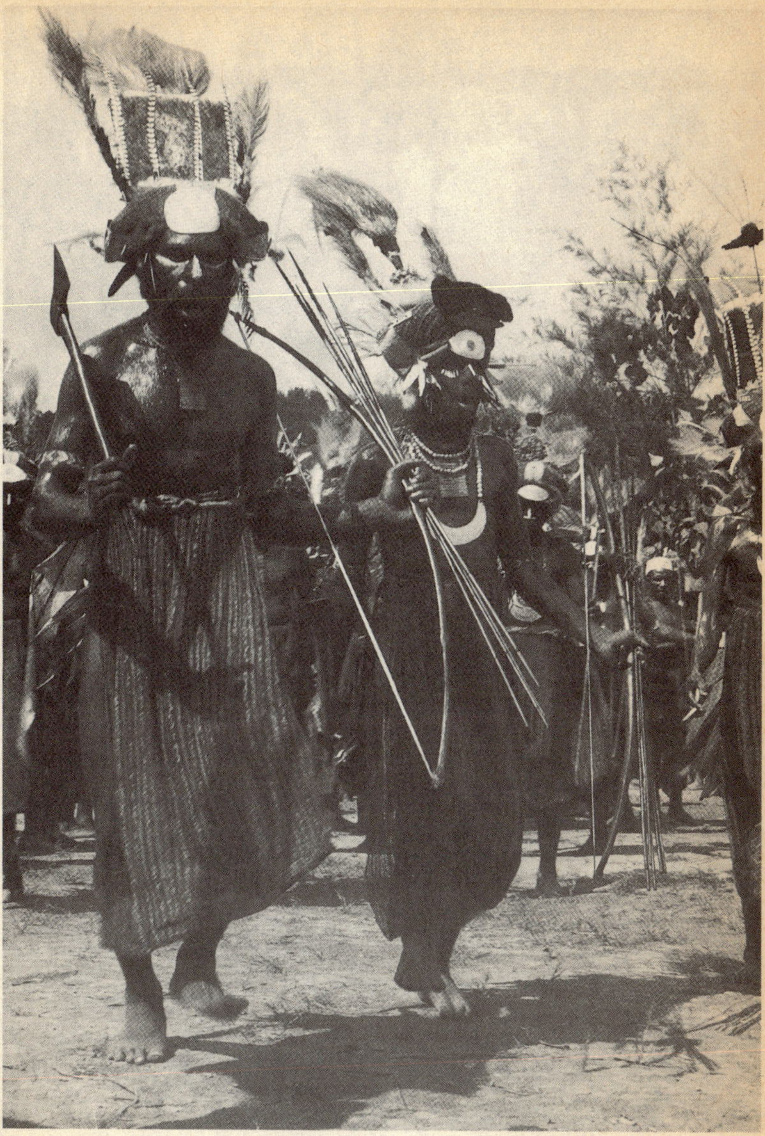

Auf dem Marktplatz von Mt. Hagen – Neuguinea

Begrüßung in Cuxhaven: im Vordergrund (v. l. n. r.) John Adam, der Verfasser, Dr. Hannes Lindemann, Claus Hehner

Doch dann folgt eine ganze Woche mit Regenschauern, Böen, häßlicher See. Ich befinde mich an der Grenze dessen, was ich an Müdigkeit und Erschöpfung glaube aushalten zu können.

Eintrag ins Logbuch:

„9.00: Heute will es nicht Tag werden. Ab Mitternacht ein Schauer, eine Böe nach der anderen. Gegen 4.00 früh kurze Flaute. Bei der Gelegenheit Segel geborgen und nachgesehen. Sehr viel halten sie nicht mehr aus. Die Stagreiter sind fast durch, die Schäkel an den Bäumen auch. Zu viel Reibung!

10.30: Es regnet unaufhörlich, und es ist immer noch nicht Tag.

12.00: Unverändert: Regenböen! Habe keine Lust zu essen, bin zu nervös. Alles verpackt: Karten, Sextant, Tonbandgerät, Schlafdecke. Hätte heute Halbzeit feiern wollen, denn die Hälfte der Strecke ist zurückgelegt, aber ich warte lieber auf besseres Wetter.

13.00: Doppelfock geborgen bei Windstärke 8–9, unter blankem Mast gesegelt!

16.00: Doppelfock wieder gesetzt. See wild durcheinander durch die wechselnde Richtung der Böen. Boot wird von den Wellen geworfen. Kann kaum mehr sitzen.

Am 18. Tag weht es noch einmal wie toll. Ich mache mich auf Sturm gefaßt.

9.00: Alles verpackt. In Bereitschaft. Versuche schnelles Frühstück.

10.30: Brecher landet mit voller Wucht. Es dröhnt wie ein Kanonenschlag. Teekanne zerbrochen. Ein Teil des Henkels verschwunden."

Meine Teekanne stand natürlich immer auf dem Kajütboden und auf einem Lappen, damit sie nicht rutschen konnte. Doch dieses eine Mal wurde sie mit solcher Wucht auf die andere Seite des Ganges geschleudert, daß das dicke Porzellan zerbrach.

Ich hatte eine Erfahrung gemacht, die ich später noch oft machen sollte: Die gefährlichsten Minuten für ein kleines Boot sind die, in denen der Wind, wenn er kräftig geblasen hat, nachzulassen beginnt!

Der Sturm, der die See aufpeitscht, drückt die Wellen gleichzeitig auch nieder, treibt die Wogen vor sich her. Läßt der Winddruck unvermittelt nach, dann laufen die Wellen mit voller Geschwindigkeit weiter, werden aber nicht mehr niedergepreßt und türmen sich taumelnd, stolpernd auf. Es bilden sich gefährliche Brecher, die auf Yachten erheblichen Schaden anrichten können. Besonders heimtückisch an diesem Vorgang ist der Überraschungseffekt. Ohne Vorwarnung flaut der Wind ab, man hört es nicht, man sieht es nicht – und plötzlich knallt ein Brecher an Deck!

Im Laufe der nächsten Stunden bessert sich das Wetter, weiße Passatwolken ziehen wieder vor den blauen Himmel. Zu Mittag esse ich eine Büchse Hackbraten mit Gemüse. Die Logbucheintragung lautet:

„Bin völlig erschöpft. Heute ist seit langem der erste Tag, an dem ich keine Sorgen habe: spüre nun die durchwachten Nächte!"

Am 6. Dezember, es ist der 19. Tag auf See, feiere ich Nikolaus! Jetzt spielt sich das Leben an Bord wieder in der täglichen Routine ab: Am Morgen vergleiche ich meine Armbanduhr, die ich als Chronometer verwende (und natürlich nicht am Arm trage!) mit dem Zeitzeichen des Radios. In den USA gibt es eine Station, die – auf Kurzwelle – jeden Tag 24 Stunden lang Zeitzeichen sendet. Sie heißt „WWV" und ist für den Navigator von größter Wichtigkeit.

Danach höre ich Nachrichten der BBC, nehme die erste Sonnenmessung und brühe mir eine Kanne Tee auf. Dieser Tee ist für mich das einzige Getränk den ganzen Tag über, denn bei meinem geringen Wasservorrat erlaube ich mir nur einen halben Liter der kostbaren Flüssigkeit zu verbrauchen.

Es wird heiß.

Am Nachmittag verstaue ich endgültig alle warmen Kleidungsstücke und hole Badehosen und dünne Hemden aus den Beuteln, die im Heck hinter dem Cockpit liegen.

Nachts wälze ich mich in Schweiß gebadet auf der Koje. Tagsüber trage ich nur noch Badehosen, leide unter dem Durst.

Jeden Tag aber mache ich im Schnitt meine 100 Meilen auf Barbados zu.

Ich vergrößere die Wasserration auf einen ganzen Liter, denn viel Reserve brauche ich nun nicht mehr zu halten.

Häufig beobachte ich Vögel und Fische neben dem Boot. Am prächtigsten sind die Goldmakrelen oder Doraden, die bis zu einem Meter lang werden und die *Solveig* oft viele Stunden oder sogar tagelang begleiten. Gelb und blau schimmert ihr Körper in der Sonne, deren Strahlen durch das tiefblaue Wasser leuchten.

Je näher ich meinem Ziel komme, desto häufiger muß ich auf den Kurs achten. Nur mit Doppelfock in der Windrichtung segelnd, werde ich Barbados nicht ansteuern können. Ich muß mir etwas einfallen lassen, wie ich das Boot auch bei seitlichem Wind sich selbst überlassen kann, denn ich bin zu weit nach Süden geraten!

So setze ich nach langer Zeit wieder das Groß und die Fock und verbinde diese über eine Steuerleine mit der Pinne. Für den Gegenzug nehme ich ein dünnes Gummiseil, wie man es beim Wagen auch zur Gepäckhalterung verwendet. Mehrere Stunden bastle ich herum, aber dann kann ich den neuen Kurs einstellen, ohne selbst am Ruder sitzen zu müssen.

Noch einmal veranstalte ich eine kleine Feier, als ich den Rand des Kartenblattes: „Atlantischer Ozean – östlicher Teil" überfahre. Jetzt kommt das Westblatt an die Reihe, und auf dieser Karte sehe ich bei der

Navigationsarbeit immer die Kette der Westindischen Inseln oder Antillen vor mir, denen ich mich Tag für Tag um ein Stück nähere.

Entsprechend wächst meine Spannung.

Wie sehen die Inseln aus? Die Sandstrände, die Korallen? Wie spielt sich das Leben ab?

Am 29. Tag meiner Überfahrt höre ich zum ersten Mal Radio Barbados auf Mittelwelle. Große Aufregung!

Ein völlig anderes Programm, als wir es in Europa gewöhnt sind: Sehr viel Werbung, häufig lokale Nachrichten. Am Morgen zuerst eine ausführliche Ansage, wer alles gestorben ist und wann die Beerdigungen stattfinden: „Freunde und Bekannte werden gebeten, am Grabe vollzählig zu erscheinen." Dann Calypso-Musik.

Am 31. Tag, dem 18. Dezember um 2.00 früh kommt das Leuchtfeuer von Ragged Point auf Barbados in Sicht! 30 Tage sind vergangen, seit ich den Leuchtturm von Maspalomas aus dem Auge verlor.

Für ein paar Stunden lege ich mich noch einmal aufs Ohr, segle dann bei Tagesanbruch weiter.

Das Grün der Kokospalmen wird sichtbar! Mein Herz schlägt höher. Um in die schützende Bucht vor der Hauptstadt Bridgetown zu gelangen, muß ich den Südostteil der Insel umsteuern und schließlich Ragged Point runden.

Ich nehme den Bogen um dieses Kap nicht weit genug, komme den Klippen zu nahe und gerate über eine Untiefe mit nur 10 Meter Wasser. Ein Brecher knallt über das Deck und ins Cockpit, auf den letzten Metern werde ich noch richtig naß, doch wenig später öffnet sich vor mir Carlisle Bay, eine weit geschwungene Bucht, der große Ankerplatz für Segelschiffe seit Hunderten von Jahren.

Das Farbenspiel ist atemberaubend.

Hellgrünes Wasser, dahinter ein breiter, weißer Sandstrand und das dunkle Grün der Palmen, deren Kronen im Passatwind schwanken. Über allem ein tiefblauer Himmel mit weißen Wölkchen.

Ich werfe meinen Anker neben einem Restaurant, welches auf Pfählen weit in das Wasser hinaus gebaut und durch eine lange Holzbrücke mit dem Land verbunden ist: dem Aquatic Club.

Zufrieden schaukelt die *Solveig* auf der langen Dünung.

Sie hat ihre erste Ozeanüberquerung geschafft, noch dazu in einer sehr guten Zeit.

Es dauert auch nicht lange, da kommt das Lotsenboot mit Zoll, Polizei und Arzt. Formulare werden ausgefüllt, Papiere gestempelt – nach 15 Minuten ist der Spuk vorbei.

In einiger Entfernung liegt *Te Reva* vor Anker. Fred kommt im Beiboot herüber und gratuliert mir zur glücklichen Ankunft.

Zauber der Karibik

Mein erstes Ziel in Bridgetown war das Postamt; die Weihnachtswoche hatte begonnen, und wenn ich mich auch unter der glühenden Tropensonne nicht gerade weihnachtlich fühlte, so erwartete ich doch mit Sehnsucht eine Reihe von Briefen.

Nur wenige Meter vom Strand entfernt fand ich die Bushaltestelle. Die Fahrt mit dem altertümlichen Klapperkasten, wohl ein ausgemustertes Exemplar aus einer englischen Kleinstadt, war ein Erlebnis besonderer Art.

Die schwarzen Insulaner, besonders die Jugend, ihrem Wesen nach fröhlich und unkompliziert, betrachten die Busfahrt als Sport für die Ellenbogen: wer sie nicht benützt, bleibt draußen.

Im Zentrum von Bridgetown angekommen, bot sich mir ein typisch englisches Stadtbild: Sandsteinbauten, Nelson-Denkmal, Trafalgar-Square; hinter dem Nelson-Denkmal ein ehrwürdiges Gebäude, das Postamt.

Ich gab die Weihnachtsbriefe auf, die ich vorsorglich auf See schon geschrieben hatte und fragte dann nach den postlagernden Sendungen.

Der Mann hinter dem Schalter blickte erstaunt auf:

„Also Sie sind das, Mann! Einen ganzen Berg Briefe habe ich für Sie, die liegen schon viel zu lange hier. Wer sind Sie denn, Mann, daß Sie so viele Briefe bekommen?"

„Mann" ist die allgemeine Anrede in den Westindies, denn das Wort „Herr" weckt unangenehme Erinnerungen an die Sklavenzeit.

Mit meinem Bündel Briefe erkämpfte ich mir wieder einen Platz im Omnibus und fuhr am palmenbestandenen Ufer der Bucht entlang zurück zur *Solveig*. Wie ein Fuchs mit seiner Beute verkroch ich mich für den Rest des Tages in der Kajüte und las, Zeile für Zeile. Die Briefe bedeuteten mir viel, waren sie doch die einzige Verbindung zu den mir nahestehenden Menschen.

Gerne hätte ich immer noch mehr erfahren über scheinbar unwichtige Erlebnisse in Garmisch, über den täglichen Klatsch. Jeder Brief war mir zu kurz, ließ zu viele Fragen offen. Auf der Überfahrt noch hatte ich das Alleinsein nicht als Belastung empfunden. Ich war glücklich gewesen, nur für mich selbst verantwortlich zu sein. Hier in Bridgetown dagegen, in einer fremden Stadt, unter fremden Menschen, fühlte ich mich einsamer, weiter entfernt von meinen Freunden als auf See.

Der Ankerplatz war auch nicht besonders günstig für ein kleines Boot, denn die Dünung des Atlantik lief um das schützende Riff herum und verursachte einen ständigen Schwell. Es wäre deshalb auch kaum möglich gewesen, mit dem Schlauchboot durch die Brandung trocken den Strand zu erreichen.

Für die Segler gab es jedoch einen bequemen und gleichzeitig unterhaltsamen Weg an Land: wir pullten mit dem Dingi zur Anlegetreppe des Aquatic-Club.

Hier genossen wir besondere Vorrechte. Wir durften die Beiboote an der Treppe festmachen und uns jederzeit im Restaurant aufhalten, auch ohne einen Drink oder eine Mahlzeit zu bestellen.

Natürlich waren die sonnen- und regengeschützten Tische, von denen man einen wunderbaren Blick auf die Ankerbucht und den Strand mit seinen Palmen im Hintergrund genoß, der Treffpunkt aller Yachtbesatzungen. Der pavillonartige Bau hatte keine Seitenwände, das breite Giebeldach wurde nur von Holzpfeilern getragen, und so wehte immer ein kühles Lüftchen.

Abends spielte die Band, es wurde getanzt, und wenn ich im Cockpit meiner *Solveig* saß, konnte ich in den warmen Tropennächten die Klänge der Musik hören, die der Wind zu mir herüber trug, untermalt vom Rauschen der Brandung.

Neben dem Restaurant befand sich der „Royal Barbados Yacht Club", umgeben von einem herrlichen Park, unter dessen Bäumen ich viele Stunden verbrachte, wenn ich das Dümpeln der *Solveig* auf dem Ankerplatz leid war.

Unter den einheimischen Seglern des Clubs erregte die kleine *Solveig* ziemliches Aufsehen, auch die örtliche Zeitung brachte einen Bericht. Und daraufhin lernte ich Klaus Peter Schilsky kennen.

Eines Tages winkte er mir von der Terrasse des Restaurants und lud mich zu einem Rum-Punsch ein. Er war der Vertreter einer großen deutschen Elektrofirma und ein begeisterter Segler. So verband er das Angenehme mit dem Nützlichen und unternahm seine Geschäftsreisen von Insel zu Insel mit der eigenen Yacht.

In den drei Wochen meines Aufenthaltes lud mich Peter auch in seinen gemütlichen Bungalow ein und zu einer Autofahrt über die Insel.

Im Gegensatz zu allen anderen Inseln der Karibik ist Barbados flach und jeder Quadratmeter mit Zuckerrohr bepflanzt, bietet also landschaftlich wenig Abwechslung.

Zucker hat die Insel reich gemacht und war die wichtigste Einnahmequelle, bis die Kanadier aus dem kalten Norden Barbados als Sonneninsel entdeckten und der Tourismus zusätzliche Dollars ins Land brachte.

An der Ostspitze der Insel zeigte mir Peter ein altes Schloß, „Sam Lord's Castle", das als Hotel eingerichtet war. Im Reiseprospekt dazu heißt es:

„Ehemaliger, im englischen Kolonialstil gebauter Landsitz an der Atlantikküste von Barbados, etwas erhöht, direkt vor herrlichen Sandstränden gelegen..."

Auf dem „erhöhten Platz" pflegten übrigens die früheren Besitzer in stürmischen Nächten ein falsches Leuchtfeuer zu entzünden, so daß die Schiffe dieses Kap mit Ragged Point verwechselten und vor den „herrlichen Sandstränden" scheiterten. Auf diese Weise machten die Herren reiche Beute. Eine Methode, die angeblich auch heute noch angewendet wird...

Nicht weit von der *Solveig* ankerte die Yacht eines Engländers, Harry, der mit seiner siebzehnjährigen Tochter Jill über den Atlantik gesegelt war.

Ich freundete mich mit den beiden an, die sehr beschäftigt waren, ihre Reisekasse aufzufüllen. Harry hatte sich mit Hilfe seiner Tochter eine flotte Einnahmequelle erschlossen:

Jill, eine attraktive junge Dame, dazu immer lustig und gut gelaunt, konnte sich der Männer, die ihre Bekanntschaft suchten, kaum erwehren. So lud sie die Urlauber zu ihrem Vater auf das Boot ein, und man verabredete kleine Tagesfahrten an der reizvollen Küste von Barbados entlang.

Fast jeden Tag segelten Vater und Tochter mit ihren Gästen und verdienten sich damit das Geld für die Weiterfahrt in den Pazifik und nach Tahiti.

Leider haben Harry und Jill ihr Ziel nie erreicht.

Schon in der Karibik, vor der Küste Venezuelas, liefen sie nachts auf ein Riff. Die Yacht war nicht mehr zu retten und wurde von denselben Fischern, die meine Freunde aus dem Wrack bargen, völlig ausgeraubt.

In der Seekarte ist auf dem Riff ein Leuchtfeuer eingezeichnet, aber dieses Feuer war in der Unglücksnacht „außer Betrieb", wie mir Harry schrieb. Und er fügte hinzu, daß dies kein Zufall gewesen sein kann, zu schnell seien die „Retter" zur Stelle, zu schnell die gesamte Habe der Schiffbrüchigen verschwunden gewesen.

Auch für mich wurde es Zeit, Barbados zu verlassen. Ich hatte mir vorgenommen, möglichst viele der Antillen in den vier Monaten anzusteuern, die mir vor meiner Rückkehr nach Europa zu Verfügung standen.

Aufgereiht wie Perlen auf einer Schnur liegen die Kleinen Antillen zwischen Südamerika und Nordamerika; es sind die Gipfel einer Gebirgskette, die im Meer versunken ist und wahrscheinlich vor Jahrmil-

ATLANTISCHER OZEAN

Bahama-Inseln

Haiti
Port au Prince
Trujillo
San Juan
St. Thomas
Sombrero
Saba
Antigua
Puerto Rico
Guadeloupe
Port Royal Kingston
Jamaika
Dominica
Martinique
Santa Lucia

KARIBISCHES MEER

Kleine Antillen

Barbados

Curaçao
Buenaire
Margarita
Tobago
Trinidad
Barranquilla
Coro
La Guaira
Cartagena
Maracaibo
Caracas
Aragua
Golf von Darien
Solodad
Venezuela

Kolumbien
Orinoko

Bogota
Novita

lionen die Landverbindung zwischen den amerikanischen Kontinenten gebildet hat. Alle Inseln sind vulkanischen Ursprungs, und ein Teil dieser Vulkane ist noch in Tätigkeit – der letzte große Ausbruch erfolgte auf St. Vincent im Jahre 1979.

Und noch etwas haben alle Inseln gemeinsam: Sie wurden ohne Ausnahme von Columbus entdeckt, der an ihnen vorbeisegelte und jeder Insel einen Namen gab. Auf Columbus geht übrigens auch die Bezeichnung „Westindien" zurück, denn er behauptete ja bis zu seinem Lebensende, daß er einen Teil Indiens entdeckt hätte.

Bewohnt waren die Inseln von den Kariben oder Karaiben, die als außerordentlich kriegerisch galten und jeden Fußbreit ihres Heimatbodens verteidigten. Später vernichteten die Franzosen und Engländer in schweren Kämpfen das gesamte Volk. Die letzten Angehörigen der Kariben sprangen, um sich nicht ergeben zu müssen, von einem hohen Felsen in die See. Der Berg heißt noch heute „Sauteur", „Springer".

Schon bald erkannten die europäischen Entdecker, welcher Reichtum durch eine intensive landwirtschaftliche Nutzung der Vulkanerde in dem idealen tropischen Klima zu erwirtschaften sei. Dazu aber benötigte man Arbeitskräfte!

Als Landarbeiter für die Zuckerrohrplantagen holte man sich Sklaven aus Schwarzafrika. Nach und nach besaßen fast alle europäischen Nationen Kolonien in der Karibik. Frankreich, England, Spanien, die Niederlande, Dänemark und sogar Schweden.

Die Inselkette der Antillen beginnt mit Trinidad im Süden, nur wenige Meilen von Venezuela entfernt, und verläuft dann in gerader Linie nach Norden bis Antigua.

Von Barbados aus nahm ich zunächst Kurs auf Tobago, eine kleine, landschaftlich besonders reizvolle Insel in der Nähe von Trinidad, die Daniel Defoe einst als Vorbild für seinen Roman Robinson Crusoe gedient hatte.

In den Abendstunden des zweiten Tages auf See gelangte ich an die Nordküste der Insel und vor die Einfahrt zu einer großen Bucht, der „Man of War Bay".

Ich war ermüdet und hatte keine Lust, die *Solveig* während der Nacht auf See treiben zu lassen und steuerte deshalb mit Hilfe der Seekarte und des Echolots trotz völliger Dunkelheit in den hintersten Winkel der Bucht. Als ich am Morgen erwachte, schob ich neugierig das Luk auf. Doch was war das?

Auf einem Hügel sah ich lauter Stangen, die in den Himmel ragten!

Verschlafen rieb ich mir die Augen und begriff erst nach einer Weile, daß es sich um die Stämme von Kokospalmen handelte, deren Kronen von einem Orkan abgerissen worden waren. Nackt und dürr, wie aufgestellte Telegraphenstangen, boten die Bäume einen traurigen Anblick.

Im Inneren der fjordartigen Bucht hatte sich der Sturm nicht austoben können, ich blickte in eine wunderschöne Tropenlandschaft: die Hänge der Berge und Hügel mit dichtem Wald bedeckt, der bis zum Strand herunterreichte und dessen dunkles Grün in leuchtendem Kontrast stand zum Weiß des Sandes.

Durch das kristallklare Wasser schwamm ich zum Strand und legte mich in den Sand unter schattenspendende Laubbäume und Palmen. Ich sammelte Dutzende verschiedener Muscheln und Korallen und beobachtete das Spiel der Pelikane, wie sie im Sturzflug herunterschossen, um nach einem Fisch zu tauchen.

Kein Mensch weit und breit, nur die bunten Fische im Wasser und das Glitzern der Sonne auf den Wellen der Lagune.

Bei meinen weiteren Fahrten von Insel zu Insel segelte ich immer während der Nachtstunden, um bei Tage anzukommen.

Die Einklarierung bereitete am Vormittag keine Schwierigkeit, und ich hatte genügend Zeit, mir einen günstigen Liegeplatz zu suchen. Da die Inseln jeweils etwa 30 Meilen voneinander entfernt sind, lief ich gegen Mitternacht vom alten Ankerplatz aus, so daß ich meine „neue" Insel immer bei Tageslicht erreichte.

Und eines Morgens fand ich das, was ich mir von Kindheit an gewünscht hatte: eine unbewohnte Insel, die mir ganz allein gehörte!

Stundenlang wanderte ich am Strand entlang, durchstreifte die Wälder und bestieg einen kleinen Hügel. Dort oben bot sich ein großartiges Panorama: das tiefblaue Meer, die braunen Riffe, die hellgrüne Lagune und in der Ferne die vielen kleinen Inseln, die zur Gruppe der Grenadinen gehören.

Ich konnte nur schwer begreifen, daß es keine Einbildung war, daß ich wirklich auf meiner Insel in der Karibik stand und all die Schönheit um mich herum auf diesem Fleckchen unberührter Natur allein genießen konnte.

Während der Nacht fand ich kaum Schlaf. Ich war zu aufgeregt und von der intensiven Sonne auch etwas überreizt.

Am nächsten Morgen näherte sich eine andere Yacht dem Ankerplatz und schon von weitem erkannte ich *Marihoena* mit meinen Freunden Gordon und Ellen an Bord. Großes Hallo und Begrüßung! Wir hatten uns viel zu erzählen von unseren Erlebnissen seit Las Palmas und beschlossen, gemeinsam über die Insel zu wandern und danach unter den Bäumen zu kochen und zu braten. Gordon und ich sammelten Feuerholz, während Ellen Kochtöpfe und Geschirr an Land brachte.

Wir verlebten einen glücklichen Tag. Selig und unbekümmert wie die Kinder spielten wir drei auf „unserer" Insel.

Wir fanden einen großen alten Stahlkessel, den die Walfänger früher zum Auskochen des Walfleisches verwendet hatten. Unter dem Kessel machten wir Feuer, Gordon sprang schnell hinein, und wir fotografierten ihn als „Missionar", der gerade gekocht wurde!

Zwei Tage verbrachten wir zusammen in unserem kleinen Paradies Little St. Vincent. Danach war ich wieder allein und segelte weiter nach Bequia.

Nur wenige Meilen nördlich von Little St. Vincent gelegen, nimmt Bequia eine Sonderstellung unter den Westindischen Inseln ein. Da es hier keine hohen Berge gibt, können sich die Passatwolken nicht abregnen, und das hügelige Gelände ist auch für die Anlage von Plantagen nicht geeignet.

Bequia besitzt jedoch einen der großartigsten Ankerplätze in der Karibik, einen echten Naturhafen von unglaublicher Schönheit, die Admiralty Bay. Hier haben sich vor hundertfünfzig Jahren schottische Bootsbauer und Fischer aus dem Norden Amerikas mit ihren Familien niedergelassen. Um sich mit geeignetem Holz für den Schiffsbau zu versorgen, pflanzten sie auf der Insel ausgesuchte Baumarten, die längst zu herrlichen Laubwäldern herangewachsen sind. So entstand hier fast ein Stück Europa in einer fernen Welt.

Da keine Flugverbindung zur Insel besteht, konnte sich auch kein Tourismus entwickeln. Nur einige inselbegeisterte Amerikaner haben sich auf Bequia Ferienhäuser gebaut. Sie verzichten gerne auf Supermärkte und lassen sich von einem alten Schoner unter Segel zwei Stunden von St. Vincent aus über die See schippern, bis an den palmenumsäumten Strand von Bequia.

Als ich die südliche Einfahrtshuk, eine schmale, felsige Landzunge gerundet hatte, tat sich mit einem Male die weite, ausladende Bucht vor mir auf!

An den Ufern der tiefblauen Wasserfläche, die ruhig wie ein See lag, entdeckte ich weiße Sandstrände, romantische Felsberge, Kokospalmen und Laubbäume.

Während die *Solveig* noch an den Felsen der Huk vorbeiglitt, öffnete sich plötzlich vor mir eine riesige Höhle. An den Steinwänden hingen wabenartig mehrere Terrassen, kleine Bungalows mit Balkonen; und alle diese Gebäudeteile waren durch Treppen und Brücken verbunden, die zum Teil in den Stein geschlagen waren. Unter den Balkonen brandete die See mit dumpfem Grollen, und von den Wänden der Höhle hallte es schaurig zurück.

Noch ehe ich die Anlage richtig betrachtet hatte, glitt die *Solveig* vorbei, und die Öffnung der Höhle verschwand wie ein Phantom aus meiner Sicht.

Ein Architekt und Maler namens Johnston hatte sich, so erfuhr ich später, dieses eigenartige Heim konstruiert und „Moon Hole" getauft.

Ich segelte bis in den hintersten Winkel der Bucht und warf dort meinen Anker, nur wenige Meter vom Strand entfernt. Das Heck des Bootes machte ich an einer Palme fest. Mein Schlauchboot war nicht mehr brauchbar; Sonne, Salzwasser und vor allem die Reinigung mit Benzin, die ich in Las Palmas wegen der dicken Ölschicht vornehmen mußte, hatten den Gummi zerstört. So watete ich durch das niedrige Wasser an Land.

Schwarze und weiße Kinder grüßten freundlich, als ich in das Dorf wanderte, um dem Polizisten meine Ankunft zu melden.

Bequia ist so klein – drei bis vier Kilometer beträgt der Durchmesser –, daß ich die ganze Insel zu Fuß erkunden konnte. Besonders liebte ich den Feldweg, der über den Bergrücken der Insel auf die andere Seite an die Ostküste zu einer malerischen Bucht führt. Dort befindet sich ein Palmenhain und eine alte Zuckermühle, deren Ruine an die Zeiten erinnert, als der Zucker noch großen Reichtum versprach. Eine andere Einnahmequelle, ebenso alt wie die Zuckergewinnung, aber auch heute noch einträglich, ist der Walfang. Und Bequia ist eine Walfanginsel mit sehr alter Tradition.

Die schmalen, schnellen und wendigen Segelboote, die unter schattigen Bäumen hinter dem Strand liegen, werden hier auf der Insel speziell für den Walfang gebaut.

Während der Walsaison sitzt ein Mann als Wache auf dem Hügel neben der sichelförmigen Bucht und beobachtet die See. Sobald er den verräterischen Strahl eines blasenden Wales erkennt, tönt der Alarm über die Insel, die Männer stürzen aus ihren Häusern, laufen von ihren Feldern zu den Booten. Eines nach dem anderen wird durch die schäumende Brandung geschoben, und die Jagd auf den Wal beginnt.

In ihren offenen Booten – kaum sieben Meter lang –, ohne Motor und ohne Schußgerät, kämpfen die Männer nur mit der Kraft ihrer Muskeln gegen das riesige Tier an. Ist der Wal nach stundenlanger Arbeit erlegt, schleppen sie ihn zu einer unbewohnten Nachbarinsel, wo der Körper zerlegt und sein Fleisch verkocht wird.

Nach einem glücklichen Fang hat die Bevölkerung der Insel eine Zeitlang zusätzliche Nahrung, ein Teil der Beute wird sicher auch verkauft.

Ich bin kein Freund des Walfangs, weil ich ihn für überflüssig und grausam halte, aber der Einsatz dieser Männer nötigt mir Bewunderung ab. Und es besteht ein großer Unterschied, ob Fischer auf einer entlegenen Insel, die dem Menschen nur wenig Nahrung bietet, jedes Jahr zwei oder drei Wale erlegen, oder ob die Tiere zu Hunderten von Fabrikschiffen für eine Industrie getötet werden, die längst in der Lage ist, die vom Wal gelieferten Fette synthetisch herzustellen.

Den letzten Nachmittag auf Bequia verbrachte ich als Gast des Ehepaares Johnston in „Moon Hole".

Jede Wohnwabe in der riesigen Höhle lag auf einer eigenen Terrasse, die mit Stahlträgern in der Felswand verankert war. Eine Konstruktion, die in Fachkreisen weltweit Aufsehen erregt hatte.

Johnston empfand hier völlige Harmonie mit der Natur. Nur Mrs. Johnston, die den Einfallsreichtum ihres Mannes im allgemeinen sehr zu schätzen wußte und seine Ideen und seine Tatkraft bewunderte, fand die Wohnung in der Höhle ungemütlich. Sie fühlte sich von der Nähe des Ozeans bedroht, die Dunkelheit bedrückend.

Bei aller Sehnsucht nach dem Meer und bei allem Interesse für Höhlen wäre dieser Platz für mich wohl auch nicht das ideale Heim.

Am Morgen der geplanten Abfahrt machte ich die *Solveig* seeklar; als ich den Anker lichten wollte, kam ein junges Mädchen mit einem Korb voll Früchte zum Strand, rief nach mir und schwenkte den Korb.

„This is for you, Mrs. Johnston sends me! – Das ist für Dich von Mrs. Johnston!"

Ich hatte die Heckleine bereits von der Palme losgebunden und bemerkte, daß die *Solveig* schon weit in tiefes Wasser geschwungen war. Waten konnte ich nicht mehr und schwimmen wollte ich nicht. Ich hatte es mir auf dieser Reise zum Grundsatz gemacht, keine zusätzlichen Risiken einzugehen: keinen Alkohol, keine gefährlichen Ausflüge und eben auch kein Schwimmen in Korallengewässern.

Doch da stand die Kleine strahlend mit ihrem Korb und wartete. Es waren ja nur etwa zwanzig Meter bis zum Strand!

Ich zog mein Hemd aus und sprang ins Wasser, tat zwei oder drei kräftige Schwimmstöße – und stieß mit dem Fuß mit voller Kraft in einen großen Seeigel! Der saß auf einem Korallenstock, welcher an dieser Stelle wie ein Turm aufragte.

Das Bein vor Schmerz gelähmt und nur mit den Armen schwimmend erreichte ich das Boot und zog mich ins Cockpit. Ich war so benommen, daß ich weder rufen noch schreien konnte. Statt dessen nahm ich Schmerztabletten und untersuchte meinen Fuß: etwa 40 Stacheln waren unter die Haut gedrungen und im Fleisch abgebrochen.

Mrs. Johnston erschien nun selbst am Strand, bat mich in ihre Hütte – das vorläufige Heim des Ehepaares bis zur Fertigstellung von „Moon Hole".

Nach zehn Minuten hatte ich – diesmal sehr vorsichtig schwimmend – das Ufer erreicht und folgte ihr in den Holzbungalow. Die attraktive, rothaarige Frau besah sich meinen Fuß und meinte:

„Ich kenne da schon ein paar Naturmittel, die die Einheimischen verwenden, aber die sind nicht angenehm."

„Mir ist alles recht", erwiderte ich, „wenn nur die Schmerzen aufhören!"

Daraufhin holte sie Kerzen und zündete sie an.

„Ich muß Ihnen jetzt ein bißchen weh tun", warnte sie.

Sie hielt meinen Fuß und ließ das flüssige Wachs auf die Sohle tropfen, bis die Fläche des Ballens, in dem die Stacheln steckten, bedeckt war.

Nach einer Weile ließ der Schmerz wirklich nach.

„Um die Vergiftung durch die Stacheln zu heilen, könnten Sie noch ein anderes Mittel versuchen. Sie müssen den Fuß in heißem Urin baden! Das machen die Schwarzen hier, ich selbst habe damit aber noch keine Erfahrung."

Auch diese zweite Kur half ein wenig, und belohnt mit belegten Broten von Mrs. Johnston humpelte ich auf die *Solveig* zurück.

In den kommenden Wochen steuerte ich von einer Tropeninsel zur anderen. Abends, vor der Abfahrt, rechnete ich mir aus, wann ich den Anker aufholen mußte, um mich in der Morgendämmerung der nächsten Insel zu nähern. Dann stellte ich den Wecker, legte mich für ein paar Stunden schlafen und kreuzte zur errechneten Zeit aus der jeweiligen Bucht heraus.

Nicht immer gestaltete sich die Fahrt zu einem reinen Vergnügen.

Die über 1000 Meter hohen Berge decken den Passat streckenweise völlig ab, dann wieder schießt der Wind in harten Fallböen durch die Täler hinunter, und das kann einem unvorsichtigen Skipper den Mast kosten. Ohne Motor sind die Flautenstriche nur mühsam zu durchqueren, und nur ganz sportliche Segler arbeiten sich ohne Motor hinter der Insel entlang nach dem Motto: wer mit der Natur leben will, der muß auch Zeit und Geduld haben!

Der Kapitän der *Lord Jim*, einer großen und schönen Charteryacht, erzählte mir dazu die folgende Geschichte:

„Neulich fuhr ich an der Küste von St. Vincent entlang. Ein glühend heißer Tag, kein Lüftchen regte sich. Auf einmal sehe ich vor mir ein kleines Segelboot, es dümpelt fürchterlich in der Dünung, der Baum schlägt von einer Seite auf die andere, und das kleine Ding kommt ohne Motor nicht voran.

Na, denke ich, dem armen Kerl könntest du helfen! Ich rufe meinen Decksmann, lasse eine Schleppleine bereitlegen, halte auf das Boot zu, aber in dem Augenblick, als mein Mann die Trosse werfen will, das Ende schon in der Hand hält, da richtet sich im Cockpit dieser Nußschale eine Gestalt kerzengerade auf, dreht sich um, blickt mir ins Gesicht und ruft mit tiefster Verachtung in der Stimme:

,This, Sir, is a sailing boat! – Dies, Kapitän, ist ein Segelschiff!'

Glaub mir, ich war sprachlos, einen Stolz hatte der Kerl, nicht zu glauben!"

Ende Februar steuerte ich um die südliche Einfahrtshuk, genannt „Rollo's Head", in die Prince Rupert Bay von Dominica.

Mein Vorname Rollo kommt aus dem englischen Zweig meiner Familie, und möglicherweise hat einer der Vorfahren in dieser Bucht geankert und der Landzunge seinen Namen gegeben.

Gebirgig, mit Gipfeln, die weit über tausend Meter aufragen, von dichtem tropischen Regenwald überwachsen, fast ohne Straßen und sogar ohne einen brauchbaren Hafen ist Dominica die am wenigsten „entwickelte" Insel der Antillen.

Der Legende nach soll der Erforscher der Insel, ein Franzose namens Colomb, auf die Bitte, Dominica zu beschreiben, ein Blatt Papier genommen, es zwischen den Fingern zerknüllt und auf den Tisch geworfen haben:

„So, meine Herren, sieht Dominica aus!"

In der Prince Rupert Bay hat eine Bananen-Gesellschaft einige Lagerschuppen errichtet, doch die Einkünfte sind gering, da die Männer die Bündel mit den schweren Früchten auf ihrem Rücken zum Schiff tragen müssen. Eine Straße in den Bergen wurde nicht angelegt. So können in einer Nacht nur wenig Bananen verladen werden.

Von dieser Arbeit des nächtlichen Bananenstauens – die grünen Früchte vertragen kein Tageslicht – erzählt auch der berühmte „Banana-Song" von Harry Belafonte.

Vor dem palmengesäumten kilometerlangen Strand der Bucht hatte ich meinen Anker geworfen.

Es herrschte vollkommene Stille, nur aus dem Dorf hörte ich am Morgen die Hähne krähen. Keine andere Yacht in meiner Nähe, keine Straße an der Wasserfront, kein Fabriklärm oder schmutziger Rauch aus qualmenden Schloten.

Nur am späten Nachmittag, kurz vor Sonnenuntergang, hallte vom Strand her der tiefe, schaurige Ton des Muschelhorns langgedehnt und klagend über die Bucht. Dann waren die Fischer in ihren Kanus vom Fang zurück und riefen die Frauen zum Kauf.

Hinter dem Strand erhebt sich, zunächst sanft ansteigend, dann steil aufragend, das Massiv des „Mount Devil", des Teufelsberges. Nur hundert Meter entfernt mündet ein kleiner Fluß in die See, der „Indian River", berühmt für seine exotischen Bäume, die an beiden Ufern mit ihren Wurzeln in das Wasser greifen und dem Flußbett ein gespenstisches Aussehen verleihen.

In einem engen Gebirgstal hinter dem Dorf sprudeln heiße Quellen aus der Erde, von denen sich die Dorfbewohner kleine Teiche als Badeplatz abgeleitet haben. Kostenlos und jederzeit ein Thermalbad!

Auf ihrem Weg zur Schule entdeckten die Kinder schon am ersten Morgen die *Solveig* und riefen zu mir herüber. Schnell banden sie ein paar Bretter und Knüppel zusammen, nahmen einen Ast als Riemen und paddelten auf die *Solveig* zu. Andere sprangen mit der Kleidung ins Wasser und schwammen zum Boot. Innerhalb weniger Minuten tummelten sich zehn und mehr Kinder in meinem kleinen Cockpit, und alle waren ebenso fröhlich wie hungrig!

Mir fiel ein, daß ich noch eine Menge Kekse in Packungen unter der Koje hatte, meine Notverpflegung für den Atlantik. Diese Kekse holte ich hervor, verteilte sie an die hungrigen Mäuler und mit glücklichen Gesichtern mampften die Kleinen, bis einer rief:

„Die Schule! Wir müssen weiter, in die Schule!"

Darauf sprang die ganze Gesellschaft ins Wasser und schwamm zum Ufer zurück.

Auch ich pullte mit dem Dingi zum Land und gab ein Telegramm an meine Freundin in Garmisch auf.

Die alte Frau, die seit zwanzig Jahren oder mehr den Postdienst versah, war ganz aufgeregt wegen des Telegramms. Sie versprach: „Wenn die Antwort da ist, lege ich mein Bettuch aus dem Fenster, das können Sie vom Boot aus sehen, dann kommen Sie zu mir und holen sich die Nachricht!"

Nach zwei Tagen hing tatsächlich das weiße Laken in der Sonne, und als ich kam, überreichte sie mir strahlend die Antwort, die sie aufgeschrieben hatte.

Auf dem Rückweg entdeckte ich unter den Palmen eine Reihe von Ananasstauden mit schönen Früchten. Als einer meiner kleinen Freunde auftauchte, fragte ich den Jungen, ob die Ananas jemandem gehören oder ob ich mir da eine nehmen könne.

Er grinste und sagte verschmitzt:

„Die gehören jemand, aber du kannst sie dir nehmen, die wissen ja, daß du dumm bist, du bist doch ein Fremder. Dir geschieht nichts, du bist dumm!"

Es gab einen besonderen Grund, warum ich Dominica angesteuert hatte: Hier befindet sich das Reservat der letzten Ureinwohner Westindiens, der Kariben, und an ihrer Spitze soll ein Mann stehen, der sich als König der Kariben bezeichnet.

Ihn wollte ich besuchen.

Im Dorf sagte man mir, ich sollte den Taxifahrer nach dem Reservat fragen. Er war bereit, mich am Sonntag für ein geringes Entgelt mitzunehmen, so weit die Straße führte. Das Reservat, erklärte er mir, sei am äußersten Ende der Insel, auf der anderen Seite, einen Teil der Strecke müßte ich laufen.

Während der Fahrt in dem alten amerikanischen Straßenkreuzer erzählte mir Tom von einem Krieg, den die Kariben vor wenigen Jahren mit der Polizei ausgefochten hatten.

„Sie haben gekämpft, bis über zwanzig ihrer Leute getötet waren. Jetzt sind vielleicht noch fünfundzwanzig von ihnen übriggeblieben!", vermutete er.

Irgendwo im Busch hielt Tom und stellte den Wagen unter einen Baum.

„Hier bleibe ich jetzt, Du mußt zu Fuß gehen, da drüben beginnt der Pfad zu den Kariben. Komm nicht zu spät, ich muß bei Tageslicht zurück!"

Eine Stunde wanderte ich zwischen Farnen und Lianen durch den tropischen Regenwald, bis ich eine Hütte vor der Steilküste entdeckte.

An einem Bach wuschen Frauen ihre Wäsche, sie hatten langes, pechschwarzes, glänzendes Haar, schmale Augen und eine gelbliche Haut. Kariben!

Ich ging weiter, fand unglaublich armselige Hütten, die, so schien es, jeden Augenblick einstürzen könnten.

Auf meine Frage nach dem König wiesen die Kinder auf eine abseits gelegene Holzhütte.

Ein junger Mann, etwa 25 Jahre alt, trat heraus.

Er trug zerschlissene Hosen, ein schmutziges Hemd. Sein Gesicht war eingefallen und von tiefer Schwermut erfüllt. Die Verzweiflung eines sterbenden Volkes.

Er stellte sich vor als der König, fragte nach meiner Heimat und begann sofort zu bitten:

„Kannst Du nicht helfen, ist in Deutschland niemand, der für mein kleines Volk Waren oder Geld spendet? Man hat uns alles genommen: das Land, die Freiheit, das Leben. Wir sind nur mehr wenige Männer und noch weniger Frauen. Wir können nichts anbauen, vor allem nichts transportieren, da keine Straße vorhanden ist. Nur Fische können wir fangen, aber auch das ist schwierig und gefährlich. Da gibt es keinen Strand, nur Felsen, wir kommen mit den Booten nur selten hinaus..." Er zeigte auf die Brandung des Atlantik.

„Wir haben einen Krieg geführt gegen die Polizei und gegen den Zoll. Zuerst haben wir einen Zollmann erschossen, dann sind viele gekommen... Wir wollten keinen Zoll zahlen auf unserer Insel. Am schlimmsten sind die Schwarzen, die wollen uns alle töten. Wenn die Engländer einmal die Insel verlassen, dann werden wir nicht mehr lange leben..."

Von diesem Ausflug kehrte ich bedrückt nach der Prince Rupert Bay zurück.

Ich überlegte, ob es für mich irgendeine Möglichkeit gäbe, diesen Menschen zu helfen. Meine privaten Mittel reichten dazu nicht aus. Ich halte es für unmöglich, in der heutigen Zeit ein Volk in seinem Urzustand, ohne Verkehrsverbindung, in einem engen Reservat zu erhalten, dessen Fläche noch nicht einmal die eines kleinen Naturparks erreicht.

Die Insel Dominica gehört den schwarzen Afrikanern, einer kräftigen, lebensbejahenden Rasse, die auf der gebirgigen und für jede Art von Wirtschaft oder Gewerbe ungeeigneten Insel selbst um ihre Existenz kämpft. In wenigen Jahren werden sie die letzten Kariben verdrängt haben.

Viel zu schnell vergingen die Tage auf Dominica.
Die *Solveig* war zum Kinderparadies des Dorfes Portsmouth geworden. Jeden Morgen, vor der Schule, platschten die Kleinen ins Wasser, schwammen zur *Solveig* herüber und holten sich ihre Keksration. Selbst als ich fünfzehn Jahre später, während der zweiten Weltumsegelung, wieder in der Prince Rupert Bay ankerte, erinnerten sich die Männer noch an ihr Kindheitserlebnis auf der *Solveig*.

Auch ich trennte mich ungern von diesem Ankerplatz, und ich blickte nicht zurück, als ich mein Eisen aus dem Sandgrund aufholte, um aus der Prince Rupert Bay hinaus nach Norden zu steuern.

Doch bei frischem Passat und beträchtlichem Seegang kam ich bald auf andere Gedanken und hielt Kurs auf eine kleine Inselgruppe, die zu Frankreich gehört, die Iles de Saintes. Bereits sechs Stunden später machte ich dort fest und erkundete die neue Umgebung.

Trockene, steile, kleine Berge mit wenig Baumwuchs, das ist die Landschaft der Saintes.

Rötlich gelb glühen die Hügel in der Sonne. Auf der Spitze des Berges hinter dem Dorf Bourg eine Festung, gut erhalten, mit Kasematten, Wallgraben, einer ungeheuren Mauer – das Fort Napoleon. Erbittert verteidigten die Franzosen früher die Inseln gegen England, und so leben hier noch heute viele Franzosen aus der Normandie und der Bretagne. Vom tropischen Klima ausgezehrt, zäh und ausgetrocknet wie das Gestein, fangen sie Fische, flechten Körbe und Hüte aus Palmblättern und anderen Pflanzen. Ihre Hüte sind die besten, die es auf den Inseln gibt.

Das Dorf in seiner Art ist ungewöhnlich: es gibt keine verschlossenen Türen, keinen Gartenzaun, alles ist offen. Die schmalen Wege sind gepflastert und werden täglich gereinigt.

Ich machte mich auf den Weg in die Berge, um Filmaufnahmen zu machen und vielleicht einen der letzten Leguane zu finden. Leider werden sie gejagt und später ausgestopft als „Wahrzeichen" an die Fremden verkauft. Dieses Töten ist so sinnlos!

Viele Stunden pirschte ich zwischen den heißen Felsen, hier und da schreckte eine Echse auf, suchte Schutz unter einem Stein, wenn ich ihr zu nahe kam. Schließlich setzte ich mich auf den Boden, verspeiste eine Orange und wartete.

Ich hatte Glück. Später bei der Vorführung des Filmes konnte man gerade noch den grünlichen Schwanz eines Leguans hinter den Steinen verschwinden sehen.

Als ich auf dem Pfad ins Dorf zurück wanderte, kam mir ein großer, schlanker Mann entgegen, an seiner Seite eine schöne, junge Frau.

Er grüßte und fragte:

„Können Sie mir bitte sagen, wo wir hier Leguane finden, meine Frau möchte einen Leguan sehen!"

Gern gab ich die gewünschte Auskunft, und wir unterhielten uns eine Weile.

Einen Tag später erschien das Paar bei meinem Ankerplatz.

Ich holte die beiden mit dem Schlauchboot ab – inzwischen hatte ich aus Deutschland ein neues erhalten – und als sie in der *Solveig* saßen und ich von meiner Überfahrt erzählte, meinte der junge Mann:

„Sie sind verrückt, Sie sind total verrückt, mit einem solch winzigen Ding von Europa hierher zu segeln! Ich dachte, nur ich wäre ein Verrückter, aber Sie?! Sie müssen nach New York kommen, New York ist die einzige Stadt in der Welt, wo man solche Irre wie Sie bewundert!"

„Schade", gab ich zurück, „sehr schade, aber ich muß nach Deutschland segeln, ich habe keine Zeit mehr für New York."

Wir sprachen noch lange weiter, und es stellte sich heraus, daß er neben Englisch und Französisch auch fließend Deutsch sprach, aus dem Elsaß stammte, und daß er „komische Bilder zeichnet, über die die Leute lachen, und Kinderbücher malt", wie er sich ausdrückte.

Er lebte in New York, arbeitete für den „Time Life" Verlag und nannte seinen Namen: Tomi Ungerer!

Damals sagte mir der Name noch nichts, doch er mußte ein prominenter Künstler sein, denn er versprach mir, bei „Time Life" eine Einladung für mich zu erwirken und für den Rücktransport meines Bootes von New York nach Deutschland zu sorgen.

Zwar traute ich diesen Versprechungen noch nicht ganz und hielt weiterhin die geplante Atlantik-Überquerung nach Gibraltar oder England im Auge, aber Tomi Ungerer hatte eine große Hoffnung in mir geweckt: New York als Abschluß meiner Reise! Eine wunderbare Idee!

Von jetzt an drehten sich alle meine Gedanken um die neue Route, die mir in Aussicht gestellt war.

Antigua, die letzte Karibik-Insel, die ich ansteuerte, bot sich wegen ihres idealen Hafens als Vorbereitungs- und Ausrüstungsplatz geradezu an. Dort warf ich am 13. März 1964 – zum letzten Mal auf dieser Reise für längere Zeit – meinen Anker und wartete auf die entscheidende Nachricht von Tomi Ungerer aus New York.

English Harbour auf Antigua ist eigentlich ein Museum, eine Ruinenstadt, ein historischer Hafen. Aber ich will der Reihe nach erzählen.

Nach dem Krieg kreuzte ein Engländer, ein gewisser Commander Nicholson, mit seiner Yacht in der Karibik und ankerte eine Zeitlang in dem verfallenen ehemaligen Segelschiffshafen der Britischen Marine. Die Ruhe und Abgeschiedenheit, die landschaftliche Schönheit der Umgebung und die Romantik der alten Kaianlagen und Festungsgebäude faszinierten ihn so sehr, daß er einen Plan zum Wiederaufbau der Ruinen ausarbeitete.

English Harbour war ja ein Denkmal britischer Seeherrschaft aus der Zeit Lord Nelsons, der dort selbst als Befehlshaber kommandiert hatte.

Nicholson beschaffte die behördliche Erlaubnis und vor allem aus England die erforderlichen Geldmittel, um den alten Kriegshafen unter Denkmalschutz zu stellen, ihn mit Unterstützung einer Stiftung instand zu setzen, um ihn später als Museum und Yachtmarina zu betreiben. Bald flossen erste Einnahmen aus Liegegebühren, besonders von den Charteryachten, und heute ist English Harbour und sein Museum so überfüllt, daß manches Boot nur noch im Vorhafen ankern kann.

Die *Solveig* hatte mehr als genügend Platz gefunden. Sie lag in dem geräumigen Hafenbecken vor Anker, um die höheren Gebühren, die für den Kai erhoben werden, einzusparen. Außerdem blieb ihr Skipper auf diese Weise mehr für sich und brauchte nicht ständig neugierige Fragen zu beantworten, die von den Museumsbesuchern gestellt wurden.

Als Betreuer der Yachten und als Hafenmeister war ein Mr. Christian eingesetzt, ehemaliger Marineoffizier und Urenkel des berühmten Meuterers Fletcher Christian von der *Bounty*. Christian kümmerte sich um jeden einzelnen Segler, kannte seine Freuden und Sorgen und verteilte persönlich jeden Morgen die Briefe auf allen Booten. Christian verdanke ich ein ganz besonderes Erlebnis.

Als die Mutter der Königin von England während einer Erholungsreise auch English Harbour besuchte, fuhr er sie in seiner Barkasse zur *Solveig*, und ich durfte der alten Dame einige Fragen beantworten und von meiner Überfahrt erzählen.

Ich war so aufgeregt, daß ich Mühe hatte, die richtigen Worte in Englisch zu finden! Später fiel mir dann ein, was ich noch alles hätte sagen können. –

Die Hafenanlage erwies sich als sehr geeignet für die fällige Überholung der *Solveig*. Auf seinen beiden Kielen ließ sich das Boot leicht an Land ziehen über die historischen Steine, die in der Zeit Nelsons den Beibooten der Fregatten als Rampe gedient hatten.

Sorgfältig und ohne Eile erneuerte ich den Anstrich meines Bootes, um das Sperrholz vor Feuchtigkeit und Fäulnis zu schützen und den Unterwasserteil auch vor den gefürchteten Teredowürmern zu bewahren, die in tropischen Gewässern jedes Holzboot bedrohen.

Nach zwei Wochen brachte mir Christian ein Telegramm aus New York.

„TIME LIFE ÜBERNIMMT KOSTEN FÜR VERSCHIFFUNG NACH EUROPA – WIR FREUEN UNS AUF IHREN BESUCH!"

Ich jubelte! Sofort schrieb ich an Tomi und gleichzeitig an den damaligen Kommodore der „Slocum Society" in den USA, John Pflieger. Die Slocum-Gesellschaft hatte es sich zur Aufgabe gemacht, Einhandsegler zu fördern, zu beraten und ihre Reisen zu registrieren. In meinem Brief bat ich ihn, mir einen verkehrsgünstig gelegenen Liegeplatz bei einem der unzähligen New Yorker Segelclubs zu reservieren. Ich hatte Angst vor der Einfahrt in diesen größten Hafen der Welt und wollte genau wissen, wohin ich steuern mußte, wo ich erwartet würde.

Der Wetterkarte entnahm ich, welcher Wind mich im Monat Mai auf der Überfahrt nach New York erwartete: 200 Meilen im Passat, dann variabler Wind in der Sargasso-See und zwischen Bermuda und New York zumeist Westwind, der mir direkt entgegenstehen würde. In etwa drei Wochen, so um den 22. Mai, könnte ich in St. Georges auf Bermuda sein. Dort hoffte ich auf die Antwort von John Pflieger. Und dann, wenn alles gut ging, wären es noch zehn Tage gegen den Wind bis New York.

Also los, *Solveig*, segeln wir nach New York!

Da ich mich von hier aus ohnehin nach Westen wenden mußte, ging's zunächst nach Puerto Rico und von der alten spanischen Bastion nach Norden, durch das berüchtigte Dreieck zu den Bermuda-Inseln.

Die Fahrt verlief problemlos, wenn man von einigen merkwürdigen Erscheinungen absieht, die mir dort begegneten. In meinem ersten Buch habe ich bereits dagegen Stellung genommen, in diesem Seegebiet phantastische Vorkommnisse zu vermuten, die von außerirdischen Wesen oder gar vom Grunde des Ozeans aus verursacht werden.

Der Golfstrom und andere klimatische Einflüsse können jedoch extreme Wetterbedingungen hervorrufen; außerdem dürfen wir nicht vergessen, daß an der amerikanischen Küste nicht nur das Raketenzentrum Kap Canaveral liegt, sondern auch die Frühwarnanlagen und sonstige Verteidigungseinrichtungen der USA.

Im Logbuch habe ich einige außergewöhnliche Beobachtungen vermerkt. Unter dem Eintrag vom 9. Mai heißt es da:

„Wind aus allen vier Richtungen N, S, W, O! Zum Verzweifeln!

20.00: Gewaltige Blitze ohne nachfolgenden Donner; drei bis viermal minutenlang beobachtet."

Am 12. Mai, 10.00: „Zwei große Bojen gesichtet und passiert. Wie sind die verankert, wo kommen die her? Der Ozean ist hier 6000 Meter tief!

13.00: Irre heiß (35 Grad in der Kajüte)."

Am 13. Mai, 21.15: „Geschoß wie Komet verglüht über mir.

Position 25°6′N, 64°24′W.

Nachts fühle ich mich krank. Kopf- und Gliederschmerzen, heiß. Nehme Aspirin und messe Fieber."

Am 20. Mai ging ich in St. Georges auf Bermuda vor Anker.

Der Brief von Pflieger war bereits eingetroffen und enthielt genaue Informationen über Club und Liegeplatz; er fragte auch, ob er für mich einen Kasten deutsches Bier kaltstellen solle zum Empfang. Ich antwortete ihm, daß ich keinen Alkohol trinke, fügte aber spaßeshalber hinzu, daß ich statt dessen gegen ein Komitee junger Damen nichts einzuwenden hätte.

Nach vier Tagen warf ich die Leinen los und begab mich auf die letzten 600 Meilen nach New York.

Das Passatgebiet hatte ich längst verlassen, und mit jedem Grad, den ich weiter nach Norden gelangte, erhöhte sich die Gefahr, in einen Sturm zu geraten oder ausgesprochen schlechtes Wetter anzutreffen.

Schon am Nachmittag begann es zu regnen, und das Barometer fiel von Strich zu Strich, von 775 auf 763 Millimeter.

In der zweiten Nacht, am 27. Mai um 1.30 Uhr, plötzlich ein Schlag gegen die Bordwand, danach ein Kratzen. Ein Gegenstand konnte es nicht sein, denn es herrschte völlige Flaute. Vom Cockpit aus entdeckte ich nichts Außergewöhnliches. Nur eine leichte Dünung bewegte die ölglatte Wasserfläche.

Vielleicht ein Gegenstand unter dem Boot?

Ich beugte mich weit über das Süll, um bis zum Kiel sehen zu können. Mein Gesicht war dicht am Wasser, als ich plötzlich in die Augen eines Hais blickte, der seinen breiten Kopf langsam unter der Bordwand herausschob. Eiskalt starrte er mich an. Ich war zunächst wie gelähmt, ließ mich dann ins Cockpit gleiten und beobachtete ihn.

Im bläulichen Licht des Vollmonds und im klaren Wasser konnte ich jede Einzelheit erkennen. Das Tier war fast so groß wie die *Solveig*, etwa viereinhalb Meter lang und begann jetzt immer heftiger die Bordwand zu rammen. Stoß folgte auf Stoß. Möglicherweise wollte er sich auf diese Weise Parasiten abschaben, die sich auf der Haut des Haies ansetzen wie am Boden eines Schiffes. Aber seine Anläufe waren so aggressiv, sein Blick unverwandt auf mich gerichtet, daß es noch eine andere Erklärung gab.

Haie müssen einen besonderen Instinkt für mögliche Beute besitzen, für Tiere, die krank, hilflos, bewegungsunfähig in der See treiben. Das kleine Boot, das keine Fahrt machte, sondern nur in der Flaute herumdümpelte, könnte ihn gereizt haben. Warum sonst sammeln sich Haie immer bei Schiffbrüchigen, die auf einem Floß oder auch im Rettungsboot treiben, während sich nie ein Hai für ein Schiff interessierte, wenn es sich segelnd durch das Wasser bewegte?

Ich erinnerte mich an ein bekanntes Gemälde, das einen Schiffbrüchigen darstellt, der auf einem Wrack treibend von Haien angegriffen wird. Titel: „Im Golfstrom." Und im Golfstrom befand ich mich!

Da der unheimliche Geselle die *Solveig* weiter umkreiste, seine Attacken immer heftiger wurden, überlegte ich, wie ich den lästigen Begleiter abschütteln könnte.

Der Außenborder würde ihn vielleicht vertreiben, zumindest dem Boot wieder Fahrt geben!

Ich holte den Motor aus seiner Lagerung in der Kajüte, schleppte ihn an Deck und versuchte, ihn in die Halterung am Heck einzusetzen. Fast hatte ich es geschafft, da tauchte der Hai wieder auf und rannte gegen den Schaft des Motors, der mir dabei fast entglitten wäre.

Als es mir endlich gelungen war, den Motor trotz Dunkelheit, Schaukelei und Aufregung einzusetzen, das Maschinchen laut knatternd die See aufwirbelte und das Boot endlich Fahrt aufnahm, verschwand mein Begleiter in der Tiefe. Nach einer halben Stunde stellte ich den Motor ab und legte mich wieder schlafen.

Am nächsten Morgen setzte zunächst eine leichte Brise ein aus Südwest, in der folgenden Nacht warf Starkwind eine häßliche, steile See auf.

Von jetzt an kostete jede Meile ungeheure Anstrengung, aber das Ziel meiner Reise lag zum Greifen nahe! Die kurzen Logbucheintragungen berichten von den schwierigen Wetterverhältnissen im Golfstrom:

28.5. *1.00: Mond gemessen, Wetter wird schlecht.*

6.00: Nach scheußlicher Nacht Segel tief gerefft, Kajüte naß.

12.00: Kein Frühstück. Viel Wasser durch vorderes Luk. Barometer fällt weiter: 760, WSW 6, See ganz gewaltig. Kann mich kaum noch festhalten in der Kajüte, Sextantarbeit unmöglich.

17.00: Wind läßt nach! Ozean ist eine unheimlich graue Masse von Wasser und Nebel. Ausgerefft, segle hoch am Wind.

„29. 5. *1.00: Schweres Gewitter, Böen, dann Windstille.*

8.00: Frühstück. Gewittersturm, 30 Minuten Wind 8–9!

9.30: Segel wieder gesetzt. Riß an Lattentasche.

10.00: Barometer weiter gefallen: 758! Aufgeräumt. Keine Messung möglich wegen Wolken.

12.00 Grobe See, naß, gerefft. SW 6.

13.00: Segel geborgen, Trysegel gesetzt. SW 7–8. Ein Gewitter und Regenschauer nach dem anderen.

19.00: Plötzlich Windstille, tolle Dünung.

21.00: Ostwind kommt auf.

30.5. *1.00: Boot segelt ruhig, kann aber nicht schlafen. Wind Ost Stärke 5. Nasse Kleidung gewechselt.*

6.00: Barometer steigt!

8.00: Starkwind Ost 6.

9.00: Gegen elektrische Instrumente gefallen beim Aufräumen, Kabel abgerissen.

10.00: Ziehe nasse Sachen wieder an und gehe an Deck. Seit gestern New York auf Mittelwelle gehört.

12.30: Position: 36°50'N, 70°45'W. Noch 270 Meilen!

16.00: Tolle Kreuzsee, Brecher über Boot, Wind Ost 5..."

Um 17.30 saß ich in der Kajüte und berechnete gerade den Kurs auf der Seekarte.

Plötzlich – ein harter Stoß, als ob ich auf Grund gelaufen sei! Das Boot legt sich zur Seite, ich fliege auf die Koje gegenüber. Strandung? Unmöglich, mitten auf dem Ozean! Für einen Augenblick halten mich Schrekken und Angst fest. Oder ein Schiff? Eine Kollision?

Ich springe ins Cockpit, sehe zunächst nichts als graue Dünung, jetzt aber zeichnet sich neben der *Solveig* ein großer Fleck braunen Wassers ab.

Wieso ist das Wasser braun, wo kommt der Schmutz her?, frage ich mich, und im gleichen Augenblick peitscht die Schwanzflosse eines Wales die See, der Kopf des riesigen Tieres taucht auf.

Von einem Wal gerammt! Der Schmutz im Wasser ist sein Blut! Und das Boot?

In der Kajüte schwimmen bereits die Bodenbretter im steigenden Bilgenwasser! Ein Leck! Auf hoher See, kurz vor dem Ziel Wasser im Boot! Wahnsinn!!!

Ich reiße die Bodenbretter heraus, hole die Handpumpe, fülle Eimer auf Eimer und schütte das Wasser ins Spülbecken. Dort läuft es ab nach draußen. Nach zehn Minuten ist die Bilge soweit leer, daß ich sehen kann, wieviel Wasser und woher es eindringt. Ich stelle fest: die Kielbolzen sind undicht geworden, der Wal muß gegen den Steuerbordkiel gestoßen sein.

Die Bohrungen der Bolzen kann ich nicht abdichten, es gibt nur eine Hilfe: weiter pumpen! Der Wassereinbruch ist nicht allzu stark; wenn ich jede halbe Stunde an der Pumpe arbeite, werde ich das Boot halten können. Das bedeutet: nicht mehr schlafen! Noch sind es 250 Meilen bis New York, das muß zu machen sein!

Von dieser Stunde an begann ein Kampf gegen die Uhr. Tag und Nacht hieß es pumpen, die Bilge lenz halten. Das Wetter war gnädig, der Wind ließ nach. Am 31. Mai fiel das Thermometer, ich hatte den Golfstrom verlassen. Und dann kam der Nebel! Warme Luft auf kaltem Wasser und es regnete! Es regnete in Strömen, keine Sicht, keine Sonnenmessung möglich. Wie sollte ich den Hafen finden?

„Das ganze ist wie ein Alptraum", schrieb ich ins Logbuch.

Das war nicht mehr beglückendes Segeln in warmen tropischen Meeren, unter blauem Himmel, blendender Sonne und nachts unter Sternen. Nein, hier kämpfte sich das kleine Boot erschrocken über die riesige Dünung, schüttelte das Wasser der überkommenden Seen ab, wurde aber nie mehr trocken.

Die Nässe klebte an allen Planken und Beschlägen, auf den Kojen bildeten sich Pfützen, von den Konservendosen lösten sich die Etiketten, und die Kleidung umschloß feucht und kalt die Glieder.

Am 1. Juni schrieb ich erleichtert:

„Nur noch jede Stunde gepumpt, dazwischen kurz geschlafen. Temperatur 13°. Noch 90 sm!"

Am Abend desselben Tages waren es nach meiner Rechnung noch 35 Seemeilen. Der Nebel wurde dichter, Sichtweite eine Viertelmeile. Zur Positionsbestimmung nützte ich das Echolot und ein Consolfunkfeuer, das ich im Langwellenbereich des Transistor-Radios empfangen konnte.

Mehr und mehr Schiffe kreuzten Solveigs Kurs. Bei dem Nebel mußte ihr Skipper ständig Ruderwache gehen.

Am 2. Juni um 9 Uhr: Flaute! Ich setzte den Außenborder ein, nur keine Verzögerung mehr! Ich wollte den Hafen gewinnen, bevor ein harter Wind das Boot wieder vom Kurs abbrachte.

Um 10 Uhr begann es nochmal zu regnen, doch um 15.30 konnte ich eintragen: „AMBROS FEUERSCHIFF passiert!" Ich war im Hafen von New York!

Mein Glücksgefühl, mein innerer Triumph waren unbeschreiblich. Ich hatte mit meinem Schiffchen von Garmisch aus New York erreicht!

An den Pontons vor der Skyline von Manhattan wurde die Solveig vertäut und John Pflieger von meiner Ankunft benachrichtigt. Eine halbe Stunde später stand er zusammen mit seinen Freunden vor der Solveig, entrollte ein großes Transparent, auf dem zu lesen war:

„WELCOME IN NEW YORK – SORRY NO GIRLS!"

Die Solveig wurde bestaunt und bewundert, vor Freude machte sie viel weniger Wasser als draußen auf See, zweimal pumpen am Tag genügte ihr, um halbwegs trocken zu bleiben.

Die „New York Times" und andere große Tageszeitungen berichteten ausführlich über ihre Erlebnisse auf See, Rundfunk und Fernsehen schlossen sich an, Termine über Termine, und endlich das Wiedersehen mit Tomi Ungerer.

In seinem Landhaus auf Long Island feierten wir mein Eintreffen in der „verrücktesten Stadt der Welt", und Tomi ließ mich Zeichnungen sehen, mit denen er zuweilen die Vorzimmerdamen im Verlag dazu brachte, fluchtartig den Raum zu verlassen, sobald er die Blätter aus der Jackentasche zog, wie er mir augenzwinkernd verriet.

Wir brachten „Time Life" meine Fotos von der Reise, und der Verlag erklärte sich bereit, die Kosten für den Rücktransport der Solveig zu übernehmen.

Mit der Filmkamera um die Welt

Am 15. Juni trat ich auf einem griechischen Frachter, einem alten „Liberty"-Schiff aus der Kriegszeit, die Rückfahrt nach Europa an.

Während der Überfahrt nach Genua hatte ich Zeit, Rückschau zu halten und neue Pläne zu schmieden.

Für mich war es beschlossene Sache: als nächste Fahrt wollte ich eine Weltumsegelung unternehmen. Seit ich in Kairo aus Professor Mazhars Mund von den Abenteuern Joshua Slocums gehört hatte, ließ mich der Gedanke an dieses Traumziel nicht mehr los.

Und jetzt, nach der gelungenen Atlantik-Überquerung, sah ich keinen Grund mehr, noch länger zu warten. Mit John Pflieger hatte ich mich bereits in den großen New Yorker Yachtgeschäften nach neuer Ausrüstung umgesehen.

Mein kleiner Seekreuzer schien mir für eine Weltumsegelung tauglich. Schließlich hatte er den Atlantik überquert, warum nicht auch die anderen Ozeane? Der Wasservorrat von 30 Liter würde etwas knapp sein, aber vielleicht könnte ich zusätzliche Behälter einbauen?

Die Kajüte war eng, besonders wenn ich an meine Filmausrüstung, an Kameras, Stative, Filmspulen und Koffer dachte. Aber auch dafür würde sich eine Lösung finden. In jedem Fall stand das Ziel klar vor meinen Augen: die Weltumsegelung!

Mit um so größerer Spannung erwartete ich deshalb die erste Vorführung der über 100 Filmspulen, die ich während dieser Reise belichtet hatte. Da ich die Filme immer auf schnellstem Wege zum Entwickeln nach Deutschland schickte, hatte ich bis jetzt keine einzige Szene sehen können.

Zu Hause aber bereiteten mir die Filme viel Freude.

Es war mir gelungen, die meisten interessanten Erlebnisse der Fahrt im Bild festzuhalten. Meine Wochenenden und Abende verbrachte ich am Wohnzimmertisch, das Betrachtungs- und Schneidegerät vor mir, und stellte Szene für Szene zu einem spannenden Bericht zusammen. Diese Arbeit faszinierte mich!

Eine große Seereise im Tonfilm zu dokumentieren, das war eine Aufgabe, die mich begeisterte.

Der Erfolg nach der Uraufführung machte mir Mut und ich fühlte, daß das Filmen im Zusammenhang mit der geplanten Weltumsegelung eine neue Lebensaufgabe werden könnte.

Im Herbst 1966 erfuhr der Yachtkonstrukteur Helmut Stöberl von meinen Plänen und erklärte sich bereit, mir auf seiner Werft am Chiemsee ein Boot des bewährten Typs „Condor" bauen zu lassen. Der „Condor" war ein Fahrtenkreuzer aus Kunststoff, mit einer geräumigen Kajüte, einem Kleiderschapp und – welcher Luxus – einem kleinen Toilettenraum.

„Wollen Sie das Boot um die Welt segeln?", fragte er mich am Telefon. Und ob ich wollte!

Stöberl, selbst ein begeisterter Segler und Idealist, kam mir im Preis entgegen, und bei meinem Besuch in der Werft in Bachham wurde der Kauf mit einem Handschlag abgemacht.

Nun stand der Weltumsegelung nichts mehr im Wege...

Ein Jahr später, am 13. Dezember 1967, trage ich auf der Seekarte meinen Standort ein: 27°N, 16°25'W, 100 Seemeilen südwestlich von Las Palmas. Ziel sind zunächst die Antillen, die Inseln in der Karibik.

Gran Canaria ist längst außer Sicht. Über tausend Mal werde ich von jetzt an Sonne und Sterne mit dem Sextanten messen, gleichzeitig die Sekunden mit der Uhr stoppen, anschließend in der Kajüte Sextant und Uhr ablesen. Vor mir liegen 32 000 Meilen blaues Wasser, Meere und Ozeane.

Mit meiner neuen *Solveig III* werde ich unbekannte Ziele und ferne Inseln ansteuern. Drei Jahre werde ich ein Leben in eigener Verantwortung führen, in einer Welt, die 7 Meter lang und 2,30 Meter breit ist. Und ich werde nicht schlecht leben in meinem kleinen Reich:

In der Pantry befindet sich unter dem Spülbecken der zweiflammige Kocher, daneben sind Töpfe und Pfannen verstaut. Auf dem Spülbecken je eine Pumpe für Süßwasser aus den beiden Tanks, die 80 und 40 Liter fassen, und eine für Salzwasser, das ich zum Geschirrspülen verwende.

In einem Schränkchen am Kopfende meiner Koje verstaue ich Lebensmittel, die unbedingt trocken bleiben sollen: Mehl, Zucker, Reis, Salz, Nudeln, Kekse, Brot und Schokolade; unter der Koje die weniger empfindlichen Konserven. Etwa 300 Dosen habe ich an Bord, ausreichend für 100 Tage. Wenn ich alle Lebensmittel zusammenrechne und für jeden Tag einen Liter Wasser, dann bin ich für vier Monate versorgt.

Die Kajüte, etwa 2 × 2 Meter groß und mein Wohnraum für die kommenden Jahre, wird nach vorne durch zwei Schotts abgeschlossen, zwischen denen sich auf der Steuerbordseite das Kleiderschapp befindet, auf der Backbordseite das Pumpklosett, außerdem Fächer und Schränke für Filmmaterial, Fotopapiere, Werkzeuge, Ersatzteile und Kleinmaterial.

Unter den Kojen im Vorschiff habe ich die Chemikalien und das Vergrößerungsgerät für mein Fotolabor untergebracht.

Im Achterschiff ist der Motor eingebaut, ein 9 PS Farymann Diesel. Die Maschine sollte sich als unentbehrlich erweisen für das Anlaufen versteckter Ankerplätze, für die Fahrt an Küsten, zwischen Riffen und in Häfen. Mit dem Diesel kann ich außerdem meine Batterien nachladen und muß sie nicht, wie bisher, an Land in eine Werkstatt schleppen. Ich habe mir eigens eine Schalttafel mit Kontrollinstrumenten gebaut, um jederzeit den Zustand der Akkus und den Ladevorgang überprüfen zu können.

An Rettungsgeräten besitze ich mein Schlauchboot, eine Schwimmweste mit einem Licht und Pfeife, ferner Raketen mit Leuchtfallschirmen und eine Leuchtpistole.

Schließlich Tabletten zum Entsalzen des Wassers, falls ich mein Schlauchboot als Rettungsboot benutzen muß.

Im übrigen habe ich an diesen Fall nie gerne gedacht.

Alle meine Überlegungen konzentrieren sich darauf, die *Solveig* in jeder Lage schwimmfähig zu halten. Ich habe auch kein Funkgerät an Bord, weil ich nicht glaube, daß ein so kleines Boot nach einem Unfall gefunden würde, falls ich überhaupt noch in der Lage wäre, einen Notruf abzusetzen. Ich empfinde das Funkgerät außerdem als unbewußte Bereitschaft zur Aufgabe des Bootes. –

Ein frischer Nordost treibt mich vorwärts, die *Solveig* segelt unter Doppelfock. Tausende von Meilen wird sich das Boot von jetzt an selbst steuern, die lange und oftmals quälende Anfahrtstrecke von Genua über Gibraltar nach Las Palmas liegt hinter mir.

Das Wetter meint es gut, der Passat singt in den Wanten sein Lied, das Barometer steht hoch und ruhig, Temperatur 25 Grad.

Die Bedrohung kommt völlig unerwartet. Zuerst war mir der Frachter gar nicht aufgefallen, doch plötzlich ändert das Schiff ohne ersichtlichen Grund seinen Kurs und hält direkt auf mich zu. Ich greife zum Fernglas, sehe nach der Flagge: ein Amerikaner! Doch gleich darauf stelle ich enttäuscht fest, ich habe mich geirrt, es ist die der amerikanischen ähnliche Flagge von Liberia.

Irgend etwas an dem Manöver des Liberianers kommt mir nicht geheuer vor. Was will er von mir? Ist er so sportbegeistert? Viele Schiffe fahren unter Billigflaggen wie die Liberias, um sich den Sicherheitsvorschriften ihrer Heimatländer zu entziehen; häufig haben sie eine Besatzung an Bord, deren Vergangenheit fragwürdig ist.

Der große alte Kasten ist herangekommen, stoppt neben mir. Ich setze meine Nationale, werfe aber gleichzeitig den Motor an. Was will er nur?

Der Kapitän ist auf die Brücke getreten, gibt mir Handzeichen zu stoppen und brüllt durch sein Megaphon. Ich verstehe nichts, da meine Maschine läuft. Ich will auch nicht verstehen, denn ich sehe jetzt, wie ein paar zerlumpte Gestalten damit beginnen, ein Rettungsboot klar zu machen und zu Wasser zu bringen.

Das fehlt mir noch! Die arbeiten doch nicht eine halbe Stunde mit dem Boot, um mir Reis oder Schokolade zu bringen!

Ich fühle die Angst in mir hochsteigen, Erinnerungen werden wach an die Araber, an Albanien – ich gebe Vollgas und fahre dem Riesen am Bug vorbei.

Das Schiff ist schneller, überlege ich, aber dafür bin ich wendiger.

Unter seinem Heck schäumt die See weiß, er nimmt wieder Fahrt auf, aber ich habe eine Meile Vorsprung. Der Frachter schwenkt in weitem Bogen zu mir herum, folgt mir tatsächlich im Kielwasser! Mein Vorsprung wird langsam kleiner, aber auf einmal dreht er ab und verschwindet auf seinem alten Kurs in Richtung Norden.

Erst nach Stunden legt sich meine Aufregung. Ich werde wohl nie erfahren, was das merkwürdige Schiff von mir gewollt hat.

Mit der Zeit gewöhne ich mich an den Tagesablauf auf See. Während der endlosen Nächte versuche ich zu schlafen oder höre Radio mit meinem Kurzwellenempfänger.

Dazwischen kontrolliere ich den Kurs, beobachte den Kompaß, die Segel und die Schoten. Mein neues Boot ist nicht nur größer und daher etwas schneller, es ist auch wesentlich besser konstruiert. Mit dem Balanceruder arbeitet die Selbststeuerung über die Fock einwandfrei, ich bin glücklich, meinen Kurs genau halten zu können.

Am 21. Dezember kreuze ich den Wendekreis, zum zweiten Mal bin ich in den Tropen! Und wieder beginnen die Regenschauer und die damit verbundenen Böen. Mehr und mehr Wolken ballen sich zusammen, schwere Gewitter gehen nieder. Die plötzlichen Windstöße belasten Segel und Takelage aufs Äußerste. Und die Doppelfock läßt sich nicht reffen!

Es sind beängstigende Minuten, wenn das Boot auf einmal vom Starkwind erfaßt wird, wie verrückt durch die Wellen schießt, die Schoten sich spannen wie Saiten einer Violine, sich recken, immer dünner werden!

In der Nacht ist so eine Schußfahrt besonders unheimlich.

Einmal bricht der Schäkel am Spinnakerbaum, einmal reißt die Schot. In der wilden konfusen See heißt es dann im Lichte der Salinglampen die Segel bergen, neue Schot oder neuen Schäkel anbringen, Segel wieder setzen. Mit ein paar Worten ist das geschildert, die Arbeit dauert über eine Stunde.

Bei diesem Wetter fühle ich mich zerschlagen, der Kopf schmerzt, auch habe ich keinen Appetit. Jeden Bissen zwinge ich mir hinein, befehle mir „Du mußt essen, sonst verlierst Du Kraft, Du mußt fit bleiben, Du bist allein!"

Dennoch muß ich auch an den Film denken.

Ich habe mir vorgenommen, meine Tätigkeit an Bord mit der Kamera festzuhalten, habe aber die körperliche und seelische Belastung unterschätzt. Zu Hause im geschützten Zimmer ist es leicht, sich Szenen auszudenken, die gefilmt werden sollten. Nach ein paar Nächten ohne Schlaf, vom Rollen des Bootes ermüdet, sieht es dann anders aus:

Kamera, Stativ und Fernauslöser aus den Koffern holen, in denen sie verstaut sind, eines nach dem anderen an Deck oder in der Kajüte montieren, danach die eigenen Bewegungen ausprobieren, die ich aufnehmen will, den richtigen Ausschnitt festlegen und schließlich die Aufnahme der Szene versuchen. Eine Stunde Arbeit für vielleicht eine Minute Film, wenn alles gut geht!

Am 23. Dezember läßt der Wind nach, schläft schließlich ganz ein. Flaute mitten auf dem Ozean! Flaute im Passat!

Das Boot dümpelt hilflos in der Dünung, in der Kajüte klappern Töpfe und Geschirr, ein Glas rollt über den Boden, die Segel schlagen und der Baum fährt von einer Seite auf die andere. Das kostet Nerven.

Unwillkürlich denke ich an die unendlichen Entfernungen, die ich noch vor mir habe: im Pazifik, im Indischen Ozean. Besser nicht daran denken, nur das nächste Ziel im Auge behalten.

Ich habe Glück, am nächsten Tag setzt sich der Passat wieder durch. Es ist Weihnachten, mein erstes Weihnachten auf See.

Am Heiligabend höre ich Radio, die Deutsche Welle, aber Stimmung kommt keine auf, ich bin zu erschöpft. Auch habe ich mir eine Rippe angebrochen, als ich während des schweren Wetters eine Sextantmessung machen wollte.

Je näher ich den Inseln komme, desto angenehmer wird das Wetter. Täglich legt die *Solveig* ihre hundert Meilen oder mehr zurück.

Am Abend des 7. Januar 1968 kommen die Lichter von Barbados in Sicht.

Da ich die Einfahrt noch gut in Erinnerung habe, steuere ich den Ankerplatz um Mitternacht an und berge die Segel der *Solveig* nach 26 Tagen Überfahrt.

Als die Sonne am Morgen über Barbados aufgeht, sehe ich, daß der Aquatic-Club abgerissen ist, und später stelle ich fest, daß auch der Yacht-Club geschlossen wurde. Statt dessen ist ein riesiger Betonbau entstanden: das neue Hilton Hotel.

Vier Monate kreuze ich durch die Antillen.

Ich will die Inselwelt Westindiens noch ausgiebig genießen, bevor die eigentliche Weltreise – über das schon früher angesteuerte Ziel hinaus – beginnt.

Gemeinsam mit meiner Freundin, die zu Besuch kommt, erlebe ich den Höhepunkt meines Westindien-Aufenthaltes, den Karneval auf der Insel St. Vincent!

Musik, Tanz, Rhythmus, das liegt den Menschen hier im Blut. Bunt, so bunt es nur geht, lieben sie ihre Kostüme, in denen die ungehemmte Lebensfreude der Schwarzen voll zum Ausdruck kommt. St. Vincent hat nur ein paar Tausend Einwohner, aber alle sind dabei, wenn es gilt, das Fest des Jahres zu feiern.

Steelbands ziehen durch die Straßen, spielen pausenlos, von früh bis abend; außer den Faßtrommeln benützen diese unerhört musikalischen Menschen jedes passende Stück Eisen als Instrument. Gespielt wird ohne Noten und bunt gemischt, von Mozart und Beethoven über aktuelle Schlager bis hin zu ihrer eigenen Musik, einer Mischung aus afrikanischen und südamerikanischen Rhythmen: dem Calypso.

Das ganze Jahr über sparen sie für ein Kostüm oder leihen sich das Geld und zahlen dann monatelang zurück. Die Kostüme, zum Teil zentnerschwer, so daß man sie gerade noch tragen kann, hindern sie nicht daran, den Körper ständig im Rhythmus des Tanzes zu bewegen – und das bei 30° im Schatten!

Im Juli beginnt in Panama die Regenzeit, ich will noch vorher durch den Kanal und dann in den Pazifik zu den Galapagos-Inseln. Nur wenige Tage Aufenthalt sind deshalb für Curaçao geplant. Doch es kommt anders.

Nachdem die *Solveig* auf dem Slip in Martinique einen frischen Unterwasseranstrich erhalten hat, nehme ich am 20. Mai Kurs auf Curaçao. Nach fünf Tagen Überfahrt ankere ich in der Lagune vor einem Sandstrand, 14 Kilometer von der Hauptstadt entfernt.

Schon am ersten Tag lerne ich dort ein Ehepaar kennen, welches zur Prominenz von Willemstad gehört. Durch sie erhalte ich für die folgende Woche eine Einladung zu einem Fest beim Gouverneur und verschiebe deshalb die Weiterfahrt.

Noch während des Empfangs in der alten Zitadelle wird mir plötzlich schlecht, ich bekomme Fieber und Schüttelfrost, halte mich aber mühsam auf den Beinen, um nicht unhöflich zu erscheinen.

Gegen Mitternacht fahren mich meine Freunde zum Boot zurück, ich lege mich sofort auf die Koje und hoffe, durch Schlaf und Ruhe bald wieder gesund zu sein. Doch in der Nacht beginnen die Zahnschmerzen.

Das Fieber steigt, ich nehme verschiedene Tabletten – ohne Erfolg. Von Stunde zu Stunde geht es mir schlechter, die Schmerzen werden unerträglich. Ich habe keine Möglichkeit, von hier aus selbst in die Stadt zu gelangen und warte, bis meine Freunde nach drei Tagen wieder zum Strand kommen.

Sie packen mich in ihr Auto und schaffen mich auf den Stuhl eines modern eingerichteten Zahnarztes. Keine Frage: der Zahn muß gezogen werden. Mein Körper ist durch die Vereiterung, das Fieber und die Schmerzen geschwächt, nach der Operation bekomme ich noch Antibiotika. Zwei Wochen vergehen, bis ich mich von diesem Tiefschlag erholt habe, und ich denke so nebenbei darüber nach, was wohl geschehen wäre, wenn ich diese Entzündung auf See erlebt hätte.

Aber was sollen diese „Wenns"?! Vielleicht wäre die Erkrankung gar nicht ausgebrochen, wenn ich mich auf der Party des Gouverneurs nicht erkältet hätte?

Es ist Mitte Juni, als ich Willemstad, das malerische holländische Städtchen in der Karibik verlasse.

Während der gesamten Dauer meines Aufenthaltes auf Curaçao hatte der Passat beinahe mit Sturmstärke gepfiffen. Ich kann deshalb nicht hoffen, daß sich der Wind ausgerechnet am Tag meiner Abfahrt beruhigt.

Schon im Hafen setze ich die Doppelfock, um nicht auf See bei Windstärke sechs mit den beiden Tüchern arbeiten zu müssen. Es wird die härteste Passage meiner bisherigen Reise, und ich erlebe den steilsten Seegang, den ich bis dahin gesehen hatte. Von Meile zu Meile, die die *Solveig* nach Westen durch die Schaumkämme der Wogen pflügt, baut sich die See höher auf. Es ist ein Höllentanz!

Der Passat schiebt ganze Wellengebirge vor sich her. Dabei strahlend blauer Himmel, die breiten, weißen Brecher glänzen in der Sonne; wenn sie sich hinter dem Boot hoch aufrichten, schimmert das Licht flaschengrün durch die Wasserwand. Ein zugleich herrlicher und furchterregender Anblick.

Unter doppelter Sturmfock braust die *Solveig* dahin, kippt nach vorne, wenn sich der Wellenberg unter das Heck schiebt, rutscht in das Wellental, schert zur Seite aus, fängt sich wieder und wartet auf den nächsten Schub.

Solange ich vom Cockpit aus dem wilden Spiel zusehe, mich festkralle und die Bewegungen des Bootes beobachte, ist die Fahrt erträglich. Aber in der Kajüte zu arbeiten, Essen zu bereiten, einen Tee zu kochen, ohne den ich nun einmal nicht auskomme, ist ein halsbrecherisches Unternehmen.

Gleich in der ersten Nacht werde ich mit solcher Wucht von der Koje geschleudert, daß ich mit dem Kopf auf der Pantry lande und mir an einem Messingbeschlag das Nasenbein anbreche. Ich bleibe erst am Boden liegen, blutend und benommen, weiß nicht mehr wo ich bin, bis ich kriechen kann und einen Lichtschalter erwische. Pausenlos rasen die Brecher vorbei, zischend und mit häßlichem Getöse. Kopfschmerzen und Übelkeit durch den Blutverlust und die Verletzung nehmen mir den klaren Verstand. Aber ich schaffe es trotzdem, denn die *Solveig* wird vom ungestümen Passat genau auf die Hafeneinfahrt von Christobal zugetrieben.

Nach sieben Tagen Überfahrt ist es soweit: vor mir liegt die Einfahrt zum Panamakanal, der Weg zum Pazifik, zur Südsee ist frei!
 Wie oft hatte ich schon seit Jahren an diesen Kanal gedacht, hatte mir überlegt, wie ich ihn mit dem kleinen Boot passieren könnte, hatte Bücher gelesen, andere Segler befragt – und jetzt ist die *Solveig* in den riesigen Vorhafen eingelaufen!
 Der Offizier der Kanalverwaltung nimmt die Vermessung des Bootes vor, nachdem er meine ausgefüllten Formulare abgezeichnet hat. Jedes Schiff, das den Panamakanal durchfährt, braucht eine besondere Vermessungsurkunde. Ich muß warten, bis sie ausgestellt ist.
 Am Sonntag Mittag, die Straßen sind ruhig und nur wenige Menschen unterwegs, gehe ich zum Yachtclub, um dort nach einem günstigen Liegeplatz zu fragen und in dem ausgezeichneten Restaurant ein billiges Steak zu essen.
 Auf einmal spüre ich, wie sich ein Arm von hinten um meinen Hals legt, mir die Kehle abdrückt. Mein erster Gedanke: irgendein Bekannter, der mich zufällig gesehen hat und mich auf diese etwas unsanfte Art überraschen will. Aber es ist kein Scherz! Ich bekomme einen Schlag auf den Kopf, einen Tritt in den Magen und die Kehle wird fest zugedrückt. Drei schwarze Kerle fallen über mich her, reißen mich zu Boden.
 „Money, give your money!", höre ich eine heisere Stimme neben mir, Hände durchwühlen gierig meine Taschen, reißen an der Kleidung.
 Neue Schläge prasseln auf meinen Kopf, Schuhe treten mir in den Leib.
 Ein Kreis von Zuschauern hat sich gebildet, niemand hilft. Mit einem schmerzhaften Ruck reißt mir einer das Uhrband ab, versucht meinen Ring vom Finger zu ziehen. Ich denke, die brechen mir den Finger ab, doch da ist plötzlich alles vorbei, eilige Schritte verhallen um die Straßenecke. Als ich mich aufrichte ist niemand mehr zu sehen, auch die Zuschauer haben sich abgewandt.
 Immer noch höre ich die Schreie „money, money!" und denke in meinem schmerzenden Kopf, was für ein Fluch doch dieses verdammte Geld für manche Menschen ist. Ich kann kaum laufen, mir ist schwindelig, der Hals tut weh und der Magen.
 Als ich einen US-Polizeiwagen sehe, gebe ich Zeichen. Er hält an, ich steige ein und berichte kurz, da mir jedes Wort weh tut.
 „Überfallen?", fragt der Beamte mit seinem breiten Texashut. „Tröstet es Sie, wenn ich Ihnen sage, daß Sie heute Nummer 29 sind? Warum gehen Sie auf die panamesische Seite der Straße? Da dürfen wir nicht eingreifen!"

Die Straße bildet an dieser Stelle die Grenze zwischen der gehüteten und gepflegten US-Kanalzone und dem verrotteten Stadtteil Christobal, der zu Panama gehört.

Unlängst erzählte mir eine junge Panamesin, daß sie auf der Straße in Panama-City von zwei Männern mit langen Messern bedroht wurde.

Ihrer guten Kleidung und hellen Hautfarbe wegen hielten die Burschen sie für eine Touristin.

„Ich bin doch aus Panama!", rief sie in ihrer Angst.

„Ausweis her!", antworteten die Schwarzen.

Sie zeigte ihren Reisepaß, der ihre panamesische Staatsangehörigkeit dokumentierte, und sofort entschuldigten sich die Burschen höflich und verschwanden.

Ein feines Touristenland! Aber Panama ist auf Touristen nicht angewiesen. Der Kanal und der Handel mit Waren für Südamerika, die von den Frachtern in die Freihandelszone verladen werden, dazu das Geschäft mit der Registrierung von Schiffen aller Nationen bringen genug ein, um die Bevölkerung zu ernähren.

Nach dem Überfall bringt mich die amerikanische Polizei zum Hafentor, unter Schmerzen klettere ich in mein Schlauchboot und pulle langsam zur *Solveig* zurück.

Jetzt brauche ich einige Tage Ruhe, um mich zu erholen; ich warte auch auf eine Geldsendung aus Deutschland, die ich telefonisch angefordert habe.

Im Yachtclub gelingt es mir unterdes, vier Oberschüler anzuheuern, die bereit sind, als meine Besatzung mit durch den Kanal zu fahren, um ihr Taschengeld aufzubessern.

Als ich am 7. Juli abends mit der *Solveig* den Großen Ozean erreiche, ist dies meine größte Geburtstagsfreude!...

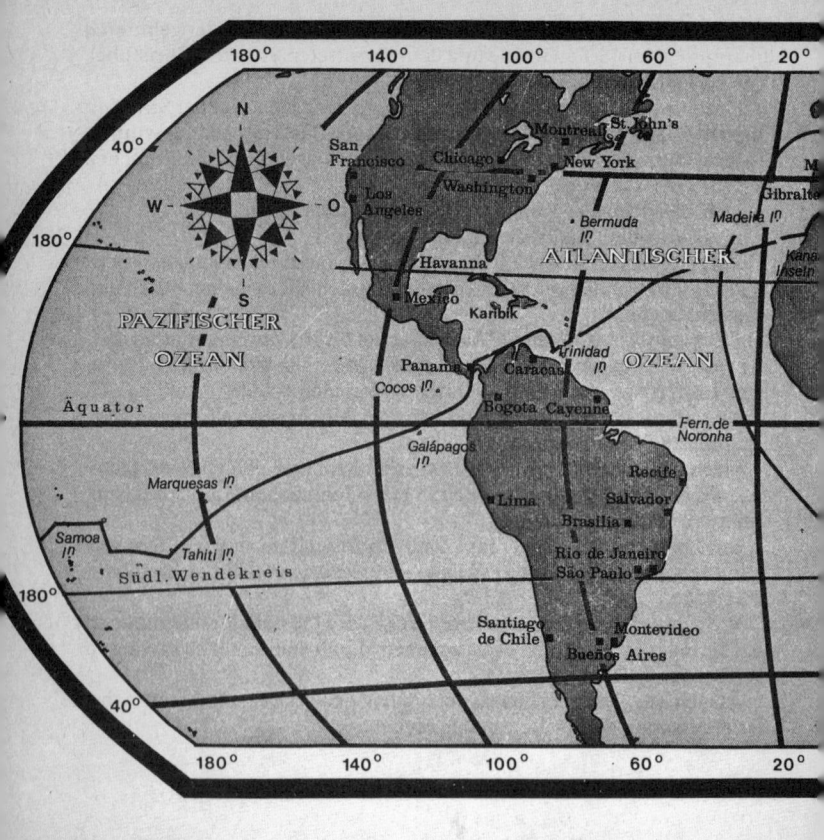

WELTUM

mit „S
GFK-Boot der
August 196
Gesamtstrec

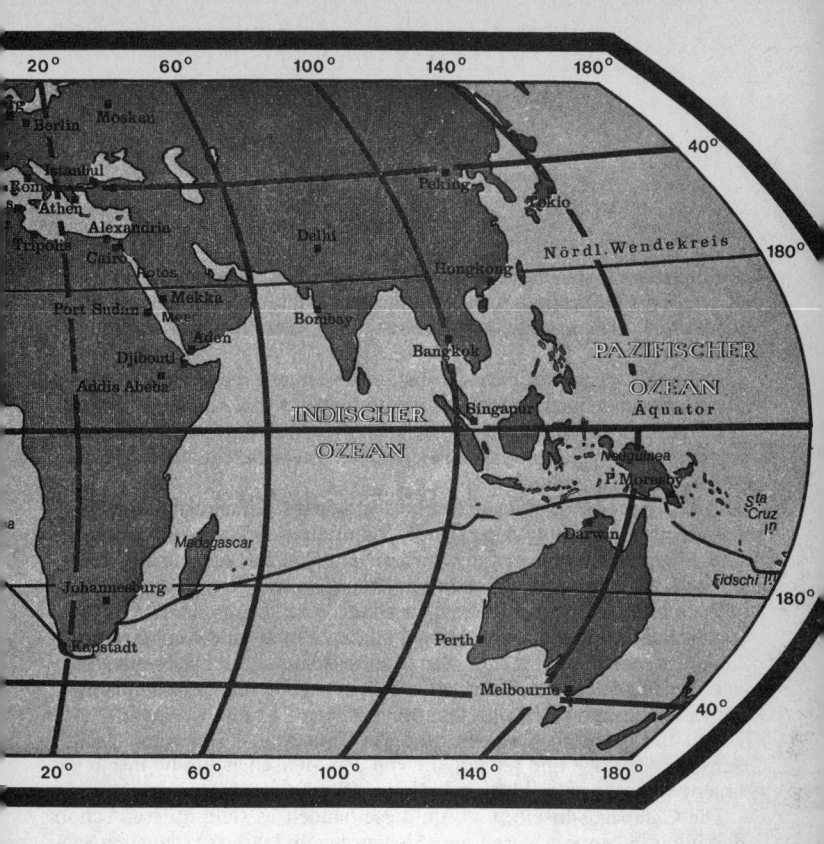

EGELUNG

„eig III",
„Condor"-Klasse
bis Juli 1970
ca. 32 000 sm

Die verhexten Inseln

Gefühle tiefen Erschauerns, die wir Menschen besonders stark empfinden, wenn die Einsamkeit unsere Empfindsamkeit noch steigert, erlebte ich auf einer Ansammlung von Inseln, die ich, von Panama kommend, ansteuerte.

Die „Islas Encantades", wie die Spanier sie nennen, die verhexten oder verwunschenden Inseln, liegen auf dem Äquator, aber sie haben kein tropisches Klima mit üppigem Pflanzenwuchs. Auf den hohen Bergen wachsen lichte Wälder, während an der Küste die öde, baumlose Wüste einen schaurigen Anblick bietet.

Das Wasser, obwohl das ganze Jahr über von der glühenden Sonne beschienen, ist kalt, und an den Stränden tummeln sich Seelöwen und Pinguine. Riesenschildkröten und schwarze und rötliche Leguane kriechen über das Gestein, feuerrote Krabben hocken auf schwarzen Lavabrocken.

Als ich mich einmal zur Rast neben einen dürren Busch setzte, blickte ich plötzlich durch die Zweige in die großen kugelrunden Augen einer Eule, die gerade in aller Ruhe ihren Morgenschmaus, eine Seeschwalbe verzehrte. Alle diese Tiere, die seit Urzeiten auf den verwunschenen Inseln leben und deren Herkunft bis zum heutigen Tag umstritten ist, sind zahm und zutraulich. Dagegen sind die Haustiere, wie Rinder, Esel, Schweine, Hunde und Katzen, die von den Menschen auf die Inseln gebracht wurden, zu wilden und scheuen Wesen geworden.

Die Galapagos-Inseln, und um diese handelt es sich, müssen schon den Inkas bekannt gewesen sein. Sie wurden im Jahre 1535 von den Spaniern entdeckt, bald wieder vergessen, von Freibeutern und Piraten als Schlupfwinkel aufgesucht und dienten im vorigen Jahrhundert, nach der Inbesitznahme durch Ecuador, als Strafkolonie.

Alle Versuche einer Besiedlung scheiterten, selbst die Gefangenenlager wurden aufgelöst, nachdem es zu blutigen Kämpfen gekommen war.

Nach dem ersten Weltkrieg jedoch unternahm die Regierung von Ecuador einen neuerlichen Versuch, die Inselgruppe mit Europäern zu besiedeln und versprach kostenlosen Landbesitz in einem angeblichen Paradies.

Zuerst kamen die ewigen Träumer, die Naturschwärmer aus dem Norden, vor allem Norweger. Es lockte die vermeintliche Freiheit, das gesunde Leben ohne die Zwänge der Zivilisation; Landwirtschaft und Fischfang sollten betrieben werden. Doch auch dieser Versuch scheiterte, die Illusionen und Hoffnungen zerstoben im trockenen Wind der Lavainseln.

Als 1929 ein deutscher Zahnarzt, Dr. Friedrich Ritter, mit seiner Freundin Dore Koerwin auf der Insel Floreana landete, war diese unbewohnt.

Dr. Ritter war Vegetarier aus Überzeugung, er hielt das Töten von Tieren für einen unverzeihlichen Luxus und hatte sich sämtliche Zähne ziehen lassen, bevor er Berlin für immer verließ, um sein neues Leben in der Natur zu beginnen. Dore war seinem Vorbild gefolgt, auch sie opferte ihre Zähne der guten Sache. Die beiden fanden eine Hütte vor, bauten sich die Räume aus und legten einen großen Gemüsegarten an.

Dr. Ritter fühlte sich als Philosoph; über seinen Entschluß, in die Isolation zu gehen, schrieb er:

„Die Gründe, die mich in die Einsamkeit lockten, waren weder Resignation noch Haß oder Verständnislosigkeit gegenüber der Zivilisation, sondern hauptsächlich der Trieb zur Selbsterkenntnis. Ich beschloß dahin zu gehen, wo der Staat aufhört und das Lied des Notwendigen, die einmalige, unersetzliche Weise beginnt."

Und an anderer Stelle: „Um zu dem Wesenskern der Wahrheit selbst zu gelangen, muß man sich schon seinem Schicksal auf Gnade oder Ungnade ergeben, und wenn es auch in Gestalt des Teufels erschiene."

Das waren prophetische Worte!

Wie Dore und Dr. Ritter in den folgenden Jahren auf Floreana lebten, ist nicht bekannt, doch geben Ritters eigene Worte einen Hinweis:

„Wir mauern in Ruhe dicke Pfeiler aus Lavabrocken, Sand und Ton als Mörtel, um vielleicht einmal ein Häuschen in luftiger Höhe darauf zu errichten – wenn wir es doch noch dereinst zu einigen Balken und Brettern bringen sollten – denn das entsetzlich krumme Akazienholz hier ist unmöglich zu etwas anderem als Brennholz zu gebrauchen. Alles kam anders als die glühendste Phantasie sich auszumalen vermochte."

Im Jahre 1932 verließ das Ehepaar Heinz und Margret Wittmer Köln, um ebenfalls auf Floreana zu siedeln.

Wittmer war Sekretär beim damaligen Oberbürgermeister Dr. Konrad Adenauer gewesen.

Mit Zelten, Kisten, Kästen und Körben, Säcken und Koffern und einer großen Bücherkiste wurden sie auf den schwarzen Lavafelsen der Black Beach von einem Segelboot abgesetzt. Ihre Schäferhunde Hertha und Lump sprangen vergnügt über Sand und Steine.

Wittmers kannten Dr. Ritter aus vielen Zeitungsberichten und machten einen förmlichen Antrittsbesuch. Ehrfürchtig näherten sich die neuen Siedler seiner Hütte.

Dr. Ritter stand in seinem Garten, er hatte die „Neuen" erwartet. Margret Wittmer beschrieb ihn so: „Er ist klein, gedrungen, hat breite, muskulöse Schultern. Auf seinem kurzen Hals sitzt ein seltsam geformter Kopf, ein abgerundetes Dreieck von einem bärtigen Gesicht, in dem die breite Nase auffällt. Scharfe Längsfalten stehen auf seiner Stirn unter dem dichten, ungepflegten Haar. Wenn ich ihm allein begegnet wäre, wäre ich wahrscheinlich vor Angst davongelaufen. Seine Augen flackern unruhig, fast etwas fanatisch, während er uns mustert. Er wirkt auf jeden Fall sympathischer als seine süß lachende Gefährtin. Dr. Ritter begrüßt mich höflich. Aber Frau Dore macht ein Gesicht, als habe sie heißes Eisen angefaßt, während sie mir die Hand gibt."

Das Zusammenleben auf der Insel verlief, wie sich nach dieser Begrüßung vermuten läßt, nicht ohne Spannungen.

Die beiden Paare gingen sich aus dem Weg und lebten voneinander weit entfernt.

Während Ritters Häuschen auf einer Anhöhe über der Black Beach stand, hausten Wittmers zunächst einmal in alten Seeräuberhöhlen oben in den Bergen, nahe einer Quelle und einigen Wiesen. Wittmers mußten roden und pflanzen, sie wollten sich eine Existenz aufbauen, während Dr. Ritter Berichte schrieb und nur das Nötigste zum Überleben anbaute.

Ein halbes Jahr später begann das Drama.

Eine elegant gekleidete, schlanke Frau um die Vierzig ritt auf einem Esel, gefolgt von einem jungen Mann vor die Wohnhöhlen der Wittmers. Sie spielte die Herrin:

„Wo ist die Quelle?", waren ihre Begrüßungsworte, und nachdem Frau Wittmer ihr die Richtung gedeutet hatte, ließ sie sich von ihrem Begleiter im Trinkwasserbecken der erstaunten Siedler die Füße waschen.

Die Dame gab sich aus als „Baronin Wagner" aus Paris, ihr Verehrer war ein Deutscher namens Lorenz, blond, blauäugig, etwa 28 Jahre alt.

Außer ihm hatte die Baronin noch zwei Männer in ihrem Gefolge: Robert Philipson, den sie als ihren Mann bezeichnete, und einen ecuadorianischen Abenteurer, Valdivieso.

Die Vier wollten auf der Insel eine Siedlung gründen, ein Hotel errichten. Die Hintergründe blieben im dunkeln. In Wirklichkeit war die Baronin mit einem Franzosen verheiratet, nannte sich selbst auch „Wagner de Bousquet". Das klang interessant, und darauf hatte sie es wohl auch angelegt.

Zunächst einmal brachte sie für Wittmers und für Dr. Ritter die Post aus Europa mit, hatte aber bereits auf dem Schiff heimlich alle Briefe geöffnet, um sich ein Bild von den Bewohnern der Insel zu machen.

Die Schnüffelei in der Post, ihr herrisches und herausforderndes Benehmen trug ihr die Ablehnung, später den Haß Dr. Ritters und auch der

Wittmers ein. Solche Menschen wollte man ja fliehen, deshalb hatte man Europa verlassen, und jetzt machten sie sich auf der abgeschiedenen Insel breit!

Aber die eigentliche Bedrohung kam von anderer Seite.

Dr. Ritter, der nicht wie die Wittmers hart arbeiten mußte, um einen landwirtschaftlichen Betrieb aufzubauen, war auf den Erfolg seiner Berichte angewiesen, die er an die Presse in aller Welt verschickte. Aufgrund dieser Berichte erhielt er von Zeit zu Zeit Besuche von Wissenschaftlern oder reichen Yachtbesitzern, die aus bloßer Neugier kamen, um den verrückten Zahnarzt ohne Zähne kennenzulernen. Und diese Besucher brachten ihm die bitter notwendigen Konserven und Ausrüstungsgegenstände mit, die er für seine karge Existenz auf der Lavainsel benötigte.

Die Baronin jedoch hatte bessere Beziehungen zur Presse, machte sich mit ihren drei Verehrern zum Gegenstand von Sensationsmeldungen. Und sie lenkte die neugierigen Besucher geschickt in ihr Zelt, behielt die mitgebrachten Lebensmittel für sich. Dr. Ritter ging leer aus!

Aber mit dem Hotelbau rührte sich nichts, unter ihren drei Männern kam es zu bedrohlichen Spannungen.

Valdivieso verließ die Insel freiwillig oder wurde von den anderen verstoßen. Und dann, eines Tages, war die Baronin mit Philipson verschwunden, spurlos!

Frau Wittmer schrieb, sie habe sich bei ihr verabschiedet und erklärt, sie wolle mit einem Schiff Floreana verlassen. Doch ein Schiff hat die Insel zur fraglichen Zeit nicht angelaufen, die Baronin und ihr Gefährte blieben verschollen. Was immer mit ihnen geschehen ist, niemand wird es je erfahren.

Die Galapagos liegen im Bereich des Humboldtstromes, eine Leiche, die ins Meer geworfen wird, treibt in die Weiten des Ozeans. Es bleibt keine Spur zurück.

Noch ein Verehrer der Baronin war jetzt auf der Insel: Lorenz!

Nach ihrem Verschwinden wollte er so schnell wie möglich nach Deutschland zurück. Er hatte Heimweh und er hatte Angst. Verzweifelt bat er einen Norweger, der mit einem offenen Motorboot von der Hauptinsel San Christobal gekommen war, ihn dorthin mitzunehmen. Der Norweger erklärte sich bereit, doch die beiden trafen nie in San Christobal ein.

Monate später fand ein Wissenschaftler durch Zufall ihre vertrockneten Leichen am Strand einer kleinen Insel, daneben das Boot.

Dr. Ritter mit seiner Freundin und die Wittmers waren wieder allein auf Floreana.

Und noch einmal brach Unheil herein.

Am 21. November 1934 kam Dore atemlos bei Frau Wittmer an und erzählte ihr, daß der überzeugte Vegetarier Ritter das Fleisch vergifteter Hühner gegessen habe und jetzt schwer krank darniederliege.

Als die beiden Frauen Dr. Ritters Hütte erreichten, kam jede Hilfe zu spät. Nur einmal raffte sich Dr. Ritter auf und schrieb auf einen Zettel: „Ich verfluche Dich im letzten Augenblick." Dann verlor er das Bewußtsein.

Dore sprach die Nacht über in wirren Sätzen von einem Geheimnis, das Ritter kannte, und daß sie von der Insel fliehen müßte, da auch ihr Leben bedroht sei. Kurz darauf verließ sie Floreana für immer.

Als ich Frau Wittmer 1968 in ihrem gemütlichen Haus an der Black Beach von Floreana gegenübersitze, ist sie über 70 Jahre alt, aber voller Energie und Tatkraft. In ihrer Pension beherbergt sie Gäste, die sich für die Tierwelt der Galapagos interessieren, verkauft Andenken und füllt eigenen Orangenwein in Flaschen. Und sie erzählt mir aufgeregt von einem neuen mysteriösen Mordfall auf der Insel.

„Vor einiger Zeit", so berichtet sie in ihrem leicht kölnisch gefärbten Deutsch, „kam eine große Yacht hier an – es war die berühmte *Yankee*, die früher Kapitän Johnson gehört hatte – mit einer Gruppe von Seglern, die alle an Land gingen, um sich die Insel anzusehen. Den ganzen Tag waren sie in den Bergen, kehrten abends zurück, doch es fehlte eine Frau, die am Morgen noch dabei war. ‚Wo ist die Frau?', fragte ich den Kapitän, doch er wußte keine Antwort. ‚Sie kommen hier nicht heraus, bevor die Frau gefunden ist!', erklärte ich energisch und holte den Kompaß aus dem Schiff. Drei Tage wurde gesucht, sogar mit Hubschraubern, die der Militärposten auf der Insel per Funk angefordert hatte, doch die Frau blieb verschwunden." Frau Wittmer fügt noch hinzu: „Nachher wurde sogar behauptet, mein Mann hätte die Frau umgebracht, dabei ist er doch längst nicht mehr am Leben!"

Einige Tage später ankerte ich in der Academy Bay auf Santa Cruz. Santa Cruz ist eine der vier bewohnten Inseln in der Gruppe; hier leben die Brüder Angermeier: Karl, Fritz und Gus aus Hamburg.

Schon am ersten Abend kam Gus, der jüngste von ihnen, zu mir an Bord: ein Kämpfer und Jäger, großzügig und hilfsbereit, aber auch verwegen und hart, listig und schlau, kurz, ein deutscher Robin Hood.

Er erzählte, wie er und seine Brüder in der Nazizeit Hamburg verließen, mit ihrem alten Segelschoner *Marie*, offizielles Fahrtziel Helgoland, wirkliches Ziel: die Galapagos!

Wie sie nachts die offene Nordsee erreichten und den Englischen Kanal. Und er berichtete, wie ihr Schiff so viel Wasser machte, daß sie den „ollen Eimer" in England verkaufen mußten:

„Mensch, Rollo, der Kasten leckte wie ein Sieb! Die hatten uns betrogen, das Holz war faul, das ganze Schiff verrottet! Aber egal, wir waren draußen! Viele Jahre haben wir gebraucht, um schließlich hierher zu kommen, ich will nicht sagen, wie!"

Ich dachte: noch ein Geheimnis, und Gus fuhr fort: „Seitdem leben wir hier, es geht uns nicht schlecht, wir haben uns durchgesetzt, aber es hat lange gedauert. Und jetzt kommen diese Geschäftemacher hier an, bauen Läden und Hotels, aber die Inseln wollen das nicht. Die Inseln sind verflucht, glaube mir, Rollo, die sind verflucht und holen sich jeden, der hier Geschäfte macht! Da bleibt keiner lange! Mensch, der alte Wittmer, wenn der noch leben würde, der könnte erzählen! Was der mit ins Grab genommen hat, ich kann Dir sagen! Da drüben im Dorf, da haben sie gestern im Friedhof einen ausgegraben, der hatte da den großen Neubau begonnen – halbfertig –, dann fiel er vom Gerüst, heißt es. In Wirklichkeit wurde er erschossen, gestern haben sie ihn rausgeholt und auf dem Marktplatz auseinandergenommen, um die Kugel zu finden."

Als ich mich nach einer Woche verabschiedete, sagte er noch: „Glaube mir, Rollo, diese Inseln sind verflucht, ich weiß es, unsere geliebten Aschenhaufen, die wollen keine Zivilisation! Und Dir, Rollo, gute Fahrt – und vergiß nicht, zu lächeln. Immer lächeln, dann kommst Du durchs Leben, nimm nichts zu ernst!"

Ein außergewöhnlicher Mensch, dieser Gus Angermeier.

Inzwischen hat der Tourismus auch auf den Galapagos seinen Einzug gehalten. Ich bin aber überzeugt, daß sich die Menschen eines Tages von den Inseln zurückziehen werden, wenn nicht schon vorher die Vulkane alles Leben auslöschen und die Wogen des Ozeans wieder die nackten Lavafelsen umspülen.

Gus Angermeier gibt mir noch gute Ratschläge für die Weiterfahrt durch die Inseln und zeichnet mir besonders günstige und interessante Ankerplätze in die Karte ein. Für mich beginnt ein Leben zwischen Seelöwen, Leguanen, Galapagos-Finken und Fregattvögeln.

Besonders die Seelöwen mit ihrem treuherzigen, unschuldigen Blick und ihren eleganten Schwimmbewegungen haben es mir angetan.

Schon am frühen Morgen höre ich am Ankerplatz neben der *Solveig* das Prusten und Plätschern der lustigen Tiere, und wenn ich mich dann über die Reling beuge, schaut so ein neugieriger Bursche aus dem Wasser, blickt mir in die Augen und scheint zu fragen:

„Was machst Du hier in meiner Bucht, willst Du mich nicht wenigstens zum Frühstück einladen?"

Tatsächlich versuchen einige der Robben in mein Cockpit zu springen, aber die Bordwand mit ihren fünfzig Zentimetern ist noch immer zu hoch. Mit viel Geduld und erstaunlichem Geschick gelingt es jedoch einer Seelöwen-Dame in das Schlauchboot zu gleiten und sich dort eine Weile zu sonnen. Ich beobachte den ganzen Vorgang fasziniert:

Zunächst gibt das leichte Gummiboot dem Ansturm nach, rutscht zur Seite weg, bis die Seelöwin das Schlauchboot mit der Nase an die Bordwand der *Solveig* bugsiert. Nun kann das verflixte Gummiding ihr nicht mehr entkommen und nach einer Viertelstunde mühseligen Drückens und Ziehens hat sie sich dann Stück für Stück über den Wulst geschoben und auf die Sitzducht gelegt.

Umgekehrt ist es auch für mich nicht leicht, einen geeigneten Landeplatz für das Schlauchboot zu finden, denn die Seelöwenbullen haben das Ufer offenbar unter sich in Abschnitte eingeteilt, und jeder verteidigt sein Stück Landeplatz mit furchterregendem Gebrüll und mit der massigen Kraft seines Körpers gegen den fremden Mann, der der Herde zu nahe kommt.

Um die Seelöwen-Herren nicht länger zu beunruhigen, segle ich weiter und werfe meinen Anker in einer Bucht, die nur mir allein zu gehören scheint.

Mit dem Schlauchboot pulle ich an Land.

Dumpf brandet die Dünung an die schwarzen Lavafelsen, die wie Trümmer einer geborstenen Welt aus dem Wasser aufragen. So mag es auf der Erde vor Jahrmillionen ausgesehen haben, als es noch keine Menschen gab und nur Vögel, Fische und Reptilien zwischen dem nackten Gestein nach Nahrung suchten.

Stück für Stück taste ich mich ins Innere der verlassenen Insel. Das Grollen der Brandung ist verstummt.

Ich dringe durch ein Gebüsch und stehe am Ufer eines Salzsees. Auf einmal höre ich Rascheln, dann wütendes Grunzen – ein wilder Eber rennt auf mich los! Ich bin starr vor Schreck, aber plötzlich bleibt das Tier stehen: ein Hinterbein ist an einem Baumstamm festgebunden.

Am kommenden Tag finde ich frische Fußspuren am Strand, doch kein Schiff weit und breit. Das schwarze Ungetüm ist noch an seinem alten Platz.

Hastig kehre ich zur *Solveig* zurück, falte das Schlauchboot zusammen, hole den Anker auf und verlasse nun endgültig die verwunschenen Inseln...

Ich nehme Kurs auf Polynesien, auf Tahiti!

Es wird eine lange Überfahrt. Zunächst kreuze ich den Äquator, ohne aber eine „Taufe" zu veranstalten; ich gönne mir nur eine ordentliche Haarwäsche mit zusätzlichem Wasser aus dem Plastikkanister.

Der Passat weht mit Stärke 4–6 aus Südsüdost bis Ost. Ein guter, aber kräftiger Segelwind, der während des gesamten Törns durchsteht!

Mit der Doppelfock, wie im Atlantik und in der Karibik, kann ich nur selten steuern, meist setze ich ein Vorsegel und das verkleinerte Groß. Es ist ein Glück, daß ich mir dieses 4/5-Segel speziell habe anfertigen lassen, denn mit dem normalen Großsegel, das bis zur Mastspitze hinaufreicht, hätte ich vor allem nachts zu viel Druck in der Takelage, um ruhig schlafen zu können.

Die Entfernungen im Pazifik sind unvorstellbar – seine Wasserfläche ist größer als alle Kontinente der Erde zusammengenommen. Ich höre auf, die Tage zu zählen, berechne meine Position nur jeden zweiten oder dritten Tag, um ein sichtbares Stück auf der Kurslinie in der Karte abtragen zu können.

3800 Seemeilen habe ich bis Tahiti vor mir; besser, ich denke nicht daran.

Ich beschäftige mich mit der Zubereitung meiner Mahlzeiten, die bei den Bewegungen des Bootes im Seegang viel Zeit in Anspruch nimmt. Daneben höre ich Radio und lese Bücher, von denen ich leider nicht genug an Bord habe. Die Takelage und die Segel erfordern ständige Kontrolle, damit nicht durch Schamfilen auf die Dauer Schäden entstehen. Hin und wieder wechsle ich einen Schäkel aus oder eine Schot.

Schiffe sehe ich niemals, doch gelegentlich ein Flugzeug, es ist nur an seinen weißen Kondensstreifen zu erkennen.

Meine kleine Welt ist die *Solveig*, ihre Kajüte, ihr Cockpit. Ein längerer Aufenthalt draußen ist mir zu gefährlich, durch eine unerwartete Bewegung des Bootes könnte ich über Bord gehen. Deshalb betrachte ich das Spiel der Wellen und den Lauf der weißen Schaumkronen, die in endloser Prozession nach Westen rollen vom Niedergang aus, durch das geöffnete Schiebeluk. Von der gleichen Stelle nehme ich auch meine Messungen mit dem Sextanten.

Das Wetter ist gleichmäßig, sonnig, der Himmel leicht bewölkt und die Sonnenuntergänge oftmals von unbeschreiblicher Farbenpracht. Ich fühle mich als Winzigkeit im Universum. Über mir der Himmel, unter mir 5000 Meter Wasser, die unendliche Tiefe. Kein Gegenstand berührt das Boot, in dem ich schwebe.

Nach 37 Tagen taucht in den Morgenstunden der Umriß von Tahiti aus dem Dunst. Ein feiner Schatten nur zuerst, dann werden die Konturen schärfer, die dunkle Farbe deutlicher.

Am 30. Oktober 1968 mache ich im Hafen von Papeete mit dem Heck zum Ufer fest.

Ich fühle mich nicht überanstrengt nach dieser bisher längsten Seefahrt meines Lebens, aber ich bin froh, meine Beine wieder bewegen zu können. Und dazu bietet sich reichlich Gelegenheit. Die Stadt ist weitläufig, und jeden Tag gehe ich mehrmals zum Postamt, um nach Briefen zu fragen.

Die Monate November bis März sind die schlechte Jahreszeit im Südpazifik. Es ist heiß und feucht, oft hört es tagelang nicht auf zu regnen.

Einmal schüttet es zwei Wochen ohne Unterlaß. Wegen der Orkangefahr im westlichen Teil des Ozeans kann ich jedoch keinesfalls vor März weitersegeln.

Tahiti hat zwei Gesichter.

Auf der einen Seite die hinreißend schöne Landschaft mit hohen Bergen, Wäldern, grünen Wiesen, Wasserfällen. Die Insel ist umsäumt von Palmenhainen und leuchtenden Lagunen, in deren glasklarem Wasser Korallenriffe und Fische in allen Farben schimmern.

Meine knappe Kasse erlaubt es nicht, ein Auto oder eine Vespa zu mieten, um aus der Stadt herauszukommen und trotz der Hitze die Natur zu genießen, und für Bergwanderungen ist das feuchte Wetter denkbar ungeeignet. Ein Franzose lädt mich zu einer Inselrundfahrt ein, und Jenny, eine deutsche Reiseleiterin, die mit einem Tahitianer verheiratet ist, holt mich in ihren Bungalow am Strand.

Die andere Seite von Tahiti ist die Stadt Papeete selbst, eine kleine Metropole im Pazifik, Verwaltungszentrum für Französisch-Polynesien, ein Gebiet, dessen Landfläche allein 4000 Quadratkilometer umfaßt. Alles Inseln, 130 an der Zahl, die auf einer Fläche von vier Millionen Quadratkilometer Ozean verstreut liegen. Von den insgesamt 137 000 Menschen, die auf diesen Inseln leben, tanzen, lieben und lachen 97 000 allein auf Tahiti.

Die Insel ist also beinahe eine große Stadt; trotzdem haben es die Franzosen verstanden, viel von dem gastfreundlichen, unbeschwerten Lebensstil der Polynesier zu erhalten.

An der großartig angelegten Uferstraße steht auch noch der alte, weltberühmte Tanzpalast und Treffpunkt von Abenteurern aus aller Welt, „Quinn's", doch Bauarbeiten sind bereits im Gange. Eine neue Pier soll entstehen, dazu ein Informationszentrum für Touristen, und die traditionsreichen Holzgebäude aus der legendären „Guten alten Zeit" Tahitis werden verschwinden.

Die besondere Luft, die Tahiti so berühmt gemacht hat, ist mit Worten nicht zu beschreiben. Aber ich fühle sie und werde von diesem Klima angesteckt. Die Tage fließen dahin, unbeschwert und leicht – wenn ich von den bedrückenden Nachrichten absehe, die mich aus Garmisch erreichen. Mein Geschäft ist in den eineinhalb Jahren, die ich jetzt unterwegs bin, in solche Schwierigkeiten geraten, daß ich mir kaum die notwendigen Geldmittel anfordern kann.

Zu Weihnachten verliere ich fast mein Boot an seinem Liegeplatz im Hafen! Die Geschichte beginnt ganz harmlos.

An einem schönen, sonnigen Nachmittag kommt ein deutscher Fremdenlegionär am Kai vorbei, an dem die *Solveig* vertäut ist und ruft zu mir herüber, weil er die Flagge gesehen hat. Ich bitte ihn an Bord und will ihn zu einem Drink einladen – Whisky mit Wasser. Auf Tahiti gibt es reichlich und besonders gutes Wasser, und jede Yacht darf ihren Schlauch an einen der vielen städtischen Hydranten anschließen, die am Ufer angebracht sind.

Ich drehe also den Hahn des Wasserschlauches auf, der im Cockpit liegt, doch es kommt kein Tropfen. Ich gehe an Land, versuche es am Hydranten – nichts. Die Leitung ist abgestellt.

Mein Gast trinkt den Whisky pur, wir unterhalten uns über Tahiti im allgemeinen und die Fremdenlegion im besonderen, vergessen ein wenig die Zeit, vor allem den Hahn am Schlauch, der offen bleibt.

Gegen zwei Uhr nachts fahre ich aus dem Schlaf: meine Hand liegt im Wasser! Unmöglich, ich träume! Aber nein, kein Traum, die Kajüte ist bis zur Koje vollgelaufen. In meinem Schock alarmiere ich die Nachbarboote. Wir versuchen die *Solveig* festzubinden, damit sie nicht sinken kann, denn das Hafenwasser ist an dieser Stelle über zehn Meter tief.

„Rollo, probier doch mal, ob das Süßwasser ist!" fordert mich einmal die Frau eines Skippers auf.

Süßwasser??? Wieso Süßwasser? Ich lecke meine nasse Hand ab.

Tatsächlich! Und jetzt begreife ich auch sofort, was geschehen ist. Das Wasserwerk hat in der Nacht die Leitung wieder aufgedreht, das Wasser ist aus dem Schlauch gesprudelt, und da ich den Cockpitboden wegen eine Motorreparatur geöffnet hatte, ist das Süßwasser direkt in die Bilge des Bootes geflossen! Es fließt noch!

Im Dunkeln suche ich den Schlauch, drehe ihn zu und bitte meine Nachbarn um Entschuldigung wegen des falschen Alarms. Dann pumpe ich das Boot aus.

Beinahe die gesamte Ausrüstung ist naß geworden, Bücher, Papiere und Lebensmittel sind zum Teil unbrauchbar; mit der „Trockenlegung" aller übrigen Sachen bin ich beschäftigt bis nach Neujahr.

Die arme *Solveig* sieht während der Feiertage wie ein Zigeunerwagen aus, behangen und bedeckt mit Bettwäsche, Decken, Unterhosen, Socken, Schuhen, Tischtüchern, Waschlappen, Seekarten, Büchern, und was der hundert Dinge mehr sind, die unter der nächtlichen Tauchpartie gelitten haben.

Um das Kap der Stürme

Ende März verlasse ich Tahiti, um nach Westen weiterzusegeln. Die Hälfte meiner Reisezeit ist verstrichen, aber ich habe noch längst nicht die Hälfte der Strecke um die Welt zurückgelegt. Der halbe Pazifik, der gesamte Indische Ozean und der Atlantik in seiner Länge von Süden nach Norden, vom Kap der Guten Hoffnung bis England, liegen noch vor mir.

Ein letztes Mal frage ich auf der Post in Papeete nach Briefen und nehme so viel frische Lebensmittel, Butter, Brot und Eier an Bord, wie ich für die nächsten Wochen brauche.

Ich bin auf der Suche nach einem Mann, der im Inselreich der Südsee eine geradezu legendäre Gestalt geworden ist, und von dessen Existenz ist schon zu Hause vor meiner Abfahrt erfahren hatte. Ein Mann, der etwa 15 Jahre allein auf einer winzigen Koralleninsel gelebt hat.

In Garmisch hatte ich sein Buch entdeckt und es mit Begeisterung gelesen. In diesem Buch schildert der Neuseeländer Tom Neale, wie er es geschafft hat, auf das unbewohnte Suwarrow Atoll zu gelangen und dort jahrelang ein Einsiedlerdasein zu führen.

Am Schluß seines Buches schreibt er allerdings, daß das Leben auf der Insel ohne jede Möglichkeit der Hilfe von außen für ihn zu gefährlich wurde und er deshalb sein kleines Paradies verlassen hat.

Auf Aitutaki, das zur Gruppe der Cook-Inseln gehört, erfahre ich, daß Tom Neale seit über einem Jahr wieder auf seiner Trauminsel lebt. Neuseeländische Landsleute, die Tom von früher her kennen, geben mir einen Karton mit Taschenbüchern, Orangen und anderen Lebensmitteln für Tom mit in die *Solveig*, dazu ein Bündel Briefe, die seit über acht Monaten darauf warteten, nach Suwarrow gebracht zu werden – so lange nämlich hat kein Boot mehr das Atoll angesteuert.

Ich bin sehr aufgeregt, als ich den Hafen von Aitutaki verlasse. Wie werde ich den alten Mann antreffen? Er ist jetzt fast siebzig und könnte krank geworden sein. Oder hat er die Insel wieder verlassen? Wird er mit mir sprechen oder ist er so menschenscheu, daß er sich sofort zurückzieht, wenn ein ungebetener Besucher kommt?

Fragen über Fragen und meine Spannung wächst, je näher ich an das Atoll herankomme.

Am fünften Tag nach meiner Abfahrt von Aitutaki sehe ich eine einzelne Kokospalme über dem Horizont. Als die *Solveig*, vom Südostpassat getrieben, weiter nach Nordwesten gleitet, taucht eine zweite Palme auf, dann noch eine und noch eine, bis eine ganze Gruppe sichtbar ist über dem Horizont. Das ist Suwarrow!

1100 Meilen von Tahiti entfernt, 500 Meilen von Samoa, und die nächste bewohnte Insel liegt 200 Meilen nördlich.

Ein Schatz soll auf Suwarrow liegen, angeblich wurden sogar mexikanische Münzen im Wert von 10000 Dollar gefunden.

Doch ich denke nur an Tom Neale, an den einsamen Mann auf dieser entlegenen Koralleninsel. Bald kommt ein dünner grauer Streifen in Sicht, dann der weiße Rand der Brandung.

Ich kreuze so lange an der Brandungsmauer entlang, bis ich die Einfahrt finde, die in der Seekarte eingezeichnet ist.

Hinter der Einfahrt liegt Anchorage, das palmenbestandene Motu, auf dem Tom Neale leben soll. Es ist 800 Meter lang und 200 Meter breit.

Nicht lange, nachdem mein Anker am Grund der Lagune Halt gefunden hat, erscheint eine hagere, schmale Gestalt am Strand und schiebt ein Kanu ins Wasser. Das ist Tom Neale!

Ich starre hinüber zu dem Mann, der sich jetzt langsam, fast vorsichtig der *Solveig* nähert.

„Neale", stellt er sich mit rauher Stimme vor.

Er bleibt in seinem Kanu, ich reiche ihm die Post und den Karton.

„Danke", sagt er, „das Sprechen fällt mir schwer, habe fast ein Jahr mit niemandem gesprochen."

Damit wendet er sein Boot, kehrt zum Strand zurück und verschwindet hinter den Palmen.

Es dauert drei Tage, bis er sich an Gespräche gewöhnt hat, bis er mir seine drei Hütten zeigt, die er zum Wohnen, zum Kochen und als Gerätehaus eingerichtet hat.

Ich bleibe nie länger als eine halbe Stunde bei ihm, und er ist für diese Zurückhaltung dankbar.

Auf meinen Wunsch fährt Tom mit mir zu einem anderen Motu des Atolls, zur Vogelinsel, auf der zu dieser Zeit Tausende von Seeschwalben brüten.

Die Schwalben legen ihre Eier einfach in den Korallensand, ohne sich um ein Nest oder eine Höhle zu bemühen. Die Eier werden von der Sonne ausgebrütet, und ich sehe hingerissen zu, wie da und dort die Schale aufbricht und ein Küken herausschlüpft! In jeder Minute, die wir dort stehen, brechen drei oder vier Eier auf, und die kleinen Wesen beginnen stolpernd, ungelenk, blind um ihr Leben zu rennen. Wenn sie nicht binnen kürzester Zeit in den Schatten eines Busches gelangen, sterben sie unter den unbarmherzigen Strahlen der Tropensonne.

Etwa zwei von drei Tierchen gewinnen den Lauf gegen die Hitze und werden dann von ihren Eltern gefüttert.

In den Büschen hocken auch große Fregattvögel auf ihren Nestern, und eines der Jungen gerät beim Flugversuch in die Zweige eines dürren Strauches, verfängt sich hoffnungslos mit den Flügeln. Ihm kann ich helfen, indem ich vorsichtig die Federn aus dem Geäst ziehe, den flatternden Strolch hochhebe und dann fliegen lasse.

Zwei Wochen bleibe ich bei Tom, und wir werden gute Freunde. Zum Abschied setzt er die Flagge Neuseelands und ich gebe ihm das Versprechen:

„Auf meiner nächsten Fahrt um die Welt besuche ich Dich wieder!"

Ich habe Wort gehalten. Sieben Jahre später sehen wir uns tatsächlich wieder. Diesen Besuch und die Lebensgeschichte des außergewöhnlichen Mannes habe ich in meinem Buch über die zweite Weltumsegelung geschildert.

Nachdem ich aus der Lagune gesegelt bin und auf der Ostseite von Anchorage auf die See hinaussteuere, sehe ich Tom noch einmal am Strand. Der Passat weht frisch, schnell wird die hagere Gestalt kleiner, und bald ist die Insel mit ihren Palmen und dem einsamen Königreich hinter dem Horizont verschwunden.

Dieser Mann hat Zufriedenheit, vielleicht sogar eine seltsame Art von Glück gefunden. In seiner gütigen, väterlichen Art hat er sich ohne Haß von der Welt der Zivilisation gelöst. Für den Neuseeländer Tom Neale ist das Alleinsein ein echtes Bedürfnis, in seiner Selbstbeschränkung findet er Reichtum.

Demgegenüber haben die Siedler auf den Galapagos versucht, in einer für sie fremden Welt eine neue Existenz zu gründen.

Hunderte von ihnen sind an dieser harten Aufgabe gescheitert, einigen wenigen ist es gelungen, aus Lavasteinen und allmählich gesammelten oder von ihren geringen Erträgen beschaffenen Materialien Häuser zu bauen, dazu eigene Boote. Sie haben Gärten und Felder angelegt, gehen auf die Jagd nach wilden Ziegen, Schweinen und Rindern. Sie leben in einem bescheidenen Wohlstand und in einer gewissen Freiheit. Da ist die ecuadorianische Verwaltung, die Polizei, das Militär. Da sind die – nicht immer freundlichen – Nachbarn. Und da bleibt der Trieb des Europäers, etwas zu schaffen, etwas aufzubauen, etwas zu gelten. Wie sagte doch Frau Wittmer voller Stolz zu mir:

„Hier war Präsident Roosevelt, ich habe Graf Luckner, Hans Hass und Kapitän Johnson zu Besuch gehabt, und wenn die Galapagos heute von Touristen besucht werden, dann kann ich stolz an meine Brust schlagen, das ist mein Verdienst!"

Diese und ähnliche Gedanken gehen mir durch den Kopf, während die *Solveig* durch die tiefblauen Fluten des Ozeans nach Westen pflügt.

Ich will zu den Fiji-Inseln. Eine Bootsüberholung ist fällig, denn durch die lange Liegezeit auf Tahiti hat sich so viel Bewuchs angesetzt, daß ich die monatelange Überquerung des Indischen Ozeans nicht angehen kann, ohne vorher das Unterwasserschiff gründlich zu reinigen und zwei Lagen frischer Antifouling aufzubringen.

Leider sind die Werften in Suva, dem Handels- und Verkehrszentrum der Fiji-Gruppe, auf Wochen im voraus gebucht. Mir bleibt nichts anderes übrig, als zu warten.

Es wird Ende Juni bis ich weitersegeln kann und schließlich am 22. Juli 1969 im Hafen von Port Moresby, der Hauptstadt Neuguineas, meinen Anker werfe.

Während der letzten zwei Wochen hat der Passat Sturmstärke erreicht, ich bin in meiner Kajüte keine Minute mehr zur Ruhe gekommen. Brecher von bisher nie erlebter Größe und Wucht schlugen über das Boot und füllten das Cockpit bis zum Rand. Am Tag vor meiner Ankunft in Port Moresby verfolgte ich am Radio mit atemloser Spannung ein Ereignis, das einen seltsamen Kontrast zu meiner Alleinfahrt über die Ozeane darstellt: die Landung des ersten Menschen auf dem Mond!

Da sitze ich in meiner Kapsel, von Brechern überschüttet, halte das Transistorradio dicht ans Ohr und verfolge den oft stockenden Bericht über die ersten Schritte, die ein Mensch auf dem Erdtrabanten wagt; ein reichliches Jahr später habe ich das Glück, Neil Armstrong, dessen Stimme ich im Tosen der See aus dem Weltraum gehört hatte, auf der Wasserkuppe in der Rhön kennenzulernen. Armstrong meinte zu mir: „Ich hätte mit Ihnen nicht tauschen mögen!", und ich konnte ihm versichern, daß ich mich nie und nimmer in den Weltraum gewagt hätte...

In Port Moresby bringt mich der Passatwind, der in diesem Gebiet mit dem Monsun zusammentrifft, fast zur Verzweiflung. Er bläst mit solch unbarmherziger Wut über das Hafenbecken, daß einmal mein Schlauchboot samt Außenborder in die Luft gehoben und umgedreht wird.

Und noch etwas bereitet mir Sorgen: mein Dieselmotor, genauer gesagt, der Verstellpropeller. Beim Bau wurde kein seewasserfestes Material verwendet, sondern alle Kugellager, die zur Einstellung der Propellerflügel dienen, sind aus normalem Stahl – und nach zwei Jahren Dienst im Salzwasser völlig eingerostet. Ich kann die Flügel nicht mehr auf volle Fahrt voraus legen, sie haben sich in einer Art Nullstellung verklemmt, und damit ist der Motor unbrauchbar geworden.

Die Werkstatt in Port Moresby lehnt eine Reparatur rundweg ab, für die nächsten Monate sei jede Arbeitsstunde verplant.

Noch einmal aber kann ich nicht warten. Von hier aus sind es runde 8000 Seemeilen über den Indischen Ozean bis Kapstadt, und ich will vor dem Beginn der Orkanzeit im Dezember die Küste Südafrikas erreichen. Ich muß es also ohne Reparatur versuchen.

Am 23. August ist die *Solveig* bereit für die längste Seestrecke ihrer Reise.

In allen Ecken und auf jedem noch verfügbaren Platz stapeln sich Kartons mit Konserven, Keksen, Nudeln, zusätzliche Wasserkanister stehen am Boden der Kajüte. Ich bin für vier Monate ausgerüstet, und erst wenn ein Teil dieser Vorräte verbraucht sein wird, kann ich mich in meiner ohnehin engen Welt wieder etwas bewegen.

Die Ansteuerung der Torresstraße wird bei dem immer noch mit Sturmstärke heulenden Monsun zum Alptraum.

Rings um den Golf von Papua liegen Riffe, im Westen das Große Barriere Riff Australiens. Bei dem gewaltigen Seegang kann ich mit dem Sextanten nicht mehr genau messen, die *Solveig* wird wie ein Ball hin- und hergeworfen.

Ich muß die Einfahrt zur Torresstraße im ersten Anlauf treffen, denn gegen diesen Wind gibt es kein Zurück, und der Motor ist nicht brauchbar! Vor Angst kann ich nachts kaum schlafen.

Die Einfahrt liegt bei Bramble Cay, einer Felsenklippe von nur einigen hundert Metern Durchmesser und drei Meter Höhe über dem Wasser!

Am dritten Tag, kurz nach Sonnenuntergang, sehe ich das Leuchtfeuer vor mir. Bramble Cay ist gefunden! Aber ich kann nachts nicht in die von Riffen umgebene Meeresstraße hineinsegeln. Bis in die Morgenstunden kreuze ich erschöpft in der schäumenden See um die Insel herum und nehme erst nach Tagesanbruch Kurs auf die 250 Meilen lange Durchfahrt zwischen Australien und Neuguinea. Jede Nacht suche ich einen Ankerplatz hinter Riffen oder Inseln. Das Ankerlichten bei Windstärke 7-8 jeden Morgen ist harte Arbeit. Eric Hiscock und der Franzose Le Toumelin, beide hervorragende Segler, haben in diesen Gewässern ihre Anker samt Kette verloren. Ich bin entsprechend nervös und vorsichtig.

Im Radio höre ich, daß ein australischer Frachter am 24. August an der gegenüberliegenden Küste gesunken ist und drei Zerstörer wegen des schweren Seegangs erst mit großer Verzögerung zu Hilfe kamen. Von 25 Mann wurden nur fünf gerettet. Wenige Tage später läuft ein japanischer Frachter bei Port Moresby auf ein Riff.

Am 29. August habe ich endlich die Straße durchquert, und in der Arafura-See empfängt mich ruhigeres Wetter. Eine Woche lang liege ich sogar in der Flaute, dann setzt der Monsun wieder ein, und es folgt eine Zeit herrlichen Segelns über die tropischen Meere vor den Küsten Indonesiens.

Zwei Tage bleibe ich auf den Cocos-Keeling Inseln. Es ist inzwischen Oktober geworden; 2500 Meilen liegen hinter mir seit der Torresstraße, ein Drittel der gesamten Strecke. Auf der Insel Mauritius will ich diese endlose Fahrt noch einmal unterbrechen und ich bin so unvorsichtig, dies in Briefen an meine Freunde und an meine Mutter in Deutschland anzukündigen. Ich schreibe sogar den Termin meiner voraussichtlichen Ankunft auf Mauritius!

Am 17. Oktober verlasse ich die Cocos-Inseln. Es herrscht normales Passatwetter, Windstärke 4–5. Es geht mir nicht gut, ich fühle mich krank. Magenschmerzen, ein Gerstenkorn im Auge und – wieder mal – Zahnschmerzen.

Ich nehme Antibiotika, die Entzündung im Zahnfleisch klingt ab, doch dann fällt eine Füllung heraus, die Schmerzen beginnen von neuem. Mein Zahnarzt in Garmisch hat mir für den Notfall ein Zahnbesteck mitgegeben und Material für eine provisorische Füllung. Mitten auf dem Indischen Ozean beginne ich mit Hilfe eines Spiegels und des Zahnspiegels die Höhlung zu reinigen und mit der Füllung zu schließen. Der erste Versuch ist nicht erfolgreich, die Füllung bröckelt am nächsten Tag wieder heraus, aber beim zweiten Mal gelingt es mir, das Loch im Zahn ordentlich zuzumachen. Die Schmerzen lassen nach.

Anfang November wird die See stürmisch. Meine Erschöpfung und die mangelhafte Ernährung machen sich bemerkbar. Ich schreibe in das Logbuch: „Kopfschmerzen trotz Schlaf, kein Appetit. Wieder Zahnschmerzen, neue Füllung."

Das Wetter beruhigt sich, bei Windstärke 4 geht es mir besser, und ich gewöhne mich immer mehr an das Leben auf See. Der Körper hat sich umgestellt, die Belastungen sind zum Alltag geworden. Und jetzt geschieht etwas Merkwürdiges: Mitte November bin ich in der Nähe von Mauritius und habe plötzlich keine Lust mehr, die Insel anzusteuern! Ich will in meiner Kajüte bleiben und weitersegeln! Ich rechne mir aus, daß ich Durban in Südafrika in etwa zwei Wochen erreichen kann und daß man sich vorher sicher keine Sorgen macht in Garmisch. Von Durban aus, so nehme ich mir vor, sende ich dann sofort ein Telegramm!

Südlich von Madagaskar gerate ich noch einmal in stürmischen Wind, doch nur für zwei Tage. Am 30. November, es ist der 1. Advent, nehme ich das Läuten der Weihnachtsglocken, das ich vom Sender Durban empfange, auf Tonband und spreche Grußworte dazu. Das Tonband soll, ebenso wie zwei Briefe, nach der Ankunft sofort auf die Post.

Am Abend desselben Tages sehe ich das Leuchtfeuer der Hafeneinfahrt von Durban. Es sind noch 20 Meilen zu segeln. Kein Problem, die lange Überfahrt ist geschafft! – Ist sie wirklich geschafft?

Ich erkenne das Feuer von „Aliwal Shoal", einer gefährlichen Untiefe vor mir. Bei Windstärke 8, seit drei Stunden weht es mal wieder wie toll, scheint mir eine weitere Annäherung zu gewagt. Ich wende und halte zunächst Richtung See. Der Hafen ist mir sicher, und auf ein paar Stunden kommt es nun auch nicht mehr an. Seit August segle ich über diesen Ozean und habe 6445 Seemeilen von der Torresstraße an zurückgelegt. Nur jetzt kein Risiko!

Um den Kurs anliegen zu können, war ich hoch an den Wind gegangen, und dabei sind die Mastrutscher vom Groß abgerissen.

Ich muß die Segel bergen, neue Mastrutscher anschrauben. Der Nordwind treibt mich nach Süden ab, die Strömung hilft auch noch mit.

Am 1. Dezember um 5 Uhr früh dämmert es mir, daß ich bei anhaltendem Nordsturm Durban zunächst nicht ansteuern kann.

„Offenbar habe ich mich zu früh gefreut, muß auf Südwind warten. Habe nur noch ganz wenig Wasser", so der Eintrag im Logbuch.

Auch das noch!

Am Tag zuvor war ich so sicher, in wenigen Stunden anlegen zu können, daß ich mit dem restlichen Trinkwasser die Kajüte gereinigt, das Spülbecken geputzt und mich selbst rasiert habe. Als ich mich jetzt der Küste auf Sichtweite nähere, sehe ich, daß ich inzwischen 50 Meilen nach Süden abgetrieben bin. Verdammt, das darf doch nicht wahr sein nach einer solchen Überfahrt! Solange der Norder anhält, ist Durban nicht zu machen. Wieder halte ich auf die See hinaus.

Nachts Windstärke 9, ich muß alle Segel bergen und treibe weiter nach Süden.

Am 2. Dezember springt der Wind um. Hurra, Südwind! Auf nach Durban! Im Logbuch steht. „Versuche so schnell wie möglich Nord zu machen. Unvorstellbarer Seegang, alles naß, erschöpft, aber jetzt muß ich es doch schaffen!"

Ich schaffe es wieder nicht.

Der Südwind wird langsam schwächer, setzt am 3. Dezember um 18 Uhr gänzlich aus.

Die Hafeneinfahrt liegt zum Greifen nahe... „Es ist Wahnsinn", schreibe ich, „kein Wind mehr, der Rauch aus den Fabriken steigt gerade in die Höhe und ich treibe ab nach Süden. Zum zweiten Mal sehe ich die Einfahrt von Durban vor mir und komme nicht hinein!"

Wegen des Propellerschadens hat der Motor längst seinen Geist aufgegeben, und ein Funkgerät, um Schlepphilfe anzufordern, besitze ich nicht.

Am folgenden Morgen – die ganze Nacht habe ich noch auf eine günstige Brise gehofft – setzt erneut Nordwind ein, und ich entschließe mich, da das Wasser bedenklich knapp wird, mit der Strömung bis Kapstadt weiterzusegeln. Es ist ein schwerwiegender Entschluß, denn ich muß die Wasserration auf einen Viertelliter pro Tag herabsetzen. Die Distanz beträgt 900 Seemeilen, ich rechne mit etwa 12 Tagen auf See.

Als am nächsten Tag, es ist der 5. Dezember, wieder starker Südwind aufkommt, entschließe ich mich nochmals, Durban zu versuchen! Also wieder Kurswechsel! Begründung: ich habe Angst, ohne Motor um das Kap zu segeln; der Schiffsverkehr ist Tag und Nacht so stark, daß ich den großen Tankern unter Segel vielleicht nicht ausweichen kann, außerdem sind die Akkus leer, das bedeutet kein Strom mehr für die Positionslampen!

Einen Tag später muß ich auch diesen allerletzten Versuch, Durban anzusteuern, wieder aufgeben. Endgültig heißt es jetzt: mit aller Kraft nach Kapstadt!

Ich mache mir Vorwürfe wegen meiner Mutter, meiner Freunde, die keine Nachricht erhalten; keine Nachricht seit den Cocos-Islands, keine Nachricht von Mauritius!

Es wird ein Kampf gegen Wind und See, gegen Müdigkeit und Schwäche.

Die Logbucheintragungen schildern meine Verzweiflung:

„Es geht um alles! Der Strom treibt mich in die See, ich muß unbedingt zur Küste zurück, sonst bin ich verloren mit dem wenigen Wasser. Segle weiter trotz Seegang von ungeheurer Größe."

Der Wind erreicht zwei Tage lang Stärke 10, die Wellen eine Höhe von acht bis neun Metern. Brecher decken das Boot vollständig zu. Dann folgen Flauten mit endloser Dümpelei auf der hochgehenden Dünung. Am 12. Dezember wieder Sturm.

Bei diesem Wetter wage ich es nicht, einen der kleineren Häfen an der Küste anzulaufen, da das Seehandbuch vor auflandiger Strömung und Grundseen vor der Einfahrt warnt. Es gibt nur einen wirklich sicheren Hafen – und das ist Kapstadt.

Ich beiße die Zähne zusammen, segle Meile für Meile nach Süden. Am 15. Dezember runde ich Kap Agulhas und am 16. kommt der Tafelberg in Sicht! Nur ein kleiner Rest Wasser, ein paar Konservendosen sind noch übrig.

Als ich am 17. Dezember an der Pier des Royal Cape Yachtclubs in Kapstadt festmache, erfahre ich, daß man mich in Deutschland für verschollen hält. Ein Telegramm, das ich noch am gleichen Tag aufgebe, bringt die Erlösung für meine Mutter und meine Freunde.

Diesmal bin ich mit meinen Kräften am Ende, brauche Hilfe und regelrechte Pflege.

Der Club und seine Mitglieder bemühen sich, lassen mir jede erdenkliche Hilfe zukommen. Und ich habe das Glück, daß in Kapstadt ein Onkel von mir lebt. Er und seine Frau nehmen mich über Weihnachten in ihre Wohnung, verwöhnen mich mit gutem Essen. Sie wollen mir auch einen Eindruck von den landschaftlichen Schönheiten Südafrikas vermitteln. Aber dazu bin ich noch zu schwach. Während der ersten Autofahrt schlafe ich am Parkplatz ein, und mein Onkel bringt mich nach Kapstadt zurück.

Auch das Boot braucht Pflege.

Segel und Motor kommen in die Werkstatt, die Verstellpropelleranlage wird überholt.

Am 25. Februar läuft die *Solveig* aus dem Hafen von Kapstadt aus. Über hundert Freunde und Bekannte stehen winkend auf der Brücke des Yachtclubs. Die letzte große Etappe der Fahrt liegt vor mir.

3000 Meilen sind es bis zum Äquator, 6000 bis Madeira, meinem nächsten Hafen, doch am 22. April 1970 kann ich in mein Logbuch schreiben:

„Ausfahrtkurs gekreuzt, Welt umsegelt!"

Position: 21°7′N, 28°40′W. Diesen Punkt auf der Seekarte hatte ich im Dezember 1967 berührt, als ich von Las Palmas aus den Atlantik in Richtung Westindien überquerte.

In diesen drei Jahren bin ich mit der *Solveig* so vertraut geworden, daß ich das Boot mit dem kleinen Finger oder notfalls mit einer Zehe steuern könnte.

Unten in der Kajüte, auf der Koje liegend, spüre ich jeden kleinsten Kurswechsel, jede Veränderung des Windes. Ich kenne alle Geräusche und höre, wenn ein Schäkel lose kommt oder ein Segel nicht richtig steht.

Diese Vertrautheit mit meinem Boot gibt mir ein Gefühl der Sicherheit, das ich an Land erst wiedergewinnen muß.

Während der Wochen, die ich auf Madeira verweile, habe ich Zeit, mich auf das Landleben, das mir bevorsteht, innerlich einzustellen. Am 17. Juni beginne ich die letzte Überfahrt nach England und in die Nordsee.

Schon in der Biscaya verliert das Wasser seine tiefblaue Färbung, es geht langsam in das Grau und Braun des Kanals über, Regen und Nebel empfangen mich vor der englischen Küste.

In Cuxhafen und Hamburg bereiten mir die deutschen Segler einen Empfang, den ich niemals vergessen werde und der mir den Schwung gibt, die vor mir liegenden Aufgaben anzupacken.

Einige Jahre werde ich jetzt an Land bleiben, doch dann soll die *Solveig* wieder auf die Meere hinaus, unter weißen Segeln neuen Zielen entgegen...

Anhang

Postweh

Eines Tages, als sich die *Solveig* durch die aufgewühlte See kämpfte, hörte ich aus dem Lautsprecher des Kofferradios die Stimme von Freddy: „Junge, komm bald wieder —". Bevor ich wußte, wie mir geschah, fühlte ich Tränen über mein Gesicht laufen. Was machte mich so weich?

Nun, ich segelte an einer Küste entlang, an der kein menschliches Wesen zu leben schien. In einem offenen Boot, das mir kaum Schutz bot, zwischen Riffen und Haien — und ständig übermüdet.

Es mögen noch andere Umstände hineingespielt haben, die mich so wehmütig stimmten. Meine Angst vor dem riesigen Meer, das ich mir viel harmloser vorgestellt hatte und das mich nun von allen Seiten bedrohte.

Damals tat es weh, das Heimweh.

Auf den späteren Fahrten überwog eigentlich immer die Freude an meinen Erlebnissen die gelegentlich aufkommende Sehnsucht nach der Heimat.

Was mich aber nie losließ, das waren Sorgen, Neugier und Unruhe: Unruhe, die sich nur durch Briefe, Telegramme oder Telefonate beschwichtigen ließ.

Was müssen die Seefahrer in früheren Jahrhunderten gelitten haben, wenn sie für Monate und Jahre von ihren Familien getrennt wurden!

Ein Denkmal aus jenen Zeiten ist das Postfaß in der „Post Office Bay" auf Floreana in den Galapagos-Inseln. (Siehe Foto Seite 199)

Um 1850 wurde das Faß dort aufgestellt. Die aus Europa oder Amerika ankommenden Schiffe warfen ihre Briefe ein, und die in Richtung Heimat segelnden Gefährten entnahmen sie der Tonne und gaben sie im ersten größeren Hafen auf. Wie steht es nun heute mit der Postverbindung für Weltumsegler und Abenteuerreisende auf fernen Inseln?

Eigentlich dürfte es doch seit der Einführung der Luftpost keine Probleme mehr geben?

Nach vielen traurigen Erfahrungen, die ich auf Inseln im Atlantik, in der Karibischen See und im Pazifik machen mußte, möchte ich einige Anregungen geben, die sich für die Planung größerer Reisen als nützlich erweisen könnten.

Das folgende Beispiel aus dem Briefwechsel eines leidgeprüften Seglers soll die Problematik der Postverbindung in unserer fortschrittlichen Zeit andeuten.

Liebe Mutti, *Las Palmas, im November*

Danke dir für die nachgesandte Post. Sicherlich konntest Du nicht alle Briefe in einen Umschlag stecken wie ich gebeten hatte, es waren zu viele. Ich habe bisher 11 Briefe erhalten, aber da sie nicht numeriert waren, weiß ich nicht, ob es alle sind. Du erwähnst eine Rechnung und eine Kreditkarte, aber die waren nicht dabei. Vielleicht kommen sie noch. Besonderen Dank für den Zeitungsausschnitt: „Piraten bedrohen die Schiffahrt." Hat mir große Freude gemacht.

Liebe Grüße

Liebe Mutti, *Barbados, im Dezember*

Danke Dir für alle die viele Post. Vor Weihnachten war das Postamt hier das reinste Tollhaus, und der Mann am Schalter fand die Idee nicht gut, zu ihm hinter zu kommen und selbst meine Briefe zu suchen, wie Du vorgeschlagen hattest. Ich fürchte, es ging nun viel Post verloren. Sicher ist auch die Kreditkarte dabei.

Liebe Grüße

Liebe Mutti, *Kingstown, im Januar*

Ich bin hier zum Postmeister gegangen, wie Du meintest. Aber auch er hat den Brief mit der Kreditkarte nicht gefunden. Er meint, die Suche müßte vom Absender veranlaßt werden. Vielleicht, so meint er, ist der Brief nach Kingston/Jamaika gegangen statt hierher nach Kingstown/St. Vincent. Wie dem auch sei, ich habe mich sehr über Deine Mitteilung gefreut, daß ein großer Verlag meine Kindheitserlebnisse veröffentlichen will.

Liebe Grüße

Verehrter großer Verlag *Kingstown, im Januar*

Ihre freundliche Anfrage, ob ich eine kurze Schilderung meiner Kindheitserlebnisse verfassen könnte, erhielt ich über meine Mutter. Leider ist der Termin für die Fertigstellung schon verstrichen. Bitte teilen Sie mir mit, ob mein Beitrag auch im März noch zurecht kommt. Dann könnte ich mich hier an die Arbeit machen und Ihnen das Manuskript bis März zusenden.

Mit freundlichem Gruß

Liebe Gitte! *Martinique, im Februar*

Heute erhielt ich Dein Weihnachtspaket. Ich mußte erst zum Postamt, dann auf den Zoll und bekam dann einen leeren Karton mit etwas buntem Papier, einem Tannenzweig und Bröseln drin. Ich nehme an, Du hattest einen Kuchen geschickt. Wie schade um das Porto. Ich sah die vielen Briefmarken, die Du aufgeklebt hattest. Ich danke Dir, daß Du so lieb an mich gedacht hast.

Liebe Grüße

Liebe Mutti, *Martinique, im Februar*

Danke Dir für das Paket mit so viel Post. Ich habe an den Verlag geschrieben wegen des Berichtes, aber noch keine Antwort erhalten. Bitte rufe mal an und sage ihnen, wenn ich die Terminverlängerung nicht bald erhalte, kann ich nicht mehr bis März abliefern.

Danke Dir ganz besonders für den Zeitungsausschnitt „Kollisionsgefahr auf See". Ich weiß, daß es auch für mich gefährlich ist.

Liebe Grüße

Liebe Mutti, *Panama im Mai*

Vom Verlag habe ich nichts mehr gehört, es hat also keinen Zweck mehr, den Bericht zu schreiben. Schade. Ein Tonbandbrief von Tante Lieschen, von dem Du schreibst, daß er im März abgesandt wurde, ist sicher an sie zurückgegangen, da die Post hier postlagernde Sendungen nur 14 Tage aufhebt. Dein Brief blieb versehentlich liegen, deshalb erhielt ich ihn.

Liebe Grüße

Liebe Mutti, *Tahiti, im Juli*

Ich werde mich sofort hinsetzen und den Bericht über meine Kindheit für den großen Verlag schreiben, nachdem ich von Dir weiß, daß die Frist verlängert wurde.

Liebe Grüße

Liebe Gitte *Tahiti, im Juli*

Dein Paket mit dem Osterhasen habe ich leider in Panama nicht mehr erhalten. Der Postbeamte, der Dir riet, das Päckchen per Schiff zu senden, hatte wohl die Laufzeit von 3 Monaten nicht berücksichtigt. Danke Dir für Deine lieben Grüße.

Liebe Mutti, *Tahiti, im September*

Der große Verlag hat also das Manuskript, das ich mit so viel Mühe erarbeitet hatte, an Dich zurückgesandt. Wenn die Frist längst abgelaufen war, hätte ich mich nicht so plagen müssen.

Mache Dir keine Sorgen wegen der verlorenen Kreditkarte, bald gibt es die neuen fürs nächste Jahr!

Liebe Grüße

Die Reihe mehr oder weniger erheiternder Pannen dieser Art ließe sich beliebig fortsetzen.

Was kann der Segler dagegen tun?

Oft ist es nur eine ungenaue Adressierung seitens des Absenders, die zum Verlust des Briefes führt.

Das Bestimmungsland sollte immer so bezeichnet werden, daß es für den deutschen Postmann verständlich ist. Handelt es sich um entfernte Inseln, so genügt es nicht, allein den Namen der Insel zu schreiben, die Region oder der Erdteil muß angegeben werden. Z. B. „Via Australien" oder „Süd Pazifik". Meine gesamte Post, die nach Neuguinea adressiert war, erreichte mich nie, landete wahrscheinlich in Guinea (Afrika).

Ort, Straße und Postfach genau in der Sprache des Empfängerlandes schreiben, damit es der dortige Postsortierer versteht! Und von ihm darf man nicht zuviel erwarten! Kleine Buchstaben oder Schreibschrift können in vielen Ländern nicht gelesen werden. Also: Nur Blockschrift und große Buchstaben!

Um nun eine einwandfreie Adressierung zu sichern und um dem Empfänger auf der fernen Insel eine Kontrolle zu ermöglichen, ob die Sendung angekommen ist, empfiehlt sich, daß gute Freunde in der Heimat einen gesammelten Versand vornehmen. Die lieben Freunde packen dann alle Briefe in einen dicken, möglichst mit Plastik gepolsterten Umschlag und schicken ihn ab, sowie sie im Besitz der neuen Adresse sind.

Das ist per Luftpost ziemlich teuer, aber soviel sollten einem die Briefe an einen einsamen Segler wert sein.

Leider kann es bei einem Segelboot geschehen, daß sich die Ankunft erheblich verzögert und der Brief vom Postamt nicht länger als zwei Wochen aufgehoben wird. Auch dann nicht, wenn man vorher an das Postamt schreibt und um Geduld bittet.

Um eine solche Enttäuschung zu vermeiden und um auch genau zu wissen, an welchem Tag der Brief abgeschickt wurde, habe ich oft folgende Methode angewendet: Ich habe vor dem Start zu einer Überquerung die neue Anschrift im Brief mitgeteilt und gebeten, die Post erst abzusenden, sobald ein Telegramm meine glückliche Ankunft meldet. Das Telegramm konnte dann extrem kurz sein: Name, Straße, Ort, Herzliche Grüße. Das ist mit der Mindestzahl von sieben Worten zu machen.

Darüber hinaus habe ich mir Post nur in solche Häfen nachsenden lassen, wo ich mich länger als zwei Wochen aufhalten wollte.

Viel Kopfzerbrechen kostete mich die Wahl der Anschrift. Natürlich bietet sich das übliche „poste restante" oder englisch: „general delivery" an.

Nachteil: Viele Postler in Übersee haben Schwierigkeiten mit dem Lesen oder sind einfach gleichgültig. Vorname und Zuname werden verwechselt. Einmal fand ich meine Briefe nach Monaten unter „H" — wegen der Anrede „Herrn"!

Die Anschrift eines Yachtclubs mit Postfach ist da schon günstiger.

Nur muß man vorher wissen, ob der Club Briefe fremder Segler aufhebt. Sehr zuverlässig ist oft eine Privatanschrift oder auch eines der Büros von American Express, die weltweit ausdrücklich diesen Post-Aufhebedienst versehen.

Je weniger „Poststationen" vorgesehen sind, desto besser. Drei- bis viermal im Jahr genügt eigentlich.

Es sei denn, es handelt sich um Liebesbriefe! Dann hilft nur die Numerierung und die Freude an dem kitzligen Gefühl, welche der Botschaften wohl ankommen wird. Ist die Dame zufällig Sekretärin oder Lehrerin, so wird sie jeden Brief durchschreiben und, falls er nicht angekommen ist und ihre Gefühle sich nicht inzwischen gewandelt haben, die Zweitschrift nochmals senden.

Ein besonderes Kapitel sind Pakete. Diese sollten nur nach vorheriger Absprache mit dem Empfänger auf eine ferne Insel geschickt werden. Nur er kann beurteilen, ob er glaubt, daß das Postamt verläßlich ist und der Zoll menschenfreundlich.

Bei wirklich dringenden Sendungen, etwa Ersatzteilen, empfehle ich Luftfracht. Die Kosten für einen Agenten kann ich sparen, wenn ich das Gut selbst am Flughafen abhole.

Sollen größere, nicht eilige Pakete als gewöhnliche Schiffspost verschickt werden, so ist eine sehr feste Verpackung erforderlich. Starker Karton und möglichst in Sackleinen einnähen!

Dieser Versandweg ist erstaunlich preisgünstig, dauert aber zwei bis drei Monate oder mehr. Eine beständige Anschrift ist Voraussetzung.

HANSA-JOLLE
Einheitsklasse des DSV
1 : 40

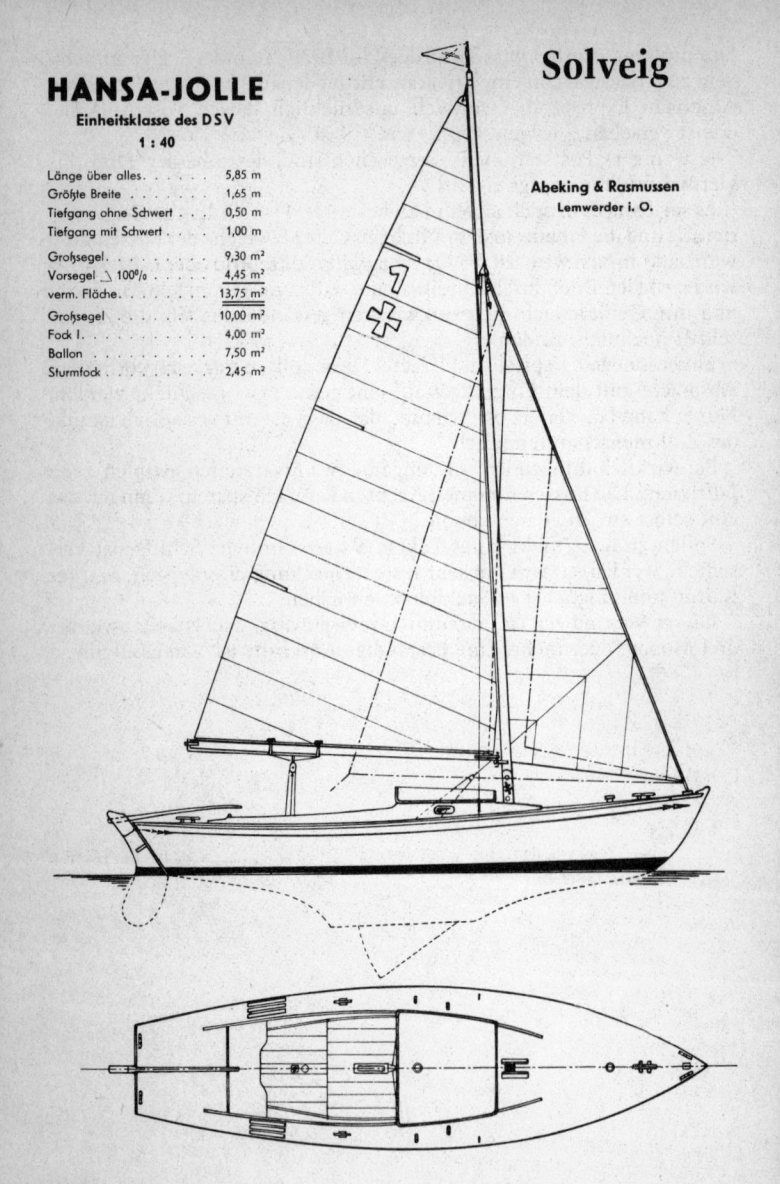

Länge über alles	5,85 m
Größte Breite	1,65 m
Tiefgang ohne Schwert	0,50 m
Tiefgang mit Schwert	1,00 m
Großsegel	9,30 m²
Vorsegel △ 100%	4,45 m²
verm. Fläche	13,75 m²
Großsegel	10,00 m²
Fock I	4,00 m²
Ballon	7,50 m²
Sturmfock	2,45 m²

Solveig

Abeking & Rasmussen
Lemwerder i. O.

Solveig II

Sperrholzkreuzer vom Typ „Caprice"

Konstrukteur: Robert Tucker
Bauwerft: C. E. Clark, Isle of Wight, England

Als ich mich 1961 für diesen Typ entschied, hatte sich der kleine Kimmkieler in über 700 Exemplaren in den rauhen Gewässern um England bestens bewährt. Der niedrige Preis und die sehr kräftige Verarbeitung haben dabei eine entscheidende Rolle gespielt.

Eine Zeichnung der „Caprice" steht mir leider nicht zur Verfügung. Die Maße betrugen in etwa:

Länge über Alles	5,60 m	*Segelausrüstung:*
Breite über Alles	2,00 m	Mast und Großbaum aus
Tiefgang	0,70 m	Aluminium
Gewicht	700 kg	Segel aus Terylene
Segelfläche	15 qm	1 Großsegel
Wassertank	30 Liter	1 Genua
Stauraum für Außenborder		2 Fock 1
unter dem Cockpit		1 Sturmfock

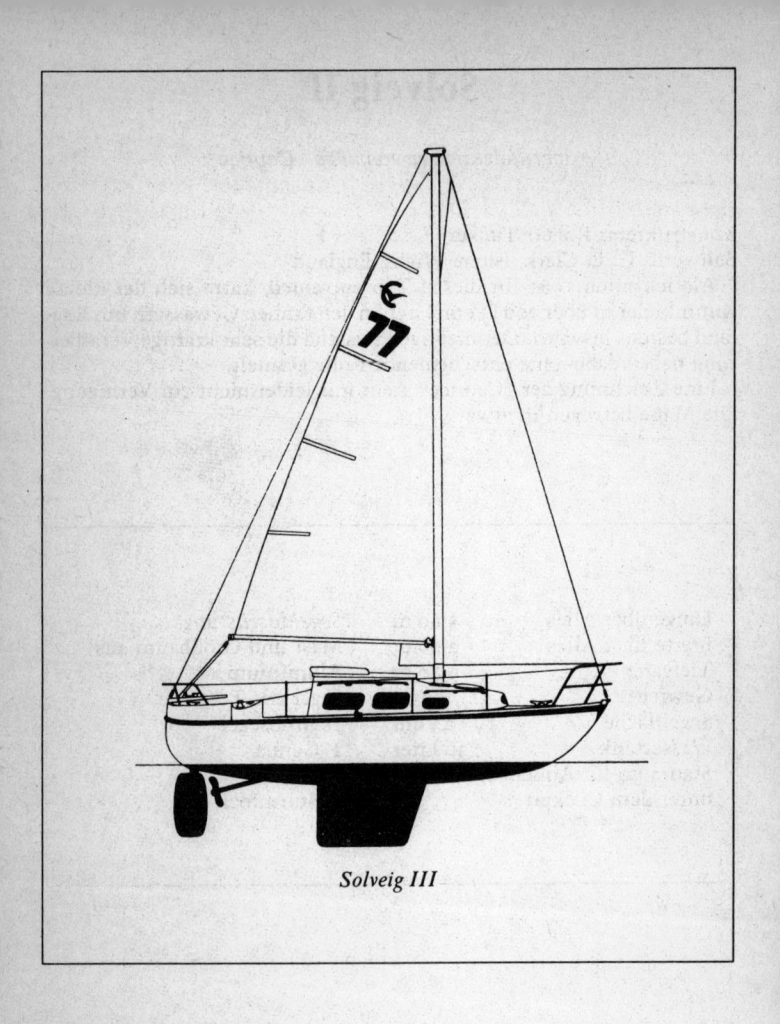

Solveig III

Solveig III

In der Scheune eines alten Bauernhauses bei Eggstätt am Chiemsee wurde die *Solveig III* im Winter 1966/67 „geboren". Sie verließ die wannenartige Mulde, in der ihr Körper aus Glasfaser und Polyester gespritzt worden war, als 77. Boot der „Condor"-Klasse.

Ihr Konstrukteur und Erbauer Helmut Stöberl hatte die kleine Fahrtenyacht mit der Absicht entworfen, daß sie sowohl auf einem Binnensee als auch auf dem Meer gesegelt werden sollte. Der Kiel und der Bleiballast sind deshalb mit Bolzen unter dem Rumpf befestigt, damit beide bei einem Transport auf dem Anhänger abgeschraubt werden können.

Länge über Alles	7,30 m	*Segelausrüstung:*
Breite über Alles	2,30 m	Mast und Großbaum sind
Tiefgang	1,30 m	aus Aluminium
Gewicht ca.	2 t	1 Großsegel normal
Ballast ca.	700 kg	1 Großsegel 4/5 Größe
Segelfläche mit Fock I		1 Genua
und Großsegel	26 qm	2 Fock 1
Hilfsmotor: Farymann-		2 Sturmfock
Diesel	9 PS	1 Fock II
Wassertanks: je einmal 80 Liter		
	und 40 Liter	Segelmacher:
Kraftstofftank:	30 Liter	Sebastian Obermeier

Selbststeuerung

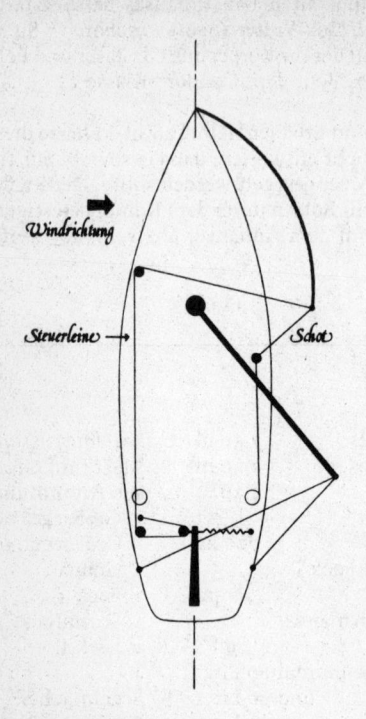

Selbststeuerung bei normaler Besegelung

Wenn sich das Boot gegen die Windrichtung aus dem Kurs bewegt, also anluvt, verstärkt sich der Druck im Vorsegel, und die Steuerleine wird angezogen, die Pinne nach Backbord bewegt. Das Boot fällt ab, es steuert nach Lee. Der Zug der Steuerleine wird auf der anderen Seite durch einen Gummistropp ausgeglichen.

Geht der Bug nach Lee, fällt also vom Wind ab, so vermindert sich der Zug auf die Pinne, und der Gummi zieht diese zurück nach Steuerbord. Das Boot luvt an.

Windrichtung

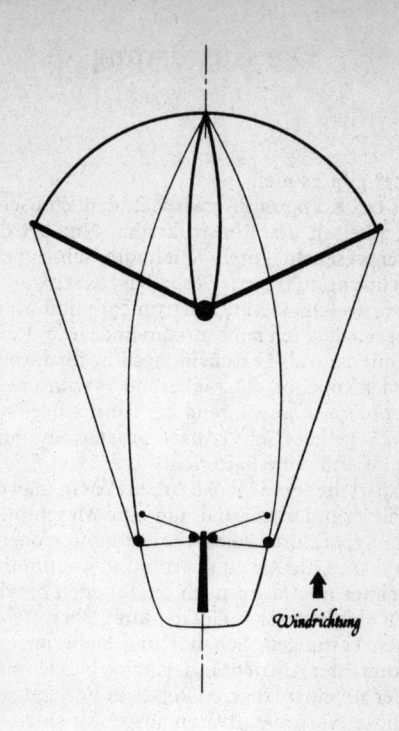

Selbststeuerung unter Doppelfock

Mit zwei Vorsegeln, die an den Vorstagen oder fliegend gefahren werden, läuft die Yacht vor dem Wind. Die beiden Segel sind ausgebaumt und werden durch Achterholer in der gewünschten Stellung gehalten. Wird die Pinne nur mittschiffs festgezurrt, so läuft das Boot meist von selbst mit dem Wind.

Ich hatte die Achterholer, wie aus der Abbildung ersichtlich, über eine Scheibe mit der Pinne verbunden und über eine weitere Scheibe an der Pinne an einer Klampe belegt. Auf diese Weise war es mir möglich, den einen oder den anderen Achterholer zu fieren und dadurch bis zu 15° im Kurs von der Windrichtung nach beiden Seiten abzuweichen.

Die Ausrüstung

Ein „Traumboot" gibt es nicht.

Jedes Boot ist ein Kompromiß zwischen den Wünschen des Seglers und den Möglichkeiten des Konstrukteurs. Nur bei der Ausrüstung bleibt dem Segler wesentlich mehr Spielraum, seinen persönlichen Anforderungen Rechnung zu tragen. Deshalb ist es schwer, allgemeine Regeln aufzustellen, welche Geräte, Instrumente und Motoren auf einer Yacht gebraucht werden. Ich habe mir am Ende jeder Reise ein Inventar angefertigt, das mir dann als Entscheidungshilfe für die neue Ausrüstung diente. Geräte oder Zubehör, die mir besonders wünschenswert erschienen, habe ich immer schon während der Fahrt aufgelistet.

Man kann ein Segelboot sehr einfach ausstatten: ohne Motor, ohne elektrische Geräte und ohne Batterien.

Zweifellos erspart dies eine Menge Arbeit. Wenn man die Stunden zusammenzählt, die erforderlich sind, um eine Maschine regelmäßig zu pflegen, kleinere Reparaturen selbst durchzuführen oder darauf zu warten, bis eine Werkstatt die Arbeit übernimmt, kommt da schon einiges zusammen! Rechnet man dann noch die Stunden hinzu, die mit dem Ein- und Ausbau elektronischer Geräte, ihrer Überwachung, der Pflege aller elektrischen Leitungen, Schalter und Sicherungen, der diversen Stromerzeuger und ihrer Antriebsaggregate verbunden sind, so wird bald klar, daß viele der auf einer längeren Reise zur Verfügung stehenden Hafentage durch diese Wartungsarbeiten ausgefüllt sind.

Ist es also klug, auf die ganze Technik zu verzichten und sich, wie vor hundert Jahren, nur von der Kraft des Windes treiben zu lassen, die überdies noch kostenlos zur Verfügung steht? Viele Gründe sprechen dafür, viele gewichtige dagegen!

Ich habe meine ersten Fahrten in der Adria, im Mittelmeer, durch das Rote Meer und schließlich auch die Griechenlandreise ohne Motor durchgeführt und habe mir danach geschworen: Nie wieder!

An allen Küsten, wenn häufig Ankerplätze aufgesucht oder Häfen angelaufen werden, ist ein Motor fast unentbehrlich. Die schönsten Lagunen der Südsee, die romantischsten Buchten der Karibik wären ohne Motor unerreichbar gewesen.

Die Zeiten der Segelschiffahrt sind vorbei.

In den Häfen ist heute nur wenig Platz zum Manövrieren, die meisten Yachthäfen sind sogar überfüllt. Zum Segeln aber braucht der Steuermann vor allem Platz. Das gleiche gilt für Ankermanöver. Früher hatten die Schiffe eine vielköpfige Besatzung an Bord, kräftige Burschen, so wie heute vielleicht noch die Männer auf den Dhauen der Araber. Um ein Schiff in den Hafen oder an einen versteckten Ankerplatz zu bringen, sprangen eben zehn oder zwanzig Mann in die Beiboote, und dann wurde gepullt!

Auch in den Häfen standen entsprechende Bedienungsmannschaften zum Wahrnehmen und Festmachen eines großen Segelschiffes zur Verfügung. Heute geht die *Gorch Fock* selbstverständlich mit der Maschine an den Liegeplatz.

Das Segeln ist deshalb nicht leichter geworden.

Wind und Wetter, das Antlitz der See, die Gewalt der Wogen, haben sich seit der Zeit eines Kolumbus nicht geändert, dennoch bewältigen die Sportsegler von heute große Ozeanstrecken mit kleinster Crew.

Doch wenn es dann nicht mehr möglich ist, einen Mann in den Mastkorb zu setzen, der „Land in Sicht" ausruft, sollte man keinesfalls auf elektronische Navigationsgeräte verzichten.

Bei zwei Mann Besatzung steht auch kein Lotwerfer am Bug, der die Wassertiefe „aussingt" – ein Echolot ist deshalb keine überflüssige Anschaffung! Und wenn es darum geht, zu zweit oder zu dritt eine tonnenschwere Yacht sicher durch enge Fahrwasser, Häfen, Kanäle, über dicht befahrene Meere oder Wasserstraßen zu führen, ohne dabei sich selbst oder andere zu gefährden, sollten alle Instrumente eingesetzt werden, die der Größe des Bootes und den Kenntnissen und Mitteln des Eigners angemessen sind.

Daß die notwendigen Seekarten, Handbücher und sonstige Navigationsunterlagen an Bord vorhanden sind, versteht sich von selbst.

Was aber die übrige Ausrüstung wie Küchengerät, Toilette, Kleidung oder Werkzeug anbelangt, muß dies jeder Schipper nach eigenem Gutdünken und nach den Erfordernissen seines Bootes und der geplanten Fahrtroute entscheiden.

Bei Werkzeugen und Ersatzteilen ist es wichtig, die richtigen Stücke an Bord zu haben. Es ist also erforderlich, die Größe aller Schrauben, Bolzen und Gewinde vorher zu überprüfen und sich die Maße zu notieren; eine mühsame Arbeit! Auch sollte ein Verzeichnis aller Typen von Glühbirnen, Glühstrümpfen, Brennern und sonstigem Verbrauchsmaterial angefertigt werden, um nach dieser Liste die nötigen Ersatzteile zu besorgen.

Doch genug davon! Die Hauptsache sind ein paar kräftige Segel, eine frische Brise und die gute Stimmung an Bord!

Die Ausrüstung der Hansa-Jolle „Solveig" auf ihrer Fahrt durch das Rote Meer 1960/61

In der Kajüte:
1 Sextant
1 Echolot-Anzeigegerät
1 Ventimeter (Handmeßgerät für Windstärke)
1 Barometer
1 Thermometer
1 Hygrometer
1 Borduhr
1 Kofferradio
Kochgerät (2 Töpfe, 2 Pfannen, Teekanne)
1 Holzkasten mit Glasboden (zur Beobachtung der Fische und Riffe sowie zum Suchen des Ankers in den Korallen)
1 Primuskocher (Petroleum)
1 Spiegel
1 Bootshaken
2 Stechpaddel
1 Baumstütze
1 Angelrute
1 Petroleum-Lampe Petromax
1 Spiritus-Gas-Lampe mit Schirm
1 Sonnendach mit Halterung
1 Einkaufstasche
1 Thermosflasche
1 Schlafsack
1 Luftmatratze
2 Wolldecken
1 Schutzdecke
1 Kissen
1 Cockpit-Persenning
1 Baum-Persenning
1 Reserve-Persenningtuch

2 Segeltuch-Rettungskissen
2 Segelbeutel mit folgenden Segeln:
Großsegel
Fock 1
Ballon (Genua)
Sturmtrysegel
Sturmfock
1 Paar Schuhe
1 Paar Bootsschuhe
5 Rollen Toilettenpapier
4 Packungen Kleenex
1 Plastikbeutel mit Seekarten
1 Plastikkoffer mit Schreibzeug
1 Plastikmappe mit Schreibpapier
Briefpapier
Federhalter
Tagebuch
Kalender
Adreßbuch
Tintenfaß
Brieftasche
Andenken
Streichhölzer
Kugelschreiber
1 Fernglas
1 Harpune
1 Hongkong-Hut
1 Strohhut
2 blaue Leinenhüte
1 Wolljacke
1 Pullover
1 blaue Marinehose
1 blaue Leinenhose
1 Wollschal

1 Clubmütze
1 Satz Signalflaggen
1 blaue Takelbluse
1 Schwimmweste
1 Ledertasche mit 2 Kleinbildkameras Leica III und einer Filmkamera 8 mm Bolex

Kajüte-Klappschrank:
1 Logbuch
1 Handbuch *Seemannschaft*
1 Seehandbuch *Rotes Meer*
1 Nautischer Almanach
1 Leuchtfeuerverzeichnis
1 Satz Zeichengerät: 2 Dreiecke, 2 Bleistifte, 1 Zirkel
1 Taschenmesser
1 festes Messer
1 Paket Streichhölzer
1 Pinzette und Verbandszeug, Jod und Salben
1 Signalpistole mit Munition
1 Pfeife
1 Tabaksbeutel
1 Taschenbuch *Weltflaggen*
1 Handpeilkompaß
1 Gummitaschenlampe
2 Reservebatterien
2 Packungen Zigaretten
2 Kleinbildfilme
1 Gebrauchsanweisung und Ersatzteile für Petromax-Lampe
1 elektrischer Rasierapparat
1 Signalbuch
1 Schere
1 Rolle Klebeband

Deck und Cockpit:
1 Anker, 10 Pfund
1 Anker, 7 Pfund
1 Reserve-Anker, 7 Pfund
1 Beutel mit kleinem Schlauchboot
1 Seeanker (Treibanker)
1 Walker Schlepplog
1 Ankerleine 30 m Perlon
1 Ankertrosse 40 m Perlon
1 Festmacher
3 Fender
1 Reserve-Ruderhalterung
4 Reserve-Segellatten
1 Flasche Benzin
1 Paar Bootsschuhe
1 Handpumpe mit Schläuchen
1 Flasche Terpentin
1 Dose Feuerzeugbenzin
1 Ölzeug komplett
2 Wassertanks je 15 Liter
1 Wassertank mit Pumpe 30 Liter
3 Wassertanks 5 Liter
3 Schwämme
1 Plastikeimer
4 Lappen
3 Plastikkanister je 3 Liter Petroleum
1 Plastikkanister 2 Liter Spiritus
1 Plath Steuerkompaß mit Beleuchtung
1 Taucherbrille
1 Spritzpersenning über Kajütdach
1 Plastikschüssel
Haushaltmittel: Vim, Schuhcreme, Spülmittel, Vaseline, Fahrradöl, Rei in der Tube, Kernseife, Metallputzmittel
2 Trichter

Steuerbordschapp:
1 Spiegel
Waschzeug: Seife, Lappen, Rasierapparat, Klingen, Zahnbürste, Sonnenöl, Hautcreme, Rasierwasser, Haarwasser, Bürste und Kamm

1 Satz Küchengeräte: Büchsenöffner, 2 Gläser, Teebüchse, Salztabletten, 2 Satz Besteck, 2 Satz Geschirr: Tasse, Untertasse, Teller, Gläser

Backbordschapp:
1 große Sturmlampe
1 kleine Sturmlampe
1 Gummischwimmweste
1 Rolle starkes Garn
4 Festmacher
2 Flaggenleinen
1 Logleine
1 Ballonschot
1 Fockschot

Achteres Kajütschott:
Die gesamte Büchsenverpflegung, ferner:
1 Blechdose mit Reparaturzeug: Schäkel, Bügel, Glühbirnen, Schrauben, Splinte, Karabinerhaken, Belegklampen, Sicherungen etc.
2 Angelgeräte komplett
1 Tasche mit Werkzeug: Hammer, Zange, Kombizange, Schraubenschlüssel, Bohrer und Schraubenzieher
1 Dose Bootslack
1 Dose Antifouling
1 Dose Decksfarbe
1 Dose Wasserpaßfarbe und Pinsel, Sandpapier, Gummipflege
1 Rolle Ersatzdrahttauwerk mit Schraubzwingen
1 Bosch-Batterie 56 Ah
1 Ersatz-Primuskocher

Folgende Ausrüstungsstücke notierte ich als „wünschenwert" für die nächste Reise:
gute Sonnenbrille (Polaroid für Riffe!)
Funkpeilgerät
Anlage für 2. Batterie oder Lademöglichkeit (Motor)
Sonnensegel
Komplette Dunkelkammereinrichtung mit Vergrößerungsgerät und Chemikalien
Reling
Tonbandgerät
Schubfächer
Schlafsack
Reserveradio
gute Radioantenne
2. Teekanne
Feststelleinrichtung für Pinne
Bodenbelag
Schrank mit Zwischenfächern
Zeichen-Arbeitsbrett
Kasten für Gläser, Flaschen und Geschirr
Schachspiel
Landgangsanzug Trevira (leicht waschbar)
Hochwertiger Kanister für Petroleum
Reserve-Wassertank
Wurzelbürste
Stativ für Filmkamera
Starke Scheinwerferlampe
Belichtungsmesser
Mehrere Taschenlampen

Die Ausrüstung der „Solveig II" auf ihrer Atlantiküberquerung 1963/64

Bugraum:
  Großsegel, Fock I, Fock I, Genua, Sturmtry, Sturmfock
3 Segelbeutel
1 Ankerkette und Trosse Nylon
6 Dosen Bootsfarbe
2 Reserveanker
1 Wasserschutzanzug
1 Paar Bootsstiefel

Vorderer Stauraum:
Kleidung und Wäsche:
3 Blue Jeans
1 Wollhose
2 beige Trevira-Hosen
1 blauen Trevira-Anzug
6 Hemden
6 mal Unterwäsche
2 weiße Hosen
1 beige Trevira-Hose
6 Paar Strümpfe
  Taschentücher
  Shorts
  Handtücher, Geschirrtücher
  großer Beutel mit Batterien
  großer Beutel mit Filmen
2 Pullover
2 Jacken (blau und braun)
1 Anorak (weiß)
1 Badetuch
  Wischtücher, Frottiertücher

Schrank Backbord:
  Nautische Bücher
  Nautische Tafeln
  Nautischer Almanach
  Vogellexikon
  Zigarren
  Waschzeug
  Schere
  Weyers *Taschenbuch der Kriegsflotten*
  Pfeife
  Sirene (Pfeife)
  Tonbänder
  Puder, Handcreme, Rasierseife, Haarwasser, Tabak
  Sonnenbrille
  Nähzeug
  Stempel und Kissen
  Nagelreiniger, Rasierklingen, Medikamente

Schrank Steuerbord:
  Karton Kleenex
  Fotoausrüstung:
2 Leica IIIc mit Zubehör
1 Filmkamera 8 mm Nizo Heliomatic mit Zubehör
  Bücher, Karten
  Batterien
  Streichhölzer
  Fernglas
  Verbandszeug und Watte
  elastisches Seil für Wanten und Steuerung
  Chronometer (Armbanduhr)
  Schreibzeug, Dreiecke, Zirkel für Navigation
  Peilkompaß

Kabine:
  Uhr
  Barometer

Hygrometer
Thermometer
Echolot-Anzeigegerät
Elektrische Zentrale mit Volt- und Ampèremeter
2 Radios
Kleenex
Sitzkissen, Decke
Sämtliche Seekarten
Tisch
Kanister Petroleum und Alkohol
6 Segellatten
2 Spinnakerbäume
Bambusstange
Kontrollkompaß
Taschenlampe
1 Eimer-Klosett
Thermosflasche
2 Wasserkanister
1 Petroleum-Sturmlampe
1 Petroleum-Drucklampe Petromax
1 Dose Vim, Topflappen, Bootsschüssel

Unter den Kojen:
Wassertank
Handtücher, Seife
Sämtliche Konserven, Schokolade, Zucker

Küchenschrank:
1. Fach
Besteck, Lebensmittel, Dosenöffner, Eierbecher, Messer, 4 Besteckkästen mit Kleinkram (Korken, Wäscheklammern, Zange, Schraubenzieher, Schäkel, Leim, Eierkarton), Suppenpulver-Tüten, Trichter, Spaghetti, Kuchen, Wurst etc.

2. Fach
Geschirr: Teekanne, Tasse, Teller, 1 hoher Topf, 1 flacher Topf, Zitronenpresse, Schüsseln, Kaffeekanne, Filter, 2 Stieltöpfe, Wasserkessel, Dosen mit Tee, Kakao, Reis, Fett, Kaffee, Teller

Unter dem Küchenschrank:
Spülmittel, Bratpfanne, Petroleum-Pumpe, Alkohol-Fläschchen, Trichter, Schaufel und Besen, Wischtücher, Fliegenvertilgungsmittel, Duft-Spray, Wurzelbürste, ein Schwamm, Schläuche für Bilgenpumpe

Motorraum:
Außenbord-Motor, Petroleumkanister
Benzinkanister
Schwamm, Öllappen

Fächer unter dem Brückendeck:
Zuckerdosen, Milchdose, Marmeladendosen, Zeitungen, Tüten, Gläser, Becher, Tee, Kakao, Putzlappen (saubere), Tischtuch, Aschenbecher, Windmesser, Ölkanne

Hundekoje:
Decke
Kissen
Sextant
Werkzeugkasten mit kompletter Werkzeugausrüstung
Liegematratze
Wasserschutzanzug (Ölzeug)
Fotobeutel (groß)
2 Koffer (Plastik) mit Wäsche und Schreibsachen

Nautische Bücher, Seehandbücher, Leuchtfeuerverzeichnisse
Zigarren, Zigaretten
Wäschebeutel
2 Paddel
Bootshaken

Backskiste:
Batterie
Treibanker
Schlauchboot
Schoten
Ankerleinen (30 + 40 m)
Festmacher
Fender
Luftpumpe
Wasserschutzkleidung
Eimer, Waschschüssel, Schrubber
Öl-Meßbecher
Benzin-Trichter
Persenninge für Luken und Kajüten
Flaggenstock mit Nationalflagge
Segellatten (Reserve)
Halterung für Außenbord-Motor
Anlasserschnur
Segelbänder

Achter-Stauraum:
Verpflegung (Kekse, Schokolade, Obst), Zucker
Ersatz-Petroleumlampe
Dose mit Ersatzteilen
Arzneikoffer
Fotozubehör
Entwicklungsdose, Meßbecher, Entwickler für Leica-Filme
Fixierbad (Plastikflaschen)
Batterien
Wassertrichter
Schlafsack
Regenmantel
Bootsschuhe (Reserve)
Bootsstiefel (Reserve)
Angelgerät
Eimer für Obst etc.
Holz für Reparaturen
Persenningstoff
Taschenlampen
Kleiner Sextant (Reserve)
Beutel mit allen Nationalflaggen und Signalflaggen
Kleenex-Pakete
Toilettenpapier
Pinsel, Farblösungsmittel, Sandpapier, Lappen
Reserve-Glühstrümpfe für Petroleumlampe
Tonbänder

Verzeichnis der im Text verwendeten Fachausdrücke

Abdrift – durch den Wind verursachtes, seitliches Abtreiben eines Bootes
achteraus – vom Schiff aus nach hinten oder hinter dem Schiff
Achterholer – Leine zum Trimmen (Halten) des → Spinnakerbaumes
achterlich – von hinten kommend
achtern – hinten
Achterstauraum – Stauraum hinter dem → Cockpit
Almanach – Nautischer Almanach, amtliches Jahrbuch der Daten von Sonne, Mond und Sternen
anschlagen – befestigen, insbesondere eines Segels an einem → Stag
Antifouling – spezielle Giftfarbe zur Verhinderung von Bewuchs am Unterwasserschiff
auflandig – Wind, der von See kommt und auf das Land gerichtet ist
ausreiten – Hinauslehnen des Körpers, um dem Wind das eigene Gewicht entgegenzusetzen und dadurch das Boot aufrecht zu halten
austrimmen (der Segel) – die Segel in ihre bestmögliche Stellung zum Wind bringen
Azimuth – in der astronomischen Navigation die Richtung eines Gestirns, gemessen als Winkel

backbord – die linke Seite eines Schiffes
Bake – an Land als Seezeichen aufgestelltes Gerüst von auffälliger Form
Baum – eine → Spiere, die beweglich am Mast befestigt ist und ein Segel hält, z. B. das → Groß am Großbaum. Ein Baum kann aus Aluminium oder Holz gefertigt sein
beidrehen – Manöver, um das Boot so zu legen, daß es möglichst wenig Fahrt voraus macht
belegen – ein Ende (Tau), auf welchem Zug steht, an einem Teil des Fahrzeuges oder an Land festmachen
Belegklampe – Beschlag zum Belegen eines Endes oder → Falls an Deck bzw. am Mast
Bilge – Raum unter den Bodenbrettern, wo sich alles Wasser sammelt
Bug – vorderes Ende eines Schiffes
Bugbeschlag – Stahlbeschalg am → Bug, an dem → Vorstage und Segel befestigt werden

Cockpit – der im hinteren Teil des Bootes liegende offene Sitzraum

Dhau – allgemeine Bezeichnung für ein arabisches Segelfahrzeug
Dingi – kleines Beiboot
driften – treiben, abtreiben
Ducht – Sitzbank eines offenen Bootes
dümpeln – unregelmäßiges Geschaukel bei Windstille oder am Ankerplatz
Dünung – Wellenbewegung des Wassers, die von einem nachlassenden oder nicht mehr vorhandenen Wind hervorgerufen wurde

Echolot – elektronisches Gerät zur Bestimmung der Wassertiefe mit Hilfe des Schalls
Etmal – die in 24 Stunden von einem Schiff zurückgelegte Strecke, von 12 Uhr mittags bis 12 Uhr mittags

Fall – Kunststofftauwerk oder Stahlseil zum Setzen eines Segels
Felukke – kleines, oft zweimastiges Küstenfahrzeug mit Lateinersegel
Fender – aus Plastik, Gummi oder Faser hergestellter weicher Ball, der ein Schiff vor Beschädigung an einer Hafenmauer oder → Pier schützt
Festmacher – Leine zum Festmachen des Bootes
fieren – einem Ende (Leine, Tau) nachgeben, nachlassen
Fock – gewöhnlich dreieckiges Vorsegel, welches vor dem Mast steht
Freibord – Höhe der Bordwand über der Wasserlinie

Gangspill – ein Spill (Winde) mit vertikaler Achse, in dessen Spillkopf Spillspaken (Stangen) waagrecht eingesteckt werden
Genua – extrem großes und leichtes Vorsegel, das bei schwachem Wind gesetzt wird
gieren – ungewolltes, beiderseitiges Abgehen vom Kurs infolge von Seegang
Groß – Großsegel
Großfall – → Fall zum Setzen des Großsegels
Großschot – Ende (Leine) zum Halten (Einstellen) des → Baumes und damit des Segels

Halse – Segelmanöver, bei dem man vor dem Wind wendet (auf den anderen Bug geht)
Heck – der hintere Teil eines Bootes
heißen (hissen) – eine Flagge oder ein Segel setzen (hochziehen)
hoch am Wind segeln – ein Boot im spitzen Winkel gegen die Windrichtung segeln lassen, in der Regel 40° bis 50°

Immigration Police – Einwanderungspolizei, die mit der Kontrolle der in das Land einreisenden Personen betraut ist

Jolle – kleines, offenen Segelboot mit Schwert
justieren – genau einstellen

Kajüte – der geschlossene Wohn- und Schlafraum unter Deck
Kajütschott – Kajüttüre
Kalmenzone – Gebiet häufiger Windstillen und schwacher Winde
killen – Flattern des Segels
Kimm – der Horizont
Klampe – Beschlag zum Belegen eines Endes oder Falls
klarbringen – ordnen, entwirren
klar machen – bereit machen
Knoten – Geschwindigkeit, 1 sm/Std.
knüppeln – „gegenan" knüppeln, hart ankämpfen gegen See und Wind
Koje – fest eingebauter Schlafplatz an Bord
koppeln – Bestimmung des Standortes aus Zeit und ungefährer Geschwindigkeit
krängen – seitliche Neigung eines Bootes
Kreuzseen – unangenehmer → Seegang, der durch sich kreuzende Wellenzüge entsteht

längsseit – an der Seite des Schiffes: längsseitgehen, -liegen
Landfall – das Erkennen der Küste nach einer längeren Seereise
Lee – Richtung, in die der Wind weht
Leichter – offenes Lastschiff ohne eigenen Antrieb, zum Be- und Entladen von Fracht
lenzen – auspumpen, trockenpumpen
Lenzrohre – Abflußrohre, durch die das Wasser in die See zurückfließt
Liek – die Kante eines Segels
Log – Meßgerät für die Schiffsgeschwindigkeit
Lotung – Feststellung der Wassertiefe
Luk – verschließbare Öffnung an Deck
Luv – Richtung, aus der der Wind kommt

Masttop – die Spitze des Mastes
Monsun – jahreszeitlich bedingter Wind, der Winter und Sommer in entgegengesetzten Richtungen weht
Motu – kleine Insel auf dem Korallenriff

Nautische Tafeln – mathematische Tafeln, aus denen die Werte zum Zeichnen einer Standlinie entnommen werden können
Niedergang – Treppe an Bord eines Schiffes
Niedrigwasser – der in einer → Tide erreichte niedrigste Wasserstand
Nock – das Ende eines → Baumes (Baumnock)

Pantry – Kücheneinrichtung an Bord

Passat – durch die Erdumdrehung hervorgerufener Wind, der ganzjährig aus der gleichen Richtung weht (Osten)

Peilkompaß – Kompaß mit Peileinrichtung zum Messen der Richtung eines Objektes an Land oder auf dem Wasser

Peilung – Richtungsbestimmung

Persenningbügel – Metallbügel zur Befestigung eines Bändsels oder einer Leine, wird an Decke aufgeschraubt

Pier – Anlegebrücke für Schiffe

Pinne – in der Regel eine Holzstange, mit der das → Ruder von Hand bedient wird

Piroge – Einbaum, Bordwände durch Planken erhöht

Plicht – Cockpit

Poller – meist eiserner Pfahl zum Festmachen von Leinen an Land oder auf einer → Pier

Positionslampen – vorgeschriebene weiße, rote und grüne Lampen, die nachts die Fahrtrichtung eines Schiffes erkennen lassen.

pullen – „rudern", Bewegen eines Bootes mit zwei → Riemen

querab – Richtung senkrecht zur Längsschiffrichtung

raumer Wind – günstiger Wind, der in bezug auf die Kursrichtung eines Fahrzeuges so gedreht hat, daß er mehr von → achtern einkommt

reffen – die Segelfläche durch Rollen oder Falten verkleinern

Reffkurbel – Kurbel, mit welcher der → Baum gedreht wird, um das Großsegel einzurollen, zu → reffen

Riemen – Ruderriemen (vom Laien meist als „Ruder" bezeichnet) zur Fortbewegung eines Ruderbootes

Rigg – die gesamte → Takelage, d. h. Mast, → Stage und Wanten einschließlich des beweglichen Tauwerks

rollen – seitliche Bewegung um die Längsachse des Bootes

Ruder – das Steuer eines Bootes

Ruderbeschlag – Beschlag, der am Boot befestigt ist, um das Ruder drehbar aufzuhängen

Ruderblatt – der Teil des → Ruders, der als Holz- oder Metallplatte gegen den Wasserdruck wirkt

Ruderkopf – Beschlag, mit dem die → Pinne am Ruderschaft befestigt wird

Rumpf – Bootskörper

Saling – Querstreben am Mast

Salinglampen – die an der → Saling angebrachten Lampen, mit denen das gesamte Deck beleuchtet werden kann

Sambuk – kleine → Dhau im Roten Meer und an der Küste Arabiens
Saruk – kleine → Dhau des Roten Meeres; andere Bezeichnung für → Sambuk
Schäkel – verschließbarer Bügel aus Stahl oder Bronze zum Verbinden von Blöcken, Leinen, Segeln, Ketten
schamfilen – scheuern, reiben
Schapp – kleines Fach im Boot
Schiebeluk – ein → Luk, welches nicht durch Klappen, sondern durch Schieben geöffnet wird
Schlepptrosse – kräftige → Trosse (Tau) zum Schleppen eines Bootes oder Schiffes
Schoner – Zweimaster, dessen achterer Mast höher ist als der vordere
Schot – die Leine, welche ein Segel hält und mit deren Hilfe das Segel bedient und dichtgeholt wird
Schott – eine Zwischenwand im Schiff
Schwell – → Dünung, die in einen Hafen hineinläuft oder durch vorbeifahrende Schiffe entsteht
Schwert – in einem → Schwertkasten absenkbare Platte, die bei einem kleinen Boot den Kiel ersetzt
Schwertkasten – der Kasten, in den das → Schwert mit einer Kette oder einem → Tampen aufgeholt werden kann
Seegang – die durch den gegenwärtigen Wind erzeugten Wellen
Seehandbuch – amtliches Handbuch mit Beschreibung der verschiedenen Küsten, Küstengewässer und Häfen
Seekarte – Karte, auf der die Wassertiefe sowie die Beschaffenheit des Meeresgrundes (Felsen etc.) dargestellt sind
Seemeile – sm, eine Bogenminute auf dem Gradsystem der Erde = 1,852 km
Sextant – Instrument zum Messen eines Winkels, in der astronomischen Navigation des Winkels zwischen Horizont und Gestirn
Slip – Schiene oder schräge Bahn, auf der ein Boot aus dem Wasser gezogen wird
Spiegel – Abschlußplatte am → Heck (Spiegelheck)
Spiere – Rundholz, z. B. → Baum
Spill – → Winsch (Winde) zum Holen oder Hieven von → Trossen und Ketten
Spinnakerbaum – der → Baum, der den Spinnaker bzw. die → Fock ausspannt
spleißen (splissen) – Tauwerk verflechten, entweder zum Herstellen eines Auges (Augspleiß) oder zum Wiederverbinden eines „gebrochenen" Endes (Kurz-, Langspleiß)
Splint – Stift oder Ring, der einen Bolzen vor dem Herausrutschen sichert

Stag – Stahlseil zum Abstützen des Mastes
Stagreiter – an den Vorsegeln zur Führung auf den → Stagen befestigte Metallaugen oder Doppelhaken
Stander – dreieckige Flagge
Standerstock – ein dünner Holzstock oder Metallstab, mit dem ein Clubstander → geheißt werden kann
Steckschott – eine Türe, die eingesteckt wird, um den Eingang zur → Kajüte zu schließen
steuerbord – rechte Seite eines Bootes
Steuerleine – dünne Leine, mit deren Hilfe mit dem Vorsegel die → Pinne gesteuert wird
Strom – Wasserströmung
Sturmsegel – kleines Segel aus besonders starkem Tuch, sehr fest genäht, um großem Winddruck standzuhalten
Süll – erhöhte Umrahmung des → Cockpits
Sund – natürliche Wasserstraße zwischen dem Festland und einer Insel oder zwischen zwei Inseln

Takelage – Mast, → Bäume und alles bewegliche und nichtbewegliche Gut, welches notwendig ist, um Mast und Segel zu halten
Tampen – auch Ende genannt, ein Stück geflochtenes Tauwerk (Leine)
Tide – Gezeit
Tidenhub – Höhenunterschied zwischen Hoch- und Niedrigwasser
Treibanker – Seeanker, trichterförmiger Segeltuchsack, der bei schlechtem Wetter vorn oder achtern an einer kräftigen Leine über Bord gegeben wird
Trimm (der Segel) – Stellung der Segel zum Wind
Trosse – schwere Leine
Trysegel – kleines, schweres dreieckiges Segel, das bei Sturm ohne → Baum anstelle des Großsegels gefahren wird

verholen – ein Boot entweder schleppen oder von Hand mit einer Leine ziehen, also nicht mit dessen eigener Kraft bewegen
Verklicker – Windrichtungsanzeiger auf dem Mast
Vorschiff – der vordere Teil des Schiffes
Vorstag – das → Stag (Stahlseil), welches den Mast von vorne, also vom → Bugbeschlag aus hält

wahrnehmen – die Leine eines Bootes annehmen und festmachen
Want(en) – Stahltauwerk zum seitlichen Abstützen des Mastes
Winsch – eine Winde
Wuling – Durcheinander von Tauwerk

Literatur

Ceram, C. W.: Götter, Gräber und Gelehrte, Hamburg 1949.
Hass, Hans: Manta – Teufel im Roten Meer, Berlin 1952.
Hiscock, Eric C.: Segeln über sieben Meere, Bielefeld 1960.
Lindemann, Hannes: Allein über den Ozean, Frankfurt/M. 1957.
Neale, Tom: Meine Trauminsel, Köln 1968.
Ritter, Friedrich: Als Robinson auf den Galapagos, Berlin 1931.
Schult, Joachim: Seglerlexikon, Bielefeld 1979.
Villiers, Alain: Die Söhne Sindbads, Hamburg 1956.
Wittmer, Margret: Postlagernd Floreana, Frankfurt/M. 1959.

Zusätzliche Quellen

Die Blauen Führer Ägypten, München 1981.
Die Blauen Führer Griechenland, München 1978.
Pacific Islands Year Book, Sydney 1978.
Seemannschaft – Handbuch für den Yachtsport, Bielefeld 1959.